ORO, PETRÓLEO Y AGUACATES

© del texto: Andy Robinson, 2020
© de esta edición: Arpa & Alfil Editores, S. L.

Primera edición: marzo de 2020

ISBN: 978-84-17623-37-1
Depósito legal: B 3716-2020

Diseño de colección: Enric Jardí
Diseño de cubierta: Anna Juvé
Imagen de cubierta: *Mapa de América del Sur*, Sebastian Cabot, 1544 © Album
Maquetación: Àngel Daniel
Impresión y encuadernación: Prodigitalk
Impreso en Barcelona

Arpa
Manila, 65
08034 Barcelona
arpaeditores.com

Reservados todos los derechos.
Ninguna parte de esta publicación puede ser reproducida, almacenada o transmitida por ningún medio sin permiso del editor.

Andy Robinson

ORO, PETRÓLEO Y AGUACATES
Las nuevas venas abiertas de América Latina

arpa

SUMARIO

INTRODUCCIÓN
LA BATALLA POR EL FUTURO DEL AMAZONAS   13

PRIMERA PARTE. MINERALES

I. Oro (Colombia, Centroamérica, Estados Unidos)
El Dorado en Salt Lake City   29

II. Hierro (Minas Gerais, Brasil)
La fuerza bruta férrea   59

III. Niobio (Roraima, Brasil)
El fetiche de la ultraderecha brasileña   79

IV. Coltán (Gran Sabana, Venezuela)
Las minas de Nicolás Maduro   93

V. Diamantes y esmeraldas (Diamantina, Brasil)
Al otro lado del paraíso   105

VI. Plata (San Luis Potosí, México)
Peyote y *racers*   114

VII. Cobre (Apurímac, Perú / Atacama, Chile)
Dos ruedas de prensa y una revolución   127

VIII. Litio (Potosí, Bolivia)
Potosí, golpe en el salar   153

SEGUNDA PARTE. ALIMENTOS

    IX. Quinoa (Uyuni, Bolivia)
         El auge y la caída del grano milagro   175

    X. Patata (Puno, Perú)
        Del chuño a la *potato chip*   186

    XI. Aguacate (Michoacán, México)
        El *hot dog* con guacamole   208

    XII. Plátanos (Honduras)
        La República bananera versión siglo XXI   223

    XIII. Soja (Pará, Bahía, Brasil)
        Cargill y la guerra del fin del mundo   237

    XIV. Carne (Pará, Brasil)
        La capital del buey   254

TERCERA PARTE. ENERGÍA

    XV. Petróleo (Venezuela, Brasil, México)
        Petrosocialismo y contraataque en PDVSA,
        Petrobras y Pemex   267

    XVI. Hidroeléctrica (Pará, Brasil)
        Los mapas de los mundurukus   302

«En la alquimia colonial y neocolonial, el oro se transfigura en chatarra y los alimentos se convierten en veneno».

EDUARDO GALEANO,
Las venas abiertas de América Latina

A mis compañeros de La Vanguardia

INTRODUCCIÓN

LA BATALLA POR EL FUTURO
DEL AMAZONAS

¿Qué diría Eduardo Galeano si escribiera hoy *Las venas abiertas de América Latina*? Esta pregunta me surgió cuando recorría la ciudad de Itaituba, a orillas del río Tapajós, en la Amazonia brasileña. La izquierda aún gobernaba en Brasilia y yo había emprendido aquel largo viaje desde Río de Janeiro para averiguar hasta qué punto el polémico Programa de Aceleración del Crecimiento, abanderado por la presidenta Dilma Rousseff, sería compatible con la supervivencia del gran pulmón del planeta y de los 13.000 pobladores de la etnia munduruku, cuyas tierras milenarias serían inundadas con la construcción de una gigantesca central hidroeléctrica en São Luiz do Tapajós. La central iba a suministrar electricidad a las nuevas metrópolis del Amazonas, a las minas y a las plantas de soja que se instalarían en la región.

Lo último que esperaba, después de una larga travesía de trece horas en un cachazudo barco desde Santarém, la capital selvática a siete horas de avión de Río, era oír el rugido de unas motos de agua, equipadas con potentes motores de 2.600 c. c. Pero allí estaban, zigzagueando sobre una larga estela blanca a lo ancho del enorme río. El silencio milenario solamente perturbado por los zumbidos y el bordoneo de la selva profunda de pronto se había roto. Acaso Itaituba sintiera ahora la necesidad del ruido mecánico y la velocidad. «Las *jet ski* están de moda aquí, verás al menos quince o veinte este fin de semana. La mía alcanza los 170 km por hora», me dijo Bruno, un muchacho de dieciocho años, tras sacar su moto del agua y subirla al remolque de un todoterreno. Mientras hablábamos, había atracado un barco venido de Santarém, cien kilómetros río abajo, del que descargaban cinco *quads*, ideales para correr carreras por los caminos recién abiertos a través de la selva.

Bruno había comprado su moto de agua (unos 20.000 reales, aproximadamente 7.000 euros) con dinero de la construcción. Trabajaba en el asfaltado de la carretera transamazónica que provocaría una nueva fase de deforestación. Pero también había otras fuentes de dinero rápido en Itaituba —ciudad de 100.000 habitantes en plena explosión demográfica—, que era el centro de todas las actividades extractivas del oeste del estado amazónico de Pará: oro, diamantes, madera... Y por supuesto, la soja, que se descargaba en la terminal de la multinacional Bunge. Incluso se esperaba otro *boom* demográfico con la construcción de la gran represa hidroeléctrica diez kilómetros río arriba, en territorio munduruku, y las nuevas hidrovías para el transporte de soja, minerales y madera.

¿Ha cambiado mucho Itaituba en los últimos años?, le pregunté a Bruno, hijo de inmigrantes que habían llegado a la selva tres décadas atrás no en busca de riqueza, sino de dos comidas diarias. Miró hacia un lado y me señaló siete u ocho buitres negros —urubúes, los llaman en portugués— posados sobre un montón de basura con las alas extendidas como cortinas funerarias: «¿Usted cree que hay muchos urubúes ahí, verdad? Pues antes había muchos más».

De algún modo aquella escena parecía resumir las contradicciones de la gran apuesta económica de los Gobiernos de la nueva izquierda latinoamericana. Hacía falta acelerar el crecimiento del PIB para eliminar la pobreza y la extrema desigualdad. Esos eran los dos lastres que la región arrastraba desde hacía quinientos años, primero con la esclavización indígena en las minas de oro y plata, y luego con los que llegaron encadenados de África para recoger los primeros cultivos (azúcar, banana, café, etcétera) destinados al nuevo mercado global.

Conservar el apoyo de esa masa de trabajadores latinoamericanos en ascenso social, como Bruno, requería de constantes mejoras en el bienestar material de la población. Y la forma más rápida de lograrlo, sin provocar una crisis de deuda externa, fue a través de las exportaciones de materias primas que generaran divisas. En tiempos de recursos menguantes y con el auge de China como superpotencia, las materias primas se cotizaban al alza y la tentación de activar la máquina de la extracción se hizo irresistible.

Pero ¿cómo conseguirlo sin cometer las mismas atrocidades que en las épocas clásicas del expolio en América Latina, que Galeano había denunciado tan gráficamente en su libro? Es más, si Bruno era un integrante de esa nueva clase media «aspiracional» —es decir, con aspiración a un mayor consumo—, ¿cómo evitar que acabara oponiéndose a los principios de igualdad y protección del medio ambiente que la izquierda abanderaba? Pronto se comprobaría, con la derrota del Partido de los Trabajadores en Brasil y el ascenso de una extrema derecha salvaje, que la nueva clase media había destruido a su creador. Algo que también le pasaría a Evo Morales en Bolivia un año después[1].

Este libro reúne un conjunto de crónicas sobre las circunstancias, tanto históricas como actuales, en las que se extraen ciertas materias primas en América Latina: de la soja al niobio, de la carne al oro, de la quinoa a la plata, del petró-

---

1 André Singer, *O lulismo em crise*, Companhia das Letras, 2018.

leo al aguacate. Nos sirven para reflexionar sobre este dilema y para analizar los dramáticos eventos —historias de golpes de Estado y levantamientos populares desde Bolivia a Chile y Colombia— que han sacudido la región en los últimos años. Cada capítulo corresponde a un viaje hasta un lugar emblemático relacionado con una materia prima. Recorro algunos de los itinerarios de Galeano, lugares como Potosí, Minas Gerais o Zacatecas, que proporcionan otro tipo de materia prima, en este caso periodística, para reflexionar sobre su atrevida tesis —sustentada en las teorías de la dependencia de Immanuel Wallerstein, Fernando Henrique Cardoso y André Gunder Frank—: «Los latinoamericanos somos pobres porque es rico el suelo que pisamos».

Galeano escribió *Las venas abiertas de América Latina* cuando apenas tenía veintiocho años, pero el libro se convirtió en la biblia de una generación de izquierdas que alcanzó el poder en América Latina a principios del nuevo siglo, desde Lula da Silva y Evo Morales a Rafael Correa o Hugo Chávez (sabido es que este último le obsequió un ejemplar a un escéptico Barack Obama). Pero de los dos principales mensajes del libro —que había que romper los lazos de dependencia con los países excoloniales y con sus multinacionales y, a la vez, industrializar la economía para no basar el crecimiento en la exportación de materias primas— solo el primero se tuvo en cuenta.

La dependencia de la exportación de *commodities* se mantuvo en muchos países, y cuando el superciclo de altos precios internacionales de minerales, de petróleo y de alimentos básicos acabó abruptamente, este error le pasó una enorme factura a una izquierda convencida de haber encontrado la fórmula mágica para redistribuir la renta y, al mismo tiempo, seguir gobernando. Con un efecto retrasado de cinco o seis años la gran crisis global de 2008 alcanzó América Latina. Los precios de las materias primas se desplomaron y la región entró en recesión. Los progresistas cayeron sucesivamente del poder, a veces con la ayuda de un golpe de Estado, en Ecuador, en Brasil, en Chile, en Argentina y finalmente también en Bolivia. En Venezuela, una grave crisis socioeconómica debilitó el chavismo hasta un punto inimaginable diez años antes, mientras que su ultradependencia del petróleo elevaba la vulnerabilidad venezolana a los golpes de Estado diseñados en Washington. Los logros espectaculares de las políticas antipobreza de la izquierda latinoamericana ya parecían, desde la perspectiva de la crisis, quimeras de una insostenible burbuja de las materias primas.

Resulta paradójico, pero Galeano también puso su grano de arena en la crisis de ideas de la izquierda, en la Bienal del Libro de Brasilia en 2014, al desdeñar su propio libro calificándolo de simplista. Era la obra de un joven creído, contagiado por el dogmatismo de la vieja izquierda, que no entendía de ciencias económicas. «No sería capaz de leerlo de nuevo, caería desmayado», bromeó a los setenta y cuatro años, un año antes de su muerte. El *mea culpa* de Eduardo Galeano dio carta blanca a los sospechosos habituales de la derecha latinoamericana, que se daban palmaditas en la espalda. Álvaro Vargas Llosa, que había hecho una caricatura de las *Venas abiertas* en su libro *Manual del perfecto idiota latinoamericano*, celebró la derrota intelectual de la izquierda. Michael Reid, corresponsal del conservador semanario británico *The Economist*, anunció la resaca definitiva de la llamada marea rojiza de la izquierda (*pink tide*) y calificó el libro de Galeano como la obra «de un propagandista, una mezcla potente de verdades selectivas, exageración, falacia, caricatura y teorías de conspiración». Una descripción, a mi modo de ver, más ajustada a la revista de Reid que al ensayo del uruguayo. Por el contrario, la sensación que tuve en mis viajes por América Latina fue que el joven Galeano se había quedado corto en sus denuncias de la destrucción provocada por las fuerzas del capitalismo global en alianza con las élites y oligarquías locales. El saqueo no solo ha ocurrido en el ámbito económico de la extracción de materias primas, sino también en la extracción del alma de los pueblos, cuya cultura —esa filosofía quechua del *sumak kawsay* o del buen vivir— es aniquilada en un proceso imparable de mercantilización. De sus vidas y de las nuestras.

Tal vez las últimas venas abiertas son más sutiles. La conversión del ceviche peruano en un símbolo de estatus gastronómico internacional —citado por la directora gerente del FMI como «una inspiración para nuestros programas de mejora económica en América Latina»—, mientras una gigantesca isla de plástico flota en el Pacífico. El nuevo turismo de experiencias exóticas, plasmado en los trenes de los Andes, vendidos por el Estado peruano a una filial de la multinacional de lujo temático LVMH (Louis Vuitton-Moët Hennessy) y convertidos en miradores de cristal, permite contemplar la pobreza sin necesidad de acercarse a ella.

La diferencia es que ahora muchos Gobiernos de la izquierda —sin menospreciar en absoluto las grandes conquistas sociales logradas— han participado en el mismo saqueo material y espiritual. «Lo que se ha hecho aquí es una mierda. Ahora tenemos soja, soja y más soja», me dijo enfadado el padre franciscano de Santarém Edilberto Sena, partidario de la teología de la liberación y uno de los fundadores del Partido de los Trabajadores en la Amazonia tres décadas antes. No solo era un lamento por los miles de campesinos forzados a desplazarse a la ciudad, sino también por la desaparición de una cultura popular, rica y compleja, basada en una apabullante biodiversidad.

En muchos países presencié los crispados debates de la izquierda latinoamericana entre quienes criticaban a los Gobiernos progresistas por el *neoextractivismo* y los que arremetían contra los antiextractivistas por vivir en un mundo de fantasías alejado de la realidad y de la urgencia de elevar el crecimiento del PIB para combatir la pobreza y fomentar el desarrollo. «Usamos el petróleo y la minería para lograr un desarrollo que evitara el camino chino de la precarización laboral y los salarios indignos», me explicó Fausto Herrera, el exministro de Finanzas ecuatoriano de Rafael Correa, cuyo proyecto de dejar bajo tierra el petróleo del territorio amazónico de Yasuni había sido un modelo para el movimiento medioambientalista hasta que Correa dio marcha atrás. Sus críticos, en especial otro exministro, Alberto Acosta, defendían abandonar el extractivismo y buscar nuevos indicadores del bienestar[2]. Pasaba lo mismo en Bolivia, donde parte de la izquierda medioambientalista incluso apoyó el golpe de Estado contra Evo Morales por la conversión de este al extractivismo. A partir de mis viajes para escribir estas crónicas he llegado a una conclusión que seguramente dejará insatisfechos a unos y a otros: hay que encontrar algún término medio entre estas dos escuelas de pensamiento.

Lo cierto es que son cuestiones universales o planetarias, pero se ven con mayor nitidez en América Latina, una región en la que «los ordenadores coexisten con las formas más arcaicas de la cultura campesina y [...] con todos los modos de producción de la historia», como dice el filósofo Fredric Jameson en un artículo sobre *Cien años de soledad*[3]. La pervivencia en América Latina de estos mundos de antaño, de sus habitantes aún protegidos en mente y cuerpo de aquello que al resto nos destruye, convierte la región en un actor clave en la épica lucha por la defensa del planeta.

---

2 Alberto Acosta, *Sumak kawsay. El buen vivir*, Icaria Editorial, 2016.

3 Fredric Jameson, «No magic, no metaphor», *London Review of Books*, junio de 2017.

La lección se está aprendiendo en Colombia con el proyecto humanista del exguerrillero Gustavo Petro, que, sin abandonar un plan de desarrollo nacional, rechazó el extractivismo agresivo y asumió el reto del cambio climático como el centro de su programa electoral en las elecciones presidenciales de 2018. Estas ideas vertebraron las movilizaciones contra el Gobierno conservador de Iván Duque, que llenaron las calles de Bogotá, Medellín y Barranquilla en otoño de 2019. Asimismo, en las protestas que hicieron tambalear a los Gobiernos conservadores en Chile y Ecuador por las mismas fechas, participaban corrientes de un nuevo movimiento que vislumbra para América Latina otro camino de desarrollo.

Los especialistas de los laboratorios de ideas y de los medios de comunicación globales, desde el mismo Reid a Alba Guillermoprieto, pasando por Monica de Bolle, la economista brasileña afincada en Washington, hicieron una lectura pesimista de las protestas. «Lejos de la esperanza, el descontento en América Latina en las últimas semanas ha sido impulsado por lo que podríamos llamar un *síndrome posburbuja* de las materias primas», escribió De Bolle en un interesante ensayo para el Instituto Peterson[4]. Pero Washington nunca es un buen sitio para sentirse optimista sobre el futuro de América Latina. El altiplano andino sí lo es, a veces. Cuando recorrí el centro barroco de Quito en octubre de 2019, rodeado de campesinos quechuas visiblemente animados por el éxito de su rebelión contra el Gobierno de Lenin Moreno, era fácil imaginar una lectura más positiva de la primavera del descontento en Sudamérica. Esta vez la agenda de transformación social forjada en las enormes movilizaciones populares tendría que

---

4 Monica de Bolle, *The spring of Latin America's discontent*, Peterson Institute for International Economics, octubre de 2019.

basarse en algo más sólido que el precio del petróleo, del cobre o de la soja en la Bolsa de materias primas de Chicago. Aunque el motivo inmediato de las protestas en Ecuador había sido una subida del precio de la gasolina, tras la eliminación de los subsidios incluida en un draconiano ajuste diseñado por el FMI, la presencia de los campesinos indígenas —muchos de ellos mujeres— al frente de la batalla hacía pensar que la defensa de la *pacha mama* (madre tierra) sería un elemento clave en la próxima fase de la lucha. Prueba de ello era la inclusión del principio de *sumak kawsay* en el plan alternativo al ajuste del FMI presentado por los grupos indígenas después de las protestas. Asimismo, la bandera multicolor de los mapuches chilenos —indígenas amenazados por la extracción maderera y por la minería— se convirtió en el emblema de las protestas masivas en Santiago contra el modelo neoliberal latinoamericano más elogiado en los mercados y en los laboratorios de ideas de Washington. Tal vez las revueltas constituirían un primer paso para el reencuentro de la izquierda latinoamericana con el movimiento global contra el cambio climático.

Tras releer *Las venas abiertas* durante mis largos viajes en avión, autobús y barco, más que aburrido por la prosa pesada de la vieja izquierda pedante, me sentí inspirado por el deseo del joven Galeano de «escribir de economía política con el estilo de una novela de amor o de piratas». En estas breves historias he intentado seguir ese ejemplo sin contar, por supuesto, con la pluma prodigiosa del uruguayo. En cada capítulo reflexiono sobre la utilización final de estas materias primas en un mundo de consumo ostentoso, extrema desigualdad y recursos menguantes. Los diamantes, extraídos por los *garimpeiros* brasileños en un infierno de barro y violencia y pulidos en Surat (la India), se compran en las tiendas de Swarovski en Dubái. Los prototipos de misiles nucleares hipersónicos que se fabrican en California o Shenzhen contienen el metal de niobio extraído del territorio indígena del Amazonas, que ahora se convierte en la diana de las compañías mineras aliadas con la nueva ultraderecha brasileña de Jair Bolsonaro. La soja del Cerrado brasileño deforestado alimenta a los pollos de las granjas intensivas europeas que producen los ubicuos *McNuggets* de McDonald's. O los tristes bueyes que pastan en los latifundios de la Amazonia, tras el paso de la motosierra y del fuego, abastecen de carne a Burger King. La patata, un alimento que dio sustento a las grandes civilizaciones precolombinas en el altiplano andino, se ha convertido en el adictivo *potato chip* de Frito Lay, que contribuye a una epidemia de obesidad en América Latina. La moda global del guacamole impone en la región mexicana de Michoacán, cuna del Imperio purépecha, un monocultivo del aguacate, gestionado por el crimen organizado. Y al visitar San Luis de Potosí (México) se descubre como el éxito del pueblo indígena huichol al evitar la reapertura de una mina de plata española del siglo XIX, ha quedado eclipsado por una invasión de turistas, muchos de ellos locos por probar las propiedades alucinógenas del peyote, ya sometido a un saqueo a medida de la *new age*.

Los capítulos dedicados al hierro y al petróleo plantean cómo la sobredependencia de materias primas —además de sus catastróficos efectos medioambientales, ilustrados con el caso del gigante minero Vale— ha sembrado la semilla del desastre en los Gobiernos progresistas de Venezuela y Brasil. También veremos la apuesta del presidente mexicano Andrés Manuel López Obrador por recuperar el nacionalismo petrolífero de Lázaro Cárdenas. Y en Bolivia, una visita al salar de Uyuni, el depósito de litio más grande del mundo, nos permitirá evaluar los intentos del Gobierno indigenista de Evo Morales de industrializar la extracción mediante nuevas fábricas de baterías, además de calibrar el triste papel de Potosí en la rebelión de las clases medias bolivianas contra el Gobierno socialista que culminó con el golpe de Estado de octubre de 2019.

La industrialización fue el plan maestro de los teóricos de la dependencia que estructuró las ideas y la prosa de Galeano. Pero en los Andes bolivianos la realidad se ha mostrado compleja y controvertida. Se plantea otra cuestión existencial en la atmósfera enrarecida del salar de Uyuni. ¿Qué es peor, una mina de litio o diez mil turistas haciéndose selfis a la puesta del sol?

En el caso del oro, a través de un viaje desde Centroamérica hasta Utah, explicaremos por qué la fiebre de extracción, tras la crisis financiera de 2008, coincidió con el auge del pensamiento conservador en Estados Unidos de los excéntricos inversores del metal, conocidos como *gold bugs*, que defienden el regreso al patrón oro. A su manera perversa, es otro ejemplo de una nueva época de venas abiertas en la que la búsqueda de seguridad en tiempos de inestabilidad financiera dispara el precio del oro y desata, una vez más, la invasión de miles de mineros artesanales en la Amazonia y los Andes.

Un nuevo modelo de desarrollo requerirá un cambio radical de filosofía, más allá de la exportación de materias primas y también de las viejas fórmulas de industrialización que se oxidan en el mundo perdido de Fordlandia, la ciudad industrial que Henry Ford intentó fundar a tres horas en barco de Itaituba, ahora tomada por lianas y monos de la selva. Sin abandonar los avances y las metas sociales de la primera década de los Gobiernos progresistas en América Latina, hay que buscar sistemas de producción a menor escala, un consumo menos destructivo y una redistribución más radical de la renta.

A fin de cuentas, pese a los radicales programas para combatir la pobreza, Lula no hizo nada para modificar el «sistema tributario más regresivo del mundo», como dijo Ciro Gomes, el otro candidato presidencial de la izquierda brasileña. Y Gomes añade, en una frase de gran interés para Bruno, nuestro amigo de Itaituba: «Aquí pagas un impuesto sobre motocicletas, pero no sobre yates, helicópteros o *jet skis*»[5]. Asimismo, en lugar de centralizar el poder de manera personalista y de cooptar los movimientos sociales, hace falta ampliar la democracia. Si a la izquierda se le da otra oportunidad —quizás a partir de las espectaculares movilizaciones ciudadanas en Quito, Bogotá y Santiago—, será imprescindible pensar ya en las alternativas.

La inspiración puede venir en parte de esos conocimientos del buen vivir de los pueblos indígenas y de modelos de sociedad compatibles con la protección del medio ambiente y la cultura. Aunque así quizá lo quisiera la ONG Survival, no se trata de una llamada romántica de regreso a un mundo perdido de cazadores y recolectores en un estado rousseauniano de nobleza salvaje. Como se explica en el libro, hace dos milenios la Amazonia albergaba una sociedad de ocho millones de habitantes agrupados en grandes comunidades semiurbanas que construían carreteras y gestionaban la selva de forma sofisticada y sostenible. Practicaban la modificación genética para asegurar su seguridad alimentaria mediante cultivos como la yuca. Incluso gestionaban de forma sostenible los enormes árboles de caucho *Castilla elastica*, entre otras cosas para fabricar los balones del deporte de pelota, un precursor del fútbol actual muy extendido en las sociedades precolombinas. «Nosotros somos los guardianes de la selva», me dijo sin el menor asomo de soberbia Jairo Saw, uno de los líderes de los mundurukus de Itaituba que han organizado la resistencia contra el proyecto hidroeléctrico, la minería y la extracción de madera en su territorio. Los mundurukus entienden de tecnología. Delimitaron sus tierras con GPS y demostra-

---

[5] «Brazil reforms: has Jair Bolsonaro missed his moment?», *Financial Times*, 3/12/19.

ron con exactitud científica sus derechos territoriales para defender la selva. Cuando conversábamos, Jairo preparaba un viaje a California para hablar con los ingenieros de General Electric con el fin de convencerlos de abandonar el proyecto hidroeléctrico en el río Tapajós. «Si no nos escuchan, no hay futuro para ellos ni para nadie», sentenció. En resumidas cuentas, el reto de ahuyentar a los buitres sin destruir la selva es el dilema existencial de todos.

PRIMERA PARTE
MINERALES

I
ORO
(COLOMBIA, CENTROAMÉRICA, ESTADOS UNIDOS)
EL DORADO EN SALT LAKE CITY

El Dorado siempre fue una empresa de avaricia, delirio y destrucción. Y aunque ahora sus protagonistas eran multinacionales mineras con sede en Vancouver, dotadas con eficientes departamentos de responsabilidad social corporativa, o desesperados buscadores de fortuna en Colombia o Brasil, la fiebre del oro del siglo XXI seguía el mismo camino que aquel primer frenesí de extracción y muerte, quinientos años atrás, en tiempos de Cortés y Pizarro. Pero quizás otro factor explicaba el nuevo *gold rush* que yo había presenciado en los ríos teñidos de sangre y mercurio de la Antioquia colombiana y las grandes minas a cielo abierto en Centroamérica. En los años de crisis, el oro fue un refugio del miedo y el caos que, desde Wall Street, se extendía al mundo entero. Los *barequeros* y *garimpeiros* escarbaban en el barro latinoamericano en busca de su potosí o, al menos, de una minúscula pepita para ganarse los frijoles. Pero en los países del norte global el oro se perseguía en una búsqueda neurótica de seguridad financiera y psicológica. «El oro siempre ha justificado los actos más atroces y la resistencia humana más extraordinaria porque aniquila la incertidumbre», dice Peter Bernstein en su libro *El poder del oro*. El Fondo Monetario Internacional[1] reconoce que el precio del oro «se ve respaldado por un temor (posiblemente irracional) al colapso». Más directa, la bloguera financiera Masa Serdarevic sentencia: «Comprar oro es siempre un asunto de miedo». Tras la crisis global iniciada en el año 2008, el miedo no escaseaba en la economía mundial. Durante el colapso del sistema financiero, el precio de la onza troy de oro (460 gramos), que se había mantenido estable en torno a los quinientos dólares durante las décadas anteriores, alcanzó los mil novecientos dólares en 2011. La destrucción de billones de dólares de valores bursátiles —aunque pronto se recuperarían para restaurar las fortunas de la plutocracia global— elevó el atractivo del metal amarillo. Una expansión monetaria sin precedentes y el desplome de los tipos de interés a cero reforzaron la huida hacia la trinchera dorada.

Pero el miedo escénico no lo explicaba todo. En la sociedad de ostentación globalizada y extrema desigualdad, tan perfectamente personificada por Donald Trump y sus torres en forma de gigantescos lingotes, el oro representaba también el deseo de presumir de estatus social. La demanda crecía en las nuevas clases medias de la India y China. Abundaban los compradores de joyería orfebre en las nuevas *boutiques* Swarovski junto a barrios marginales. Pero también en las exclusivas tiendas LVMH *ladies only* de las teocracias del *kitsch* en Dubái o Doha. El metal más preciado era la vía directa al estatus deseado y un valor seguro.

Y al igual que otros objetos de lujo, el oro se incorporó al decadente mundo del arte contemporáneo, superando al bronce como material predilecto de artistas de marca global como Damien Hirst, cuyo esqueleto de mamut *Gone but*

---

[1] International Monetary Fund, *World Economic Outlook*, octubre de 2019.

not forgotten de oro puro se vendió por quince millones de dólares, o Marc Quinn, creador de una escultura en oro de la modelo Kate Moss adquirida por el Museo Británico por dos millones de dólares. Sin olvidar el váter hecho de oro de dieciocho quilates del artista Maurizio Cattelan, que el Guggenheim de Nueva York quiso regalar a Trump para el cuarto de baño de la Casa Blanca en sustitución del Van Gogh que el presidente había exigido al museo neoyorquino.

Al mismo tiempo, el oro se convirtió en el negocio predilecto de las grandes redes internacionales del crimen organizado, que competían —y, a veces, se asociaban— con las multinacionales de la minería, que cotizaban en la Bolsa de Toronto, para alcanzar el liderazgo empresarial de El Dorado 2.0. El oro era un activo financiero fiable y cada vez más líquido, idóneo para blanquear los ingresos ilícitos de las *McMafias*. Tras extorsionar a millones de mineros artesanales, responsables nada menos que del 20 % de la producción global en condiciones próximas a la esclavitud, estas mafias vigilaban la venta del oro a intermediarios instalados en remotas ciudades de los Andes o en la selva tropical. Se llevaban su tajada y lo exportaban a un mundo mucho más civilizado, a Suiza, cuyas cuatro refinerías procesaban el 50 % del oro producido a escala global.

En cada eslabón de la cadena del metal más brillante, se lavaban miles de millones de dólares de dinero sucio. Pero los *garimpeiros* y los *barequeros*, o incluso los paramilitares y guerrilleros que sembraban el miedo en las minas, constituían solo el síntoma. La enfermedad era la desigualdad extrema, la plaga del capitalismo depredador del siglo XXI, del cual el negocio mundial del oro venía a ser un símbolo, su quintaesencia, como el anillo de Wagner. «Yo he visitado la mina La Rinconada, a 5.500 metros de altitud en los Andes peruanos. Allí trabajan sesenta mil mineros artesanales que viven en chabolas de chapa. Mueren antes de los cincuenta porque en las zonas más bajas el aire solo tiene un 50 % de oxígeno. No hay policía, pero sí cuatro mil prostitutas, casi todas esclavas», me explicó el abogado suizo Mark Pieth, autor del libro *Gold laundering, the dirty secrets of the gold trade,* cuando regresaba a Basilea de un viaje al infierno andino. «Es terrorífico, debería prohibirse. Pero cien millones de familias a escala mundial dependen de esto».

Si el terror financiero y el consumo ostentoso de las nuevas élites revalorizaban el oro, el auge de las nuevas ideologías apocalípticas lo convertían en culto. El anhelado regreso del patrón oro —un delirio de los excéntricos *gold bugs* (bichos dorados) y también, por algún comentario, del propio Trump— ganaba adeptos en las comunidades conservadoras de Estados Unidos y Alemania, en aquellos años de imparable expansión monetaria que definiría la segunda década del nuevo siglo. Aunque la inflación que estos fetichistas de los metales preciosos vaticinaban, como predicadores ante el día del juicio final, jamás llegaría. Tampoco la tímida normalización de la política monetaria, a partir de 2017, pudo frenar la demanda del metal amarillo. Los precios ya no alcanzaban los récords de 2011, pero, al oscilar en torno a los 1.400 dólares la onza, bastaban para alimentar la desesperada fiebre en las cordilleras y los ríos latinoamericanos, fuentes de suministro del 60 % del oro vendido en Estados Unidos. La demanda de oro, al igual que de otros metales, se veía impulsada también por el crecimiento explosivo de la industria electrónica. Cada uno de los mil millones de teléfonos móviles fabricados cada año en la segunda década del siglo XXI contenía oro por valor de unos 50 céntimos de euro.

Pese a ser el menos útil de todos los metales, el oro siempre ha engendrado delirios. Químicamente inerte, el elemento Au (del latín *aurum*, con número atómico 79) jamás se oxida. «Posee la longevidad con la que todos soñamos», afirma Bernstein. Quizá piensa en el billonario libertario de Silicon

Valley Peter Thiel, que no solo invierte millones en nanotecnología e investigación genética en busca de la inmortalidad, sino que también defiende con la pasión de un rey medieval el patrón oro porque «conectaría el mundo virtual con el mundo real». El nuevo El Dorado resulta irresistible para conservadores libertarios como Thiel porque el oro no depende de ningún Estado.

«El oro puede ser un trozo de metal inútil y brillante, pero al menos los bancos centrales no pueden imprimirlo», resumió Dylan Grice, analista del Credit Suisse. Incluso cuando la Fed dejó de inyectar billones de liquidez en el sistema, los *gold bugs* prosiguieron en su búsqueda de estabilidad con el metal. Gillian Tett, antropóloga y columnista del *Financial Times*, achacaba el atractivo del metal a «un eco de la llamada carga de culto, que los antropólogos estudian en las islas del Pacífico: algo que proporciona orden y significado en tiempos de caos y miedo». Resultó terapéutico también para los nostálgicos defensores del Brexit, muchos de ellos *gold bugs*, que el voto a favor de salir del club europeo provocara, además del colapso de la libra, una subida del 219 % de la demanda británica de oro. Eran tiempos de delirios y el oro fue un bálsamo. En las calles de las ciudades ricas y pobres, junto a los predicadores evangélicos que vaticinaban el armagedón, circulaban hombres de gesto humillado con carteles que decían: «We buy gold». El oro estaba perfectamente hecho a la medida del llamado movimiento End Times (fin de los tiempos). Las milicias catastrofistas del *survivalism* de Idaho y Texas aconsejaban llevar unos lingotes junto con la ametralladora en el kit de supervivencia para el postapocalipsis.

O quizá la fascinación conservadora por el oro tiene que ver con la solidez del metal más denso. Freud achacaba el fetiche del oro a la neurosis y a la fijación anal. Si para los mayas de Mesoamérica, grandes artistas de la orfebrería, el oro era el excremento del adorado dios Sol, de incalculable valor estético y simbólico, pero sin ningún valor comercial o monetario, para los *gold bugs* de la poscrisis el metal se había convertido en el excremento sólido del buen cristiano conservador, intelectualmente estreñido y en busca de una inversión segura. Aunque Trump rechazaría el regalo del Guggenheim y pediría la cabeza de la osada comisaria Nancy Spector, que se mofaba de un presidente conocido por preferir el oro en la grifería de sus inmuebles de lujo, el inodoro dorado de Maurizio Cattelan se convertiría en el objeto de deseo de muchos lavabos de la nueva derecha.

Por supuesto, la neurosis se traducía en fantásticos beneficios para las grandes multinacionales mineras y sus consejeros, entre ellos el conservador expresidente español José María Aznar, que ya había fichado por la compañía canadiense Barrick Gold, la más grande del mundo, para perforar la resistencia social en América Latina ante el nuevo saqueo de sus venas más abiertas. En los años de la poscrisis, se buscaba oro en «lugares antes considerados no rentables o marginales, y donde vive más gente», explicó el economista argentino Leonardo Stanley. La fiebre se extendía desde Tanzania hasta Mongolia. Pero lo más dramático fue el regreso a El Dorado, a la vieja fiebre del oro americana. Colombia, México, Brasil, Centroamérica —menos desarrollados en minería que Chile o Perú, en el sur— se convirtieron en la nueva frontera minera del continente. En Venezuela, donde el ejército bolivariano ya tenía carta blanca para abrir minas al sur del Orinoco, el presidente Nicolás Maduro invitó a los venezolanos a comprar «el oro de Guayana, el oro del pueblo, para el plan de ahorro nacional», como si se tratara de un acto revolucionario de lealtad chavista. Mientras que en el norte, desde Alaska hasta Nevada, los escenarios del *gold rush* decimonónico volvieron a convertirse en el sueño ilusorio de los buscadores de fortuna y de los nuevos *gold bugs* de la era del miedo del siglo xxi.

Después de una jornada de protestas mineras en Medellín y Caucasia, que terminaron con batallas campales contra la policía y con al menos un muerto, los buscadores de oro volvieron al trabajo en la mina de Orlando, en Amalfi, en un pequeño afluente del gran río Cauco entre las verdes montañas del nordeste de Antioquia. Mientras dos excavadoras descargaban toneladas de barro espeso color cemento sobre una manguera mecánica para que el líquido corriera hacia abajo y depositase los granos de oro, unos doscientos *barequeros* (mineros artesanales) se pusieron a buscar sus propias pepitas en los montones de residuos. Cavaban con palas en el fango gris dejado por las excavadoras Caterpillar y lo echaban en las bateas. Luego se metían hasta la cintura en el charco opaco como leche turbia para remover en busca de flecos amarillos.

Parecía esa imagen dantesca de los *garimpeiros* desesperados del fotógrafo brasileño Sebastião Salgado, todo un documento gráfico de los miserables de la tierra. Pero estos *barequeros* colombianos no se quejaban de su destino, sino que le sonreían y defendían con orgullo la dignidad de su trabajo. Como jugadores de casino, reivindicaban la libertad del azar frente a la monotonía del trabajo del esclavo asalariado en las grandes minas de las multinacionales más arriba, en la sierra. «Aquí somos nosotros quienes decidimos cuándo vamos a trabajar», me explicó Raúl Duque, *barequero* desde hacía treinta y cinco años, de ojos verdes como las esmeraldas que se extraían al otro lado de la sierra, padre de tres hijos y propietario de una humilde vivienda en el pueblo. «Hay días que se gana, y días que se pierde». Levantó la batea para enseñar un grano dorado que resplandecía contra el acero gris. Los otros mineros se acercaron y les hice una foto con la pepita centelleando al igual que sus sonrisas. Venderían el oro aquella tarde en el pueblo por dieciocho mil pesos, unos nueve dólares.

No era mucho. Solo una tercera parte de lo que muchos ganaban cuando trabajaban recogiendo hojas de coca, antes de las políticas de erradicación del militarizado proyecto estadounidense Plan Colombia, que incrementó el número de *barequeros* de la región en más de cien mil almas. En cambio, el *exbarequero* dueño de la mina de Orlando sacaba más de medio kilo de oro al día, en un momento en que la onza troy se vendía en el mercado internacional a 1.500 dólares. Pero los *barequeros* agradecían el contrato no escrito por el que el dueño de la pequeña mina les dejaba buscar suerte en los residuos. «Si la mina no trabaja, nosotros tampoco», me dijo uno. En las minas de filón de Segovia, a cien kilómetros al nordeste de Amalfi, los *barequeros* extraían el oro directamente de la roca.

La minería artesanal de oro en el nordeste de Antioquia tiene una larguísima historia detrás. Cuando llegaron los españoles en 1540, vivían en la región hasta un millón de personas, en una sociedad dotada de un sistema avanzado de agricultura, de una extensa actividad minera —tanto de oro y cobre como de sal— y de estructuras de poder centralizadas. Los habitantes de esa sociedad, conocida como quimbaya, extraían el oro con técnicas bastante parecidas a los *barequeros* actuales de los ríos de Amalfi y de las rocas de Segovia, aunque no contaban, claro, con una Caterpillar para la primera excavación masiva de barro. Pero la cantidad no era lo más importante para los quimbaya. El oro tenía un valor estético y espiritual, y eso servía, como también ocurriría después, para ostentar los privilegios de la élite sacerdotal.

Unos meses antes de mi viaje, yo había contemplado con asombro, en el Museo de América, en Madrid, una espectacular exposición sobre el arte orfebre de la era Quimbaya, entre 500 y 1000 d. C., hallado en Filandia, un municipio del Cauco Medio, en el interior de una tumba subterránea, a salvo del saqueo español. Había colgantes en forma de caracol, lagartijas, pectorales, narigueras, orejeras, cascabeles, colgantes, collares..., así como recipientes para la coca y la cal en forma de calabaza, usados para potenciar los efectos de la droga. Las miniesculturas de los caciques quimbayas, tanto hombres como mujeres de ojos entrecerrados y cuerpos diminutos, eran una prueba de la técnica asombrosa de su orfebrería. Esculpidas a partir de moldes de cera de abeja, «las piezas de oro no se manufacturaban ni se comerciaba con ellas según las simples exigencias de una moda. El oro estaba íntimamente ligado a la vida religiosa», explicaba Ana María Falchetti, máxima experta del Museo del Oro en Bogotá. Mejor no nos preguntemos por qué los tesoros de los quimbayas se encuentran en el discreto museo en la zona universitaria de la capital española y no en el extraordinario museo de la capital colombiana.

Recorriendo unos ciento cincuenta kilómetros hasta Medellín en un autobús multicolor pintado a mano, los mineros artesanales del siglo XXI —tanto pequeños empresarios como *barequeros*— se habían sumado a otros miles en las manifestaciones ante la sede del Gobierno. No protestaban contra la economía informal de las minas, sino que la defendían ante la adopción del odiado código minero que regularizaría el sector y eliminaría a mineros artesanales sin título. La policía y el ejército recorrían Amalfi con ametralladoras y se habían empleado a fondo semanas atrás al cerrar cientos de minas ilegales, decomisar excavadoras, gasolina y hasta pepitas de oro. Estaba en juego el futuro de un millón y medio de mineros artesanos, cinco millones de personas si se sumaban las familias. Según el Gobierno, eran medidas necesarias para ordenar el sector, desplazar el crimen organizado y proteger el medio ambiente. Los mineros de Amalfi insistían en que no usaban mercurio para separar el oro del barro, pero en las minas de filón en Segovia el oro se extraía de la roca molida con una mezcla de melaza, limón y mercurio que reaccionaba en contacto con el metal. Las concentraciones de mercurio en el aire —un metal tóxico que no se degrada— eran tan altas en las sierras que, durante una de las pruebas, reventó un aparato de medición Jerome 431.

Sin embargo, para los *barequeros* había otro motivo de peso por el que las administraciones respectivas del presidente ultraconservador Álvaro Uribe y su sucesor más liberal Juan Manuel Santos se habían puesto tan duras con los mineros artesanales, tras quinientos años de hacer la vista gorda. «El Gobierno quiere que vengan las multinacionales», me explicó Alisandro Guzmán, de cuarenta y cinco años, nativo de Remedios, otro pueblo minero en la cordillera antioqueña, mientras *barequeaba* en el río de Amalfi. Uribe había apostado fuerte por la minería y el petróleo, tras abrir las sierras andinas a la inversión extranjera. Conforme el proceso de paz liberaba enormes áreas del país antes controladas por la guerrilla, las grandes mineras canadienses y sudafricanas veían excelentes oportunidades en la paz. Antes de abandonar la presidencia, Uribe ya había aprobado más de mil nuevas concesiones y Santos, aunque más consciente de las venas abiertas, no cambió de rumbo. A la cabeza de las multinacionales estaban las canadienses, cuya complicidad con gobiernos corruptos en América Latina y hasta con grupos violentos de paramilitares y narcotraficantes desmentía la fama de Canadá de ser el país más social y medioambientalmente responsable de las Américas.

La Bolsa de Toronto ya era la principal fuente de capital de las multinacionales mineras, y sus ingenieros, disfrazados de protectores del medio ambiente, recorrían la región en busca de metales. Greystar, en un cambio de marca ecológicamente correcto, después de abrir varias minas en Colombia, pasó a llamarse Eco Oro. «El mercurio está causando estragos en la salud, de modo que se tiene que regularizar la situación de los mineros artesanales en Colombia», me dijo con sinceridad Jean Martineau, el consejero delegado de Dynacorp, una empresa minera con sede en Montreal que buscaba oportunidades en Colombia. Jean era un quebequés sensible a la cultura que había colgado en su oficina un cuadro de campesinos pintado al estilo de Diego Rivera. Pero resultaba difícil creer que su principal objetivo en América Latina fuera proteger la naturaleza o la cultura indígena. Otro comentario delataba quizás el verdadero atractivo de la región para los buscadores canadienses de El Dorado 2.0: «En Canadá tenemos que buscar por debajo de cien metros de tierra. ¡Vas a la cordillera de los Andes y la minería está allá, a la vista!», exclamó emocionado. Pronto podría comprobar el motivo de su entusiasmo al contemplar las enormes minas a cielo abierto excavadas por los canadienses en las sierras centroamericanas.

No era solo una cuestión medioambiental. Con el beneplácito del Gobierno de Uribe, otra compañía canadiense, Gran Colombia Gold, con sede en Toronto, había adquirido la cooperativa minera Frontino, en Segovia, antes propiedad de los trabajadores. Tras despedir a quinientos de ellos y ver como los paramilitares asesinaban a algunos de los que protestaban, la empresa se puso a comprar oro a los mineros artesanales que trabajaban en sus concesiones a precios mucho más bajos que los de mercado. Para los *barequeros*, atados a la empresa extranjera al puro estilo de una crónica de Galeano, se trataba de aceptar el precio que ofrecía la minera canadiense o ser detenidos por trabajar ilegalmente.

Dos miembros del consejo de Gran Colombia Gold eran exministros del Gobierno de Uribe. Cuando la empresa canadiense forzó el cierre de una serie de minas ilegales para hacerse con su producción, se organizó una huelga general en toda la región, la primera movilización masiva de un nuevo movimiento de protesta que transformaría el escenario político colombiano.

Anglo Ashanti, la compañía gigante sudafricana que se había hecho con concesiones enormes al norte de Cali para excavar La Colosa, la mina de oro a cielo abierto más grande de Sudamérica, se topó también con una fuerte resistencia popular. En una votación celebrada en el pueblo de Cajamarca, cuyo suministro de agua se veía directamente amenazado por la concesión minera, más del 80 % de los residentes votaron contra la mina. Ashanti suspendió el proyecto. Fue una gran victoria para la campaña contra las minas gigantes. Las protestas fueron creciendo y cientos de pueblos siguieron el ejemplo de Cajamarca en un estallido de democracia directa. El Tribunal Constitucional colombiano decretó que Gran Colombia Gold debía también someterse a un referéndum. El nuevo movimiento contra el saqueo *auparía* al exguerrillero Gustavo Petro en el liderazgo de una nueva izquierda antiextractivista en Colombia que logró movilizar una gran coalición, desde los campesinos del Cauco a los jóvenes profesionales de Bogotá, en lo que sería el primer reto de la historia al poder de la oligarquía colombiana. La izquierda ya no se llamaba izquierda, sino «el movimiento de la vida» contra «la muerte» de la oligarquía del petróleo, la minería multinacional y el cambio climático, insistía Petro. Esas eran algunas de las ideas que impulsaron las grandes movilizaciones que llenaron las calles de Bogotá en el otoño de 2019.

Otros intereses aún más oscuros que los de las mineras canadienses amenazaban a los *barequeros* artesanales en Antioquia. Al compartir un tinto (café) en una cafetería del centro de Amalfi con un grupo de propietarios de pequeñas minas, algunos con título y otros sin él, me explicaron cómo funcionaba el sistema de la *vacuna*, el impuesto en absoluto revolucionario exigido desde hacía años por los paramilitares y algunos grupúsculos de la guerrilla más intransigente. «Me han matado a dos hermanos y han secuestrado a otro», dijo Octavio, un *exbarequero* que había acumulado suficiente capital para abrir tres pequeñas minas. «Me quemaron seis máquinas y mataron a tiros a tres de mis trabajadores por no pagar la *vacuna*», me explicó, bajando la voz y mirando de reojo. Otros pequeños empresarios mineros sí que pagaron el impuesto. «Yo pagaba cuatro millones por máquina», dijo uno. Los narcos y los paramilitares, según ironizó el editor Alfredo Molino Bravo, sabían que las bateas servían ya «no solo para lavar oro, sino también para lavar dólares». Según el propio presidente Santos, el negocio del oro había eclipsado al narcotráfico como principal impulsor de violencia y blanqueo de dinero en Colombia. A fin de cuentas, ¿qué mejor para blanquear las fortunas de los líderes del crimen organizado que unos lingotes de oro? Pese al proceso de paz y la entrega de armas de las FARC, los paramilitares y algunos integrantes de la guerrilla aún merodeaban por las montañas de Antioquia, epicentro de la violencia atroz que había desplazado a 47.000 campesinos de sus tierras.

Las medidas de regularización del sector coincidían con los juicios contra exportadoras del oro colombiano como Goldex o la curiosamente llamada Escobar, con sede en Medellín, por blanqueo de dinero y exportación de oro ilegal a Estados Unidos y a Europa. Compraban oro de minas controladas por las FARC, antes de su desmovilización, y por temibles grupos paramilitares, como los Urabeños, que habían mantenido una muy cordial relación con Uribe cuando era gobernador de Antioquia y hacía la vista gorda a la extorsión y la violencia desde su gigantesco rancho en las afueras de Medellín.

Los paramilitares no eran tipos simpáticos. «Lo que les gusta es decapitar a la gente y luego jugar al fútbol con la cabeza», me dijo Lucy, exguerrillera de las FARC a la que conocí en la frontera con Venezuela. Colombia pronto batiría el récord de líderes medioambientales latinoamericanos —y unos cuantos periodistas— asesinados, muchos de ellos por denunciar actividades mineras o la extorsión y esclavización de los *barequeros*. Pese a ello, la refinería suiza Metalor, con sede en la preciosa villa de Neuchâtel, a orillas del lago alpino del mismo nombre, compraba oro a las exportadoras de Medellín y reportaba excelentes ingresos para los paramilitares. Es más, había indicios de que las mafias se infiltraban en la dirección de las compañías mineras multinacionales. Concretamente, en la canadiense Continental Gold, que reconoció que su vicepresidente trabajaba para la Oficina de Envigado, la nueva configuración del viejo cártel de Medellín de Pablo Escobar.

Sin embargo, mientras el Gobierno de Santos calificaba su ofensiva contra los *barequeros* como un contraataque al crimen organizado, los mineros artesanales en Amalfi desconfiaban. Desde el *barequero* más humilde hasta los pequeños empresarios con cinco o seis excavadoras, todos creían que el acoso al que estaban siendo sometidos desde el Estado y desde los grupos armados formaba parte de una misma estrategia pactada entre las multinacionales y el Gobierno para quitarles de en medio.

*

Dos de los colgantes más extraordinarios de la colección quimbaya en el Museo de América en Madrid, hechos de tumbaga, una aleación de oro y cobre, comparten la estética delicada del arte de las sociedades precolombinas de las regiones centroamericanas que ahora forman Panamá y Costa Rica. Se trata de los colgantes de Darién, que, en todas las piezas encontradas, siempre representan una figura humana de cara plana, nariz formada por espirales, brazos y manos esquematizados y dos bastones de los que usaban los chamanes en sus exploraciones cosmológicas.

Uno de los colgantes se encontró debajo de las pirámides en la ciudad maya de Chichén Itzá, en el Yucatán mexicano, dos mil kilómetros al norte. Al observarlo más de cerca, pueden verse formas semicirculares y abovedadas en los extremos. Según los últimos estudios, representan los hongos alucinógenos que los chamanes precolombinos fumaban para alcanzar niveles de conciencia más elevados. No es posible reducir el valor de esas geniales obras de arte al precio mundano de un lingote de oro.

Los colgantes son la prueba concluyente de que existía un intenso intercambio tecnológico y cultural entre las diferentes sociedades prehispánicas desde los Andes hasta el sur de México. Por tanto, parecía lógico, en mi recorrido de la actual ruta del oro, dirigirme al norte desde Antioquia, cruzar la frontera y buscar las nuevas minas centroamericanas. En Coclesito, pueblo de unas trescientas familias campesinas en medio de la selva del noroeste panameño, Carmelo Yangüez, de cincuenta y seis años, cuya cara cuadrada recordaba a aquellos caciques de los colgantes quimbaya, llevaba seis años luchando contra la mina de la multinacional canadiense Petaquilla Gold, un enorme agujero rojo en la montaña a unos quince kilómetros de su pueblo. Ya empezaba a mermar la moral en la comunidad. «La gente se va aflojando y busca trabajo en la mina. Los políticos locales se han vendido a la empresa», me dijo sentado en la terraza de su humilde vivienda de madera, con una huerta de café y banana.

Dos años antes, cientos de vecinos de Coclesito y de las comunidades indígenas río abajo habían bloqueado la carretera de tierra a la mina durante diecisiete días en protesta contra el proyecto de extraer oro y procesarlo con cianuro en una región de exuberante pero frágil biodiversidad. Luego, llegaron los antidisturbios. Sin elaborar el obligatorio informe de impacto medioambiental, Petaquilla inició la producción. Extraía siete mil onzas de oro cada mes, más de ocho millones de euros. Ante el hecho consumado, muchos indígenas aceptaron las ofertas de reubicación de la multinacional sin ni siquiera consultar a un abogado, explicaba Yangüez. Y añadía: «La empresa hace mucha propaganda sobre el desarrollo, y mucha gente se la cree».

Desde luego que Petaquilla, con sede en la ciudad canadiense de Vancouver, ponía mucha imaginación en sus campañas de relaciones públicas. Durante un viaje en un todoterreno por la carretera a Coclesito, podían leerse los carteles en los que un sonriente personaje de cómic, Niño Petaquillín, advertía: «¡No boten basura!». Una sensibilidad ambiental cuando menos sorprendente para una empresa que había convertido una montaña entera en un cráter.

En algún tramo de la carretera se extendían unas huertas de productos ecológicos patrocinadas por Petaquilla, aunque «no producen nada», aclaraba Yangüez. Después de arrasar cinco mil hectáreas de selva para la mina, la empresa había reforestado una zona junto al río que, según los habitantes del pueblo, ya tenía abundancia de árboles y plantas. En otra ofensiva de relaciones públicas, Petaquilla construyó una nueva escuela donde «a los maestros no les dejaban decir ni una palabra contra la mina», según afirmó otro residente de Coclesito.

La propaganda verde del departamento de responsabilidad corporativa de Petaquilla no camuflaba la realidad de una mina excavada en la cabecera de tres ríos, en una zona de lluvias abundantes. La empresa separaba el oro de la roca molida utilizando enormes cantidades de agua y cianuro y almacenaba los residuos en grandes embalses que se desbordaban con frecuencia. «Aquí, antes, cuando uno andaba por el río, los pececitos te mordían los pies», explicaba la líder campesina María Muñoz mientras me enseñaba fotos de cientos de peces flotando en el río como botellas de plástico. «Nosotros cazábamos venado, pavo real, guacamayo; Dios sabe hacer las cosas», prosiguió. «Ahora comemos pollo que viene de fuera». En un paseo en las afueras del pueblo donde las orquídeas se asomaban como copos de nieve en medio de la selva, me encontré con Darío Saavedra, un joven ganadero de cara angulosa y ojos achinados. Traía vacas esqueléticas desde su pueblo a cien kilómetros, en Taobre, accesible solo por río o a pie. «Quisiera tener una carretera en vez de una mina», me confesó.

Lo más creativo de la campaña de imagen de Petaquilla sin duda era el programa de desarrollo turístico ideado por la Fundación Castilla del Oro, creada por Richard Fifer, exgobernador del estado de Coclé y consejero delegado de Petaquilla Gold, estrecho colaborador del entonces presidente panameño Ricardo Martinelli, que acabaría en la cárcel acusado de todo tipo de delitos de fraude. La fundación pretendía fomentar la construcción de «hoteles, centros de convenciones y parques temáticos» para «recuperar esta región dentro del mapa turístico internacional [...], un paraíso terrenal donde los visitantes podrán recorrer los pasos de los aventureros del siglo XVI», según se anunciaba.

Desde luego Coclesito tenía un pasado hecho a la medida de un gran parque temático, quizá con el nombre de *Goldlandia*. Colón llegó a la costa panameña en su cuarto viaje y construyó el primer asentamiento español del Nuevo Mundo muy cerca de allí, en enero de 1503, donde anunció eufórico que había visto más oro que en sus tres viajes anteriores. Pronto Núñez de Balboa cruzaría el istmo hasta la costa del Pacífico, en 1514, y descubriría que el ilustre almirante no tenía por qué seguir llamando «indios» a la gente a la que exigía oro con perros salvajes ladrando a sus pies. Acto seguido se creó la nueva jurisdicción de Castilla del Oro, que abarcaba lo que hoy en día son Panamá, Costa Rica y Nicaragua. De ahí el nombre del proyecto de ocio con parque temático dedicado al descubrimiento del primer El Dorado. No lo diría jamás un hipotético y sonriente sobrecargo de *Goldlandia*, pero el error catastrófico de los indígenas, de los aztecas, de los mayas, de los incas o incluso de los ngöbes de Coclesito, fue creer que los españoles, tan obsesivamente obstinados en la búsqueda de los metales sagrados, debían de ser a su vez y por eso mismo dioses. Quizá la culpa la tuvieron esos potentes hongos alucinógenos. Pero al suponer poderes divinos en esos hombres blancos y barbudos, cuyos caballos parecían prótesis de sus cuerpos metálicos (con armaduras), los indígenas «desataron un ciclo vicioso que acabaría con su propia destrucción», como dice el novelista y premio Nobel Jean-Marie Le Clézio. «Los verdaderos símbolos de la Conquista son el oro y la cadena de acero», añade.

Los preciosos artefactos de la orfebrería indígena, homenaje a los dioses de la naturaleza, no interesaban en absoluto a los conquistadores. La diferencia de apreciación estética la resume el joven filósofo colombiano Óscar Guardiola-Rivera en su refrescante libro *When Latin America rules the world*: «Los adornos de los príncipes, los discos dorados para la curación que los chamanes contemplaban durante horas, los pendientes y pectorales deslumbrantes [...], el excremento del sol (el oro) y las lágrimas de la luna (la plata) fueron derretidos, convertidos en lingotes, enviados a Sevilla, Amberes, Génova, Venecia y Londres, donde servirían de aval para financiar nuevas expediciones al Nuevo Mundo».

Óscar resultó para mí una fuente de inspiración cuando leí su viaje desde México, a través de Centroamérica, Colombia y Ecuador, hasta Lima. Una reconstrucción del viaje de Pizarro, solo que Óscar fue en coche, escuchó a Iggy Pop a lo largo del camino y se detuvo en los Andes ecuatorianos para recitarse a sí mismo el *Canto general* de Pablo Neruda. Quise conocerle y comimos un día en un restaurante de Covent Garden, cerca de su despacho en el Birkbeck College de la Universidad de Londres, donde me explicó la lógica de la extracción masiva de oro y plata del Nuevo Mundo. «Facilitó la creación de la primera moneda de cambio global, que permitió, a su vez, las primeras relaciones planetarias de comercio e inversión». Reciclados desde España hasta los grandes centros financieros en Londres y Ámsterdam, el oro y la plata sentaron la base para los primeros mercados de títulos financieros y deuda de la historia. «El oro actuó como un traductor que homologaba dos mundos», me explicó Óscar, un filósofo de lo más *sui generis* que lucía múltiples *looks* en sus comparecencias públicas, desde un guaperas *latin lover* con tupé a un rapero de reguetón. El oro como traductor es un símil de lo más sugerente, pensé. Sobre todo, si entendiéramos la lengua franca aurífera como la macarrónica *business speak* de los consejeros delegados globales de Barrick y Newmont Mining.

Es decir, que sin El Dorado no habría llegado tan rápidamente al planeta Tierra el nuevo sistema del capitalismo que pronto empezaría a destruir todo lo que encontraba en su camino. El joven Galeano lo resumió con su pluma irónica y barroca: «Una sola bolsa de pimienta valía en el Medievo más que la vida de un hombre, pero el oro y la plata eran las llaves que el Renacimiento empleaba para abrir las puertas del Paraíso en el cielo y las puertas del mercantilismo capitalista en la Tierra».

Ahora bien, esta acumulación primitiva del capital mediante la extracción y la destrucción de tantos objetos de arte no se lograría sin resistencias. Los indígenas, en el recién creado virreinato de Castilla del Oro, no tardaron mucho en darse cuenta de que endiosar a los españoles por su afán insaciable de acumular el metal sagrado había sido en efecto un error de cálculo monumental. Quibian, el líder de los indígenas ngöbes, tras ser arrojado al río Belén por los hombres de Colón y dado por muerto, movilizó las diversas comunidades de la región para expulsar a los españoles. Fue la primera rebelión indígena contra los buscadores de oro y el precedente de cinco siglos de guerras contra los insaciables extractivistas europeos, aún activos. Desde las rebeliones indígenas de los huicholes y los acaxees, en la Sierra Madre mexicana en el siglo xvii, a la rebelión de Túpac Amaru, en el altiplano peruano un siglo después, las rebeliones del Ejército Zapatista de Liberación Nacional (EZLN) y de los indígenas de Bolivia y Ecuador, a finales del siglo xx.

En realidad, el mismo mito de El Dorado fue una astuta estrategia de resistencia indígena para enviar a los españoles e ingleses, como Walter Raleigh, hacia otras tierras lejanas. Marchaban seducidos por el bulo —quizá la *fake news* más efectiva de la historia— de que existía un lugar al sur donde un rey se bañaba en oro. Unos años después de la creación de Castilla del Oro, Pizarro y sus conquistadores partieron desde Panamá por el Pacífico, siguiendo la costa «hasta que no *haya* árboles», según las enigmáticas instrucciones indígenas. Y el bulo permanecería desde entonces. «¡Más lejos, más lejos!», insiste el guía indígena en la sanguinaria expedición en busca de El Dorado de Lope de Aguirre, llevada a la gran pantalla por el director español Carlos Saura. Los tripulantes españoles, ya con ganas de regresar a Cuzco, y aún más a Sevilla, miran al indio perplejos, como miran hoy los turistas a sus respectivos guías locales cuando suben las escaleras empinadas hasta la codiciada cumbre de las pirámides de Machu Picchu, Palenque o Chichén Itzá.

La resistencia de los ngöbes complicaría el expolio de Centroamérica, pese a la muerte de miles de indígenas por contagio de enfermedades europeas, como la varicela. «Panamá es donde se produjo el primer descubrimiento de oro y la primera revuelta indígena», reflexionaba, en una cafetería en Ciudad de Panamá, el catedrático Julio Yao, que había sobrevivido a dos atentados contra su vida a manos de presuntos sicarios de Petaquilla Gold. Intentaron despeñar su coche por las carreteras montañosas que rodean la mina. «Y una revuelta es lo que hace falta ahora mismo», añadió.

Siguiendo la Panamericana al norte a través del castigado istmo centroamericano, dejando atrás los volcanes de Nicaragua y los bosques tropicales de Honduras, recorridos por las sádicas pandillas tatuadas de la Mara Salvatrucha, se levantan las montañas de la sierra de San Marcos, en Guatemala. Es el escenario de las masacres de la guerra contrainsurgente de Ronald Reagan, ya convertido en un destino turístico de aventura y experiencias exóticas. Allí, como en la película *Hombres armados*, de John Sayles, los viajeros globales visitan los centros turísticos de la cultura indígena sin darse cuenta de que los pueblos vecinos se han despoblado casi por completo. Solo quedan niños, viejos y algún pastor evangélico como resultado del éxodo masivo hacia Estados Unidos. Ocho de cada diez familias en San Marcos viven en condiciones de extrema pobreza. Allí se extiende el otro tramo de la nueva frontera de la minería: la Marlin, una enorme excavación a cielo abierto de la multinacional canadiense Goldcorp que cubre una superficie de cinco kilómetros cuadrados en la alta selva, junto a las comunidades indígenas más vulnerables de San Marcos.

A diferencia de los mayas, que habían buscado oro para esculpir aquellos alucinantes colgantes psicodélicos en las tierras bajas, la llegada de Goldcorp desplazó por primera vez la búsqueda de El Dorado al altiplano guatemalteco. «Nuestra historia no está clara, no sabemos cuánto tiempo tenemos», me explicó Raimunda López, una de las indígenas mames (subetnia de los mayas), autóctonos de la zona. «Pero algo sí sabemos, y es que aquí jamás se había extraído oro». Catorce representantes de la comunidad de San Miguel Ixtahuacán, casi todos de la etnia mam, habían bajado de los altos en camioneta a San Marcos, la capital del departamento, para asistir a la presentación de un nuevo informe sobre el impacto económico de la mina, realizado por economistas de la Universidad Tufts, de Estados Unidos. Al igual que en Colombia, Panamá y El Salvador, donde se lograría prohibir todas las inversiones mineras, los campesinos organizaron la protesta. «La mina es un virus, está dividiendo la comunidad y contaminando el agua», afirmó Fredy González, otro dirigente mam. La ciencia le daba la razón. El mismo informe había comprobado la existencia de niveles peligrosos de arsénico, cianuro y mercurio en el agua de la cuenca del río Tzala y en el arroyo Quivichil, ambos próximos a la mina. Era un asunto urgente porque no había agua corriente en muchos municipios de San Marcos y, según el nuevo informe, el 47 % de la población de San Miguel Ixtahuacán bebía directamente de pozos subterráneos.

La Marlin era el proyecto de más bajo coste de la veintena de minas de oro que Goldcorp gestionaba a escala mundial. Extraía oro y plata por valor de casi mil millones de dólares al año (750 millones de euros de unas 395 licencias de explotación minera). Pero la mina aportaba muy poco al desarrollo del país, y menos a San Marcos. Increíblemente, mientras que otros Gobiernos, como el de Venezuela, Ecuador, Chile o Bolivia, habían abanderado un nuevo «nacionalismo de recursos», elevando los derechos de explotación que las mineras pagaban al Estado, Guatemala los había bajado del 6 % al 1 %. En cualquier caso, para los descendientes de los mayas en las castigadas sierras de San Marcos ningún derecho de explotación compensaría el impacto de la mina sobre la «madre tierra», ni el expolio del excremento del sol para fines tan vulgares como un Rolex. «Yo quiero que se cierre la mina y punto», sentenció Bonifacio Mejía, otro residente de San Miguel Ixtahuacán que en lugar del típico sombrero de paja de los mames lucía una gorra del Barça. Pronto la etnia vería cumplido su deseo. Goldcorp anunciaba el cierre de la mina la Marlin en 2018, tras agotar las vetas. Pero el daño ya estaba hecho y, pese a las promesas y al cartel colgado en la valla delante de la mina en el que Goldcorp detallaba los impuestos pagados al Estado guatemalteco, las comunidades seguían igual de pobres que antes.

*

Justo al otro lado de la frontera, en el estado mexicano de Chiapas, me tocó viajar al lado de un campesino de la etnia chol, otra sociedad maya con fama de ser una de las más combativas de los pueblos mesoamericanos. Aparentaba unos cincuenta años, aunque probablemente tendría cuarenta. Viajaba, como yo, en una miniván atestada de gente por la pésima carretera que va de Palenque a Ocosingo. Este último, era uno de los pueblos ocupados por los zapatistas en la insurrección de 1994.

Me había desviado para visitar las espectaculares ruinas de la gran metrópolis perdida de los mayas, en medio de la selva tropical. Por allí resonaba aquel día el ruido ensordecedor de cientos de silbatos que imitaban el rugido de un jaguar, el animal sagrado de los mayas. Eran el regalo perfecto para distraer a los hijitos de un millar de turistas. A mí, en cambio, me recordaban la costumbre maya de ofrecer a los niños como sacrificio a los dioses en el último peldaño del templo del Gran Jaguar en Palenque.

Mi compañero de viaje, que venía de visitar a su familia atrapada en la zona fronteriza con Guatemala, me explicó que la crisis estaba complicando aún más la vida de los campesinos chiapanecos. Y cómo los *coyotes* (intermediarios) compraban la cosecha de maíz y de café sin ofrecer ninguna posibilidad de negociar un mejor precio. Muchos choles y tzotziles de Chiapas tenían que trabajar cortando café en las grandes plantaciones por unos ciento ochenta pesos (ocho euros) al día. La prueba de los apuros que pasaban eran los innumerables topes, vibradores y pequeñas barreras de asfalto o barro que los campesinos construían en la carretera para forzar a los vehículos a detenerse y así tener alguna oportunidad de venderles a los pasajeros una botella de Coca-Cola o un tamal. Una fuente de ingresos esencial en una de las regiones más pobres de México. Incluso, si no había tope, los niños sujetaban una cuerda con banderitas de colores. Todo valía para que los turistas no pasaran de largo y se dieran cuenta de que los mayas aún estaban vivos y de cuerpo presente en Chiapas, y no solo esculpidos en piedra, aunque ya no tenían ni pirámides ni oro.

De repente, el pasajero chol me formuló una pregunta inesperada: «¿En España hay muchos museos?». Pues sí... está el Prado, tiene muchos Velázquez, Goya..., ya sabes, respondí. Pero me di cuenta enseguida de que no era eso a lo que se refería. Así que saqué el librito del susodicho Museo de América en Madrid, que llevaba en mi mochila. Le enseñé la foto de una las figuras de oro de la colección de los quimbayas, un cacique sentado en postura de trascendencia, esculpido en un precioso oro color plateado. Miramos una página ilustrada con una escultura en cerámica de una mujer y un niño, de la cultura totonaca de Veracruz, y después, la reproducción del cuadro *La conquista de México*, obra de Joaquín Otero Úbeda, de 1676-1700, realizado con la técnica del enconchado, en la que se ve a Cortés con su armadura montado en un caballo blanco, a escasos metros de una hoguera en la que el conquistador ha mandado quemar todos los ídolos de los indígenas infieles (excepto los de oro, que serían fundidos después). El pasajero miraba con interés mientras la miniván pasaba delante de un cartel del EZLN adornado con el famoso eslogan de Emiliano Zapata: «La tierra para quien la trabaja». Luego me hizo otra pregunta sorprendente: «¿Quién hace el trabajo en el campo en España?». Tras pensarlo un momento, le dije que principalmente inmigrantes: marroquíes, africanos subsaharianos o jornaleros del este de Europa, de Bulgaria, Rumanía... «¡Aah! ¡Así que les fue bien a los españoles con saquear!», resumió, y una sonrisa se extendió por un rostro que hasta ese momento solo había mostrado gestos de melancolía.

*

A diferencia de Óscar Guardiola, que había seguido los pasos de Pizarro hacia el sur al son de «I am the passenger», yo buscaba a los nuevos creyentes de El Dorado en el norte. Concretamente, en el feudo ultraconservador de Utah, en el desierto del oeste estadounidense. La extracción desesperada de los *barequeros* de oro en Antioquia y la lucha de los campesinos indígenas contra las grandes minas de Panamá y Guatemala quedaban a años luz del anodino restaurante Roof, en el último piso de la emblemática torre del profeta mormón Joseph Smith, de Salt Lake City. Dominaba las vistas el templo de la Iglesia de los Santos de los Últimos Días, rematado en mármol con una estatua del ángel Moroni chapado del mejor oro latinoamericano. Las barbas estaban prohibidas; el ron, también. Pero esos mormones, a su manera, eran buscadores de oro obsesivos. Nada tenían que envidiarle a Hernán Cortés o a Long John Silver.

Me había invitado a la cena el economista Larry Hilton, mentor de la ley, aprobada en el Congreso de Utah, que reconocía el oro y la plata como moneda de cambio alternativa al dólar durante la postcrisis. El congresista republicano Brad Galvez y David Garrett, gestor de un fondo de inversión de Salt Lake City, participaban en la cena, sin una gota de alcohol con la que lubricar la carne blanda de los mataderos industriales, para celebrar la decisión del Congreso de anclar el valor del dinero en aquel excremento dorado. Todos eran defensores acérrimos de regresar al patrón oro y del «dinero sólido» frente a la «inflacionista» expansión monetaria llevada a cabo por la Reserva Federal. «Ya estamos viendo las primeras señales de la inflación que destruirá la economía», insistía Larry Hilton, mientras que otros mormones se enredaban en una conversación sobre sus árboles genealógicos en la isla de Man. Cinco años después, la inflación aún brillaba por su ausencia. Pero el miedo a la incertidumbre estaba implantado en el conservador ADN mormón.

Los republicanos mormones eran parte de un nuevo movimiento conservador que tachaba a la afable economista Janet Yellen, por entonces presidenta de la Reserva Federal, de discípula del demonio John Maynard Keynes, y defendía restringir la emisión del dinero mediante un vínculo inmutable con las reservas de oro. Solo así se frenaría una «inmoral» expansión monetaria que llevaría a Estados Unidos a la hiperinflación y a la ruina. Ron Paul y Michelle Bachmann, líderes de diferentes corrientes del Tea Party, defendían también la adopción del patrón oro. Existía ya una campaña llamada Gold Standard 2012, patrocinada por el Proyecto de Principios Americanos, a favor de restablecer el patrón oro. Por su parte, Glenn Beck, mormón renacido y presentador de televisión que batió los récords de audiencia en la Fox con sus monólogos delirantes y teorías conspirativas sobre las Naciones Unidas, jamás desaprovechaba una oportunidad para proponer la compra de lingotes y el regreso a los tiempos de orden y seguridad del patrón oro.

Gran parte de la nueva derecha que llevaría al poder a Donald Trump eran *gold bugs* enfrentados al Estado federal, supuestamente adicto a la emisión de dinero. La situación recordaba el gran enfrentamiento entre los defensores conservadores del patrón oro y los más progresistas a favor del menos restrictivo patrón plata, a principios del siglo XX en Estados Unidos. Según algunas lecturas, el conflicto dio lugar al mensaje alegórico de la película eternamente retransmitida en Navidad de *El mago de Oz*. Basada en el cuento de Frank Baum, la película simbolizaría un llamamiento a ampliar la base monetaria y librar al mundo de la deflación de precios y salarios. La cinta incluye la inolvidable «Follow the yellow brick road» [Seguir el camino de los ladrillos amarillos, es decir, dorados], cantada por Dorothy (Judy Garland), personificación del valiente pueblo estadounidense. Revisitando el filme tras otra comilona navideña en la nueva era de oro, me atreví a especular sobre a quién podría personificar el espantapájaros y su inmortal canción: «If only I had a brain» [Ojalá tuviera cerebro]. Tenía que ser a Donald Trump, porque al llegar a la Casa Blanca había soltado aquello de «sería fantástico volver al patrón oro, aunque fuera difícil» y luego se convertiría en el presidente que más despotricara contra la Reserva Federal debido a una supuesta ortodoxia monetaria que perjudicaría sus posibilidades de reelección. Trump arrasó entre los mormones de Utah.

El oro desempeñaba un papel clave en el nacimiento real o mítico del mormonismo, la congregación cristiana que más crecía a escala global y que más dinero ingresaba. El brillo dorado de las esculturas del ángel Moroni, el ángel predilecto de los Santos de los Últimos Días que adornaba las torres blancas de cada templo de la expansión global mormona, desde Utah a Moratalaz, en la periferia madrileña, era la prueba del poder de El Dorado para los buenos cristianos de Utah.

Joseph Smith, que fundó el mormonismo a principios del siglo XIX, era un auténtico *gold bug*. Según los textos sagrados de Smith, residente en la aldea de Palmyra, en el estado de Nueva York, el ángel Moroni se le apareció en 1823 y le explicó que debía ir a consultar una serie de planchas de oro en las que estaba grabada la historia de las tribus perdidas de Israel en el nuevo mundo americano. Consultando las láminas doradas con la ayuda del ángel Moroni, Smith pudo averiguar, entre otras cosas, que el jardín del Edén estaba localizado en el desierto de Utah, en el extrarradio de lo que ahora es la capital mormona de Salt Lake City. «Como todos los hombres pobres, Smith se sentía sobrecogido por el oro; y el oro se coló en su concepto del paraíso», explica el biógrafo del mormón Fawn Brodie. Pero ya no eran solamente hombres pobres e ignorantes los que se rendían al fetiche del metal amarillo. Mis comensales en el restaurante Roof eran todos propietarios de viviendas *McMansion* en las afueras de la ciudad, con másteres en empresariales de prestigiosas escuelas de negocios. Pero creían en el metal con el mismo fervor cristiano que Joseph Smith o Cristóbal Colón. «Cuando defendía la nueva ley del oro en el Congreso, sentí de verdad que Dios me estaba guiando», confesó emocionado el congresista Galvez durante la cena.

*

Los mormones eran los *gold bugs* del dios cristiano. Pero a seis horas de Salt Lake City, donde finaliza la ruta del nuevo El Dorado, había pueblos que eran víctimas de la fiebre del oro del siglo XXI, al igual que los de América Latina. Siglo y medio después de su bonanza, Virginia City se había convertido en un centro de turismo temático dedicado a la década de 1850, cuando el descubrimiento de enormes depósitos de plata y oro desató la fiebre minera en la zona. Manadas de turistas recorrían la calle principal entre carteles de *Welcome to Silver City* o *There's gold in them that hills* (Hay oro en esas colinas) y compraban recuerdos en la tienda de Gold Strike. Las máquinas tragaperras de los casinos se agrupaban en torno a la llamada Suicide Table (mesa suicida), donde los mineros decimonónicos perdían sus ganancias en partidas de póquer y luego se pegaban un tiro.

Más arriba, en Millionaires' Row aún quedaban dos o tres de las mansiones que albergaban a los millonarios de la fiebre de la plata, los llamados *reyes de la bonanza*, como John Mackay y James Flood. Pero el pasado había regresado como un chiste de muy mal gusto a Virginia City. Con yacimientos de hasta nueve mil onzas de oro —mil millones de euros, a precios de mercado—, Comstock Mining Inc., la empresa minera del financiero californiano John Winfield, pretendía iniciar una explotación minera en Gold Hill, a menos de un kilómetro de los hoteles, los museos y la cantina de la avenida principal. Había reabierto las viejas minas Lucerne y Billy the Kid (Billy el Niño) generando el riesgo, igual que en Coclesito en Panamá o San Miguel Ixtahuacán en Guatemala, de contaminación por mercurio. Aunque en el caso de Virginia City el problema sería que la nueva mina removiera el mercurio minero que yacía en el subsuelo desde hacía ciento cincuenta años.

No era el único ejemplo de fiebre del oro en el desierto del Oeste. La gran multinacional canadiense Barrick Gold, muy activa en América Latina gracias a las artes de persuasión de José María Aznar, había abierto dos nuevas minas cerca de sus operaciones en Cortez Hill, en el desierto, a medio camino entre Reno y Salt Lake City. La mina se excavaría en el Mount Tenabo, una montaña sagrada de los indígenas shoshones que ya habían sido víctimas de las pruebas atómicas realizadas en el desierto de Nevada en los años cuarenta y cincuenta del siglo XX.

¿Sería que las venas abiertas, la enfermedad de algunas regiones provocada por la riqueza de su subsuelo, valdría también para el periférico estado de Nevada? Esa sí sería una idea revolucionaria. Al igual que los pueblos de Colombia, Panamá y Guatemala, los shoshones y los vecinos de Virginia City se preparaban para plantar cara a las empresas mineras. «La minería pertenece al pasado, así que no vamos a quedarnos de brazos cruzados», me dijo Tammy Davis, responsable de la Sociedad de Conservación Histórica Virginia City, que trabajaba en un pequeño hotel temático en el pueblo. Tammy era una suerte de Erin Brockovich, una improbable activista que lideraba la protesta en Virginia City. Nadie en el desierto del Oeste estadounidense, al igual que en los pueblos de las montañas de América Latina, quería ver la aparición en sus tierras de la «fábrica terrorífica de matanzas, mutilación y destrucción general» en la que se había convertido Nevada durante la primera fiebre de oro y plata. La frase es de Mark Twain, reportero estrella del periódico local *Territorial Enterprise*, que solo se resignó a ser escritor tras fracasar en su intento de hacerse rico durante la fiebre minera de 1860.

2

HIERRO
(MINAS GERAIS, BRASIL)
LA FUERZA BRUTA FÉRREA

Bento Rodrigues es un pueblo que ya no existe. Seis meses después del colapso del dique de contención de la mina de hierro Samarco, quien contemple el paisaje apocalíptico del río Doce desde el montículo que se alza enfrente diría que no existió jamás. «Váyanse a la derecha, por una carretera sin asfalto», nos explicaron en la última gasolinera en Mariana, diez kilómetros más abajo, donde las *mineiras* quinceañeras, tal vez sensibilizadas con el poder devastador del azar, hacían cola para que las gitanas les leyesen las manos. «Pero, ¡ojo! Está prohibido ir». El camino era rojizo anaranjado, como el hierro oxidado o la sangre seca, y una bandada de buitres nos sobrevolaba, abriendo camino en la selva de mata atlántica como guías del viaje al infierno.

Apenas quedaba nada del pueblo. La única prueba de su existencia era un letrero turístico, milagrosamente intacto tras el paso de la ola. Señalaba el antiguo Camino Real por donde los portugueses transportaban el oro y los diamantes desde las minas que dieron su nombre al estado de Minas Gerais (minas generales). «En Bento Rodrigues, usted puede probar auténtica comida minera», rezaba el letrero de madera en referencia al famoso *feijão tropeiro* y al pollo con *guiba*, los platos que atraían antaño a los turistas de Belo Horizonte a los restaurantes del pueblo. Pero ya no. Al otro lado se podían vislumbrar tres o cuatro casas que destacaban por encima del lodo iluminado al atardecer por los focos de la empresa minera. «Mi padre estaba pescando cuando llegó la *lama* de fango. Salvó a tres; otro desapareció», recordaba Anderson Alves de Paula, de veintidós años, refugiado en un barrio de infraviviendas a las afueras de Mariana. Su casa quedó sepultada por cientos de toneladas de lodo.

Bento, de cerca de seiscientos habitantes, fue el epicentro del desastre ecológico más grande de la historia de Brasil, en noviembre de 2015. Aunque nadie lo imaginaría, dado el escaso interés mediático por la catástrofe, eclipsada por otras noticias de Brasil como la epidemia de zika, la violencia en las favelas del Río olímpico o el último peinado de Neymar. Tras borrar a Bento Rodrigues del mapa, la ola de cincuenta millones de toneladas de lodo tóxico, equivalente a veinticuatro mil piscinas olímpicas, contaminó el río Doce (el segundo en tamaño por detrás del Amazonas) hasta llegar a su desembocadura en Espíritu Santo, 850 km hacia el este. Diecinueve personas murieron, dos en Bento Rodrigues. La causa del derrumbamiento de los diques, según la policía federal brasileña, fue al aumento de la cantidad de agua en los residuos fangosos de la mina, agravado por la negligencia de los técnicos de la empresa Samarco. Empresa participada por dos gigantes multinacionales mineras: la brasileña Companhia Vale do Rio Doce y la angloaustraliana BHP Billiton. Un pequeño movimiento sísmico fue el detonante del desastre.

Cuando visité la zona durante la Semana Santa de 2016, cinco meses después del desastre, más de un millón de personas carecía de agua potable y la pesca estaba prohibida a lo largo del río, privando de su principal fuente de subsistencia a 1,4 millones de personas. Una de las comunidades más afectadas eran los indígenas krenakes, un pueblo de pescadores. «El río Doce está totalmente alterado. Se han movido los sedimentos. Ya es otro río, con una morfología distinta», me explicó asombrado Marcelo Campos, responsable en Belo Horizonte del Instituto Federal de Medio Ambiente (Ibama). Vale y BHP Billiton insistieron en que no había elementos tóxicos en los residuos arrastrados río abajo. Pero se sabía que se utilizaba el agente químico éter amino en el proceso de separación del hierro de la roca. En el informe técnico sobre la toxicidad del éter amino Montanol 800, fabricado por la empresa suiza Clariant, que había duplicado su producción en Brasil en los años del *boom* minero, se advertía que ese producto «es perjudicial para la vida acuática» y que «no es fácilmente biodegradable». De las ochenta especies de peces en el río Doce, cuyo nombre significa dulce, once de ellas eran rarezas autóctonas. Todas estaban ya en vías de extinción debido al desastre. «Una generación va a nacer y crecer a orillas de un río vedado», dijo en una entrevista al diario *O Globo* el líder mediambientalista de la etnia krenak Ailton Krenak. «Es una visión temible del futuro del mundo».

*

El metal que mejor simboliza la intransigencia y la fuerza bruta, el hierro, había sido una buena metáfora de la política inversora de Estados Unidos en Brasil durante la Guerra Fría. También del compromiso de la izquierda brasileña de no permitir jamás otro saqueo a manos del imperialismo gringo. Pero, como pude comprobar en Bento Rodrigues, incluso un «campeón nacional» como Vale do Rio Doce, operando con el beneplácito del Gobierno del Partido de los Trabajadores (PT) de Luiz Inácio *Lula* da Silva y Dilma Rousseff, podía llegar a hacer mucho daño.

Tal y como explica Galeano en *Las venas abiertas*, la búsqueda de hierro para abastecer la industria manufacturera de la superpotencia estadounidense impulsó las políticas intervencionistas de Washington en Brasil en los años cincuenta y fue un factor clave en el golpe militar de 1964, urdido con la estrecha colaboración de las gigantes empresas del metal, la Hanna Mining Corporation y la United Steel. Galeano describe, con su cáustica ironía, los choques de intereses entre las grandes empresas mineras y siderúrgicas estadounidenses y el nuevo nacionalismo desarrollista del mítico presidente Getúlio Vargas. La importancia del hierro para Washington fue tal que la embajada estadounidense en Río de Janeiro creó un nuevo cargo, el agregado mineral, que «tuvo tanto trabajo como el agregado militar». La Hanna, con sede en Cleveland, cuyo vicepresidente George Humphrey era casualmente el secretario del Tesoro de Estados Unidos, fichó a cinco ministros del Gobierno brasileño para incorporarlos a su consejo, con el fin de obtener la concesión de la mayor concentración de hierro del mundo, el valle de Paraopeba en Minas Gerais. Cuando otro nacionalista, Jânio Quadros, llegó al poder en agosto de 1961, anuló las autorizaciones otorgadas en favor de la Hanna en Paraopeba para dar prioridad a la industria nacional. En cuestión de días «fuerzas terribles se levantaron contra mí para aplastarme» y solo porque «yo deseaba un Brasil para los brasileños», se lamentó Quadros, tras anunciar su dimisión. El vicepresidente João *Jango* Goulart, discípulo de Getúlio Vargas, tomó las riendas y mantuvo la negativa a la entrada de la minera estadounidense. El Tribunal Federal apoyó al presidente y negó un recurso de la Hanna para restablecer su concesión. En marzo de 1964, medio millón de devotos anticomunistas se lanzaron a la calle para participar en la marcha Familia con Dios por la libertad. Días después, el golpe de Estado iniciado en Minas Gerais desalojó a Jango del poder. Los militares brasileños, además de encarcelar a miles de personas (entre cinco mil y veinte mil, según las fuentes), rescataron a la Hanna Mining Corporation como si se tratase del «primero de caballería», según comentó alegremente la revista estadounidense *Fortune*. «Tras cansarse de arrojar los libros de Dostoyevski, Tolstói o Gorki a la hoguera o al fondo de la bahía de Guanabara, y tras haber condenado al exilio, a la prisión o a una fosa a una innumerable cantidad de brasileños, la flamante dictadura del jefe del Estado Mayor del Ejército, el general Castelo Branco, puso manos a la obra: entregó el hierro y todo lo demás», resume Galeano, en una de esas frases que hoy en día sería troceada para la fácil digestión de las generaciones tuiteras. La Hanna obtuvo la concesión de Paraopeba con un decreto presidencial de 24 de diciembre de 1964, un excelente «regalo de Navidad», como bien dice Galeano.

Me vino muy bien, durante mi viaje a Minas Gerais, repasar aquella descripción del golpe brasileño y sus orquestadores de Washington y Cleveland. Porque ya se extendía como la peste en Brasil el revisionismo histórico del esotérico gurú de la extrema derecha, Olavo de Carvalho, y su seguidor más fiel, un diputado mediocre, excapitán de las Fuerzas Aéreas, llamado Jair Bolsonaro. Astrólogo y teórico de las conspiraciones más delirantes, De Carvalho, vestido con sombrero *cowboy* y camisas a cuadros, se prodigaba por Facebook, desde su residencia de Virginia, en elogios a los generales golpistas de 1964. Fueron los salvadores de la patria frente al comunismo y el marxismo cultural, insistía. Para De Carvalho (y Bolsonaro), Castelo Branco se había quedado corto en sus redadas de jóvenes estudiantes tras el golpe. El verdadero héroe brasileño era el general Carlos Alberto Brilhante Ustra, jefe de la unidad de represión de la dictadura a principios de los años setenta que torturó a miles de disidentes, entre ellos a la mismísima Dilma Rousseff, entonces una guerrillera de la lucha armada contra la dictadura. En los mítines de Bolsonaro, era común cerrar el evento al grito de «¡Ustra vive!». Por si fuera poco, De Carvalho instaba al emergente movimiento bolsonarista a exigir otro golpe contra la supuesta dictadura del PT de Lula y Dilma. Cada semana, en la Avenida Paulista de São Paulo, cientos de manifestantes coreaban eslóganes como «¡Intervención militar ya!», con un enorme monigote hinchable de un soldado en combate. «¡Si los militares no actúan, Brasil pronto dejará de existir!», me gritó un manifestante bolsonarista en una ocasión, después de lanzarme una mirada de odio y ondear, subido a un taburete, una bandera que decía en inglés: «*Armed forces save Brazil*». De Carvalho, estrecho amigo del maquiavélico gurú de Trump Steve Bannon, era el cerebro de este movimiento descerebrado. Y dicho sea de paso, era también uno de los críticos más viscerales de *Las venas abiertas de América Latina*, que calificó como «una mierda de libro».

Tal vez Galeano —así fue aquel momento histórico— había exagerado el papel de Estados Unidos en el golpe de 1964. A fin de cuentas, como me comentó Marcelo Mitterhof, un economista del banco de desarrollo brasileño BNDES, «la élite brasileña está perfectamente capacitada para organizar sus propios golpes de Estado». Washington había tenido una relación ambigua con los nacionalistas de Getúlio Vargas, quien incluso llegó a convencer a Roosevelt para que construyera la primera planta siderúrgica del Estado brasileño a cambio de establecer una base militar estadounidense en la costa del nordeste durante la Segunda Guerra Mundial.

Asimismo, las «fuerzas terribles» del mesiánico Jânio Quadros podían ser otras, puesto que el efímero presidente había ido acumulando enemigos por doquier con políticas un tanto excéntricas, como prohibir el bikini en la playa de Copacabana o las peleas de gallos en las favelas, que ya empezaban entonces a trepar por las montañas de Río. Es más, el control del hierro fue uno solo de los objetivos de la carga golpista contra Quadros, cuyo Gobierno había sembrado el miedo existencial en las clases privilegiadas al prometer una reforma agraria y una gran campaña contra la analfabetización, que en 1964 castigaba a más de la mitad de la población brasileña. Pero no puede haber duda sobre el papel de Washington en la operación, donde crecía el miedo a que Brasil pudiera convertirse en la China latinoamericana. Cuando los generales sacaron los tanques a la calle, se puso en marcha una operación de la flota estadounidense en el Atlántico llamada Brother Sam para ayudar en caso de necesidad. Si la materia prima de otros golpes latinoamericanos eran la banana, el cobre o el petróleo, el hierro brasileño fue estratégico en aquel tiempo de orgullo industrial estadounidense, cuando todo lo bueno para la General Motors era bueno para Washington.

El poderoso empresario de São Paulo Augusto Antunes se había prestado como testaferro para que la gigante del acero estadounidense Bethlehem Steel pudiera hacerse con una mina de manganeso (otro elemento imprescindible en el proceso siderúrgico) en plena Amazonia. Y en 1964, aunque Galeano no lo menciona en su libro, Antunes fue un componente clave de la maquinaria del golpe. Pronto la Bethlehem iniciaría su propia explotación del hierro en Minas Gerais junto con la Hanna. La US Steel, por su parte, firmaría un *joint venture* con la empresa pública creada en 1942 por Vargas, un componente esencial de su proyecto de industrialización y modernización, la Companhia Vale do Rio Doce.

La operación golpista para restablecer el acceso estadounidense al hierro brasileño dejó una profunda huella en la conciencia nacional brasileña. Tal vez con la ayuda de la narrativa desarrollista del joven Galeano y de los cerebros de la nueva escuela de la dependencia brasileña, como el economista Celso Furtado o el joven y brillante sociólogo Fernando Henrique Cardoso, que habían analizado el subdesarrollo en el contexto de las relaciones entre centro (Europa y Estados Unidos) y periferia (América Latina). Por contradictorio que parezca, sería Cardoso, presidente electo en 1995 y moderado por la edad y el poder, el que gestionaría la privatización de Vale do Rio Doce. Llamada Vale para comodidad de los inversores de Wall Street, la compañía minera salió a bolsa en 1997 a precio de saldo. Conforme avanzaba el *boom* de las materias primas, sus beneficios se multiplicaron por trece en ocho años y hacía salivar a los especuladores de los mercados internacionales. Cuando por fin la izquierda llegó al poder tras la histórica victoria de Lula de 2002, se resolvió garantizar que al menos no volviera a producirse otra humillación ante el Tío (o el hermano) Sam como la de 1964. Se fortaleció la independencia nacional de Vale mediante una mayor participación del capital del BNDES, cuya cartera de préstamos era ya mayor que la del Banco Mundial. Vale sería un «campeón nacional» brasileño —de capital privado, eso sí, pero parte de un proyecto del Estado—, lejos del modelo de extracción neocolonial que abrió las venas de la tierra en Minas Gerais y la Amazonia en beneficio de las multinacionales estadounidenses. A partir de ahora, el hierro de Vale ayudaría a levantar el andamiaje del modelo de crecimiento, consumo democrático y redistribución de Lula y Dilma. O al menos así lo decían los programas electorales del PT y los informes bursátiles de Vale.

El entorno internacional favorecía la apuesta. China emergía como una fuente inagotable de demanda del metal más útil de todos. Es más, las relaciones comerciales y de inversión con Pekín no serían las del imperialismo vampírico denunciado por Galeano, sino las más ecuánimes de un intercambio comercial de sur a sur. Impulsada por la inversión de China en manufactura y construcción, la demanda de hierro crecía y los precios se dispararon.

A finales de los años cuarenta, los economistas de la agencia de las Naciones Unidas CEPAL, en Santiago de Chile, encabezados por el argentino Raúl Prebisch y el ya citado Celso Furtado, tan influyentes en la formación de Galeano, ya habían advertido, en sus llamamientos a la industrialización y a la sustitución de las importaciones, sobre el peligro del llamado «maleficio de los recursos naturales». Era imprescindible reducir la dependencia de las materias primas, decían, debido a un inevitable declive a largo plazo de sus precios frente a los bienes industriales. Es más, los precios de las *commodities* como el petróleo, el hierro o la soja se caracterizaban por una extrema volatilidad. Estas ideas impulsaron el desarrollismo industrial en Brasil y en América Latina desde los años cincuenta hasta la llegada de los neoliberales en los años ochenta. Pero ya en el nuevo siglo chino los temores de la vieja CEPAL parecían exagerados. La superpotencia manufacturera asiática parecía tener un hambre insaciable de hierro brasileño, así como de otras materias primas. El hierro alimentaba las gigantescas siderurgias chinas, desde la isla de Caofeidian en Pekín hasta Baoshan en Shanghái, y estas suministraban el acero para la imparable locomotora industrial china y la modernización de infraestructuras más ambiciosa de la historia de la humanidad. China producía ya la mitad del acero mundial y buscaba fuentes estables de suministro de hierro. Es más, la globalización industrial había hecho bajar los precios de las mercancías manufacturadas frente a las materias primas en un mundo de recursos menguantes. México, el reverso de Brasil, había apostado por una economía «maquiladora», basada en el ensamblaje de manufacturas. Pero creció menos que Brasil y no logró reducir la pobreza tras dos décadas de salarios estancados.

Merced a la demanda china, los violentos avatares y vaivenes de la dependencia externa parecían cosa del pasado. El precio del hierro se había quintuplicado en los años de la primera presidencia de Lula (2003-2010), de treinta dólares la tonelada métrica pasó a ciento cincuenta dólares, y el valor de las exportaciones brasileñas de hierro se quintuplicó también. No parecía ser el típico aumento volátil del precio de las *commodities* que había conducido al desastre tantas veces en América Latina. Se trataba de un llamado *superciclo* que llevaba más de diez años en fase alcista y no daba señales de agotamiento. El hierro parecía haber forjado la base inquebrantable del nuevo desarrollismo extractivista de la izquierda brasileña. Las exportaciones de Vale y los correspondientes ingresos millonarios de divisas facilitaron un aumento espectacular de la renta de las clases bajas. Mediante los subsidios de Bolsa Familia, los créditos baratos y las subidas del salario mínimo, treinta y seis millones de brasileños salieron de la pobreza extrema en la primera década del nuevo siglo y cuarenta y dos millones se incorporaron a lo que Lula denominó la nueva clase media brasileña.

Algunos economistas, como Luiz Carlos Bresser, exministro de Hacienda de Cardoso, dieron la alarma. El real se había apreciado tanto —hasta 1,65 reales por dólar, un 30% por encima de su valor de equilibrio, según Bresser— que acabaría pasando factura. Era un síntoma típico del llamado «mal holandés», advirtió. La expresión, acuñada por la revista *The Economist*, alude al impacto perjudicial sobre la economía holandesa del descubrimiento de gas en los años cincuenta. «La tasa de cambio acaba sobrevalorándose, ya que materias primas como el petróleo, el hierro o la soja pueden ser exportadas cuando la divisa está muy cara sin perjudicar los beneficios de sus productores; pero esta apreciación merma la competitividad de la industria manufacturera. Ahí tienes la distorsión», me explicó Bresser en una entrevista mantenida en su suntuosa casa modernista de São Paulo.

Pero nadie le hizo mucho caso. La izquierda defendía la fuerza del real porque permitía elevar el poder adquisitivo de los más necesitados y estimular el consumo sin desatar la inflación. Asimismo, los mercados adoraban el modelo Lula, que había disparado los precios de las acciones de empresas como Vale y Petrobras, a la vez que atraía capitales gracias al «súper real» y a los elevados tipos de interés brasileños, en tiempos de tipos cero en Estados Unidos y Europa. *The Economist*, que ya había olvidado su análisis pionero del «mal holandés», se sumó a la alegría general al publicar una portada en 2009 en la que el Cristo Redentor de Río despegaba de la montaña del Corcovado como un cohete hacia los cielos. «Brasil despega», titularon. Brasil era el país más dinámico y más sexy de los BRICS (las cinco economías nacionales emergentes: Brasil, Rusia, India, China y Sudáfrica, según la definición del banco Goldman Sachs). Se había mostrado invencible durante la debacle financiera que castigó a Estados Unidos y a Europa. Una crisis provocada por «el comportamiento irracional de gente de piel blanca y ojos azules», como bromeó Lula. Pronto la crisis del capitalismo globalizado apuntaría también a los de piel morena y ojos negros. ¡Cómo no iba a hacerlo!

*

Parecía una imagen sacada de los mejores años del *boom* de las *commodities*. Una cinta transportadora cargada de miles de toneladas de mineral de hierro cruzaba un puente por encima de grandes charcos de agua rojiza en dirección a Ponta da Madeira, la terminal de Vale en el puerto de São Luís do Maranhão, en la costa atlántica del nordeste brasileño. Las rocas férricas procedían de la gigantesca mina a cielo abierto de Carajás, a seiscientos kilómetros de distancia en la Amazonia, la mina de hierro más grande del mundo. Una enorme herida sangrante de color rojizo en la selva, Carajás había sido la punta de lanza de la Operación Amazonia, diseñada por la junta militar tras el descubrimiento en 1967 por la US Steel del depósito de hierro más grande del mundo. Vale se asociaría con la multinacional estadounidense en una empresa mixta para explotar la mina de hierro, bauxita (materia prima del aluminio), oro, cobre, magnesio y casiterita. El Gobierno militar promovió, a su vez, el establecimiento de una docena de empresas productoras de arrabio (producto intermedio de la roca de hierro), que construyeron sus plantas en la selva amazónica a lo largo de la línea del ferrocarril, desde Carajás a São Luís. Y talaron millones de árboles para fabricar el carbón vegetal necesario para fundir el arrabio. Pronto el este del estado amazónico de Pará sería un punto rojo en los mapas de la implacable deforestación.

Otras empresas mineras de hierro y aluminio pisarían la selva amazónica. El multimillonario brasileño Eike Batista, nacido en Minas Gerais e hijo del presidente de Vale durante la junta militar, llegaría a tener la octava fortuna del mundo gracias a lo que extrajo del subsuelo de la Amazonia. La gigantesca compañía estadounidense del alumino Alcoa ya excavaba en la selva también. Necesitadas de enormes cantidades de energía, Vale y Alcoa hicieron *lobby* para construir el gran proyecto hidroeléctrico de Tucuruí, a finales de los años setenta, que inundó miles de kilómetros cuadrados de territorio indígena y obligó a desplazarse a comunidades milenarias. Años después, Vale participaría en el polémico proyecto de Belo Monte, en Altamira, necesitado de más energía para su vertiginosa expansión. La construcción de la inmensa represa anegaría mil quinientas hectáreas de selva, secaría un río vital para la existencia de diversas comunidades indígenas y desplazaría a decenas de miles de habitantes, tanto fueran indígenas de la etnia kayapó como ribereños y colonos pobres que vivían de la pesca a orillas del río.

Fue en verano de 2016 cuando contemplé esas cargas de mineral de hierro cruzar el puente de acero en dirección al puerto de São Luís con un traqueteo interminable. La mina de Carajás batía récords de producción, superando los niveles de 2011, cuando el precio del metal (ciento setenta dólares la tonelada métrica) rozaba los máximos históricos. Además, Vale había abierto en 2016 una nueva mina de hierro en el complejo S11D de Carajás. Pronto el hierro en la cinta se descargaría en un enorme buque de la clase Valemax, el barco mercante más grande de la historia, de trecientos sesenta metros de eslora y con capacidad para transportar cuatrocientas mil toneladas de hierro, suficientes para construir tres puentes como el Golden Gate. Estas gigantescas embarcaciones construidas por la misma Vale volvían a descargar en los puertos chinos como en los tiempos de bonanza. Pero las apariencias engañaban aquel día, bajo el sol despiadado del subdesarrollado nordeste de Brasil. La escena en São Luís no era la imagen de un éxito, sino de un fracaso. El superciclo había terminado con un frenazo y la producción récord de Vale fue la reacción de la gigante minera al colapso espectacular del precio del hierro (descendió hasta sesenta dólares la tonelada en 2016). El crecimiento chino se había reducido a la mitad del prodigioso ritmo de 2007. Vale, la gran esperanza del modelo de desarrollo extractivo de los Gobiernos de Lula y Dilma, hacía recordar ya a *Alicia en el país de las maravillas*: «En este país», le dice la Reina Roja a Alicia, «hace falta correr hasta que no puedas más para mantenerte en el mismo lugar». Vale producía cada vez más hierro solo para mantenerse a flote.

Había llegado a Brasil, y en general a toda América Latina, la tercera fase de la épica crisis del capitalismo globalizado que comenzó en el sector financiero estadounidense en 2007-2008 y que cruzó el Atlántico en 2010 provocando la crisis del euro. El tercer temblor del seísmo sacudía ya a las llamadas economías emergentes, productoras de materias primas. El país clave para entender el proceso era China. Tras el colapso del comercio mundial en 2009 y las profundas recesiones en Estados Unidos y Europa, los gestores de la economía china respondieron con un agresivo programa de reactivación basado en la inversión de miles de millones de dólares tanto en infraestructuras como en el sector inmobiliario. Ello generó una demanda aún más desorbitada que antes de materias primas, sobre todo de minerales como el hierro y el cobre, alargando el superciclo de las materias primas. El *boom* chino se sumó a una burbuja que se inflaba en los mercados de *commodities* conforme otros billones de dólares de inversiones especulativas se canalizaban hacia las materias primas, como si una tonelada de hierro, una fanega de trigo o un barril de petróleo fuesen un bono de alto rendimiento o un derivado financiero. Como en el caso del nuevo El Dorado en el mercado del oro, todo el mundo buscaba algo de rentabilidad para compensar la caída de las bolsas y el desplome de los tipos de interés en Estados Unidos y Europa. Los grandes productores de materias primas como Brasil, con tipos de interés más altos, se recuperaron prodigiosamente tras la recesión mundial de 2009.

Las venas abiertas se pusieron brevemente del revés. La maldición de los países ricos parecía ahora bendecir a los más pobres. Algunos hablaban del desacoplamiento del sur global respecto del norte gracias a la resistencia de la economía china y a su demanda de materias primas. Mientras que Estados Unidos se hundía en la recesión más profunda desde el crac de 1929, Brasil se benefició de una explosión de crédito y su economía llegó a crecer un astronómico 7,5 % que ayudó a Dilma a imponerse en las elecciones de noviembre de 2010. Las corporaciones de las grandes economías emergentes se endeudaron cada vez más en dólares aprovechando la abundancia de capitales. Pero el mundo al revés duraría solo dos días. China no podía ser permanentemente una tabla de salvación y el desacoplamiento de América Latina de Estados Unidos y Europa resultó ser una fantasía. Cuando los precios de las materias primas cayeron en picado en 2013 y 2014, la economía brasileña también cayó por el precipicio. Vale, con una deuda de 24.000 millones de dólares, contempló el abismo tras verse rebajada por las agencias de calificación, esos tribunales del juicio final financiero, Moody's y S&P. La extracción frenética de hierro aceleraba el agotamiento de la reserva amazónica de Carajás, esa que los geólogos de la US Steel creían que duraría siglos. Ya se calculaba que no quedaría nada para 2035. Pero los años de bonanza y gran rentabilidad no se habían aprovechado para industrializar ni incorporar actividades de mayor valor añadido a las zonas mineras de Minas Gerais y del Amazonas. Como en los tiempos clásicos de saqueo que Galeano describió con afilada pluma, el ferrocarril llevaba el hierro de Carajás al puerto de São Luís pasando por delante de pueblos incomunicados en una región amazónica en la que el 42 % de la población no había escapado aún de la pobreza. Carajás se había hecho rico, pero su pueblo no. El municipio ostentaba el PIB per cápita medio más alto del estado de Pará, pero la esperanza de vida más baja y la desigualdad más extrema. Como si la Amazonia fuese una semicolonia, «cuanto más se exporta, más pobre se queda», denunció Gilberto de Souza en su libro *Amazonia*, una crítica demoledora al fracasado intento de Lula y Dilma de cambiar el modelo de extracción. Los subsidios de Bolsa Familia habían estabilizado la pobreza en el Amazonas, pero la extracción no fomentó el desarrollo. Roberto Freitas, director de la CEPAL en Brasilia, resumió de forma lapidaria la ironía durante la presentación de la edición brasileña de mi libro sobre la élite de Davos y la crisis de 2008 *Un reportero en la montaña mágica*. Fue en la primavera de 2014. Yo había comentado que, tal vez, el colapso del paradigma neoliberal de Davos diera la razón a la izquierda latinoamericana. «¿No te das cuenta?», respondió. «Hemos estado exportando piedras; repitiendo los errores del pasado».

Los efectos políticos del cambio de ciclo en el mercado de *commodities* fueron sísmicos en Brasil. No se trataba de una economía tan dependiente de las materias primas como Venezuela, Chile o Perú. Pero la exportación de materias primas fue la pieza clave de la apuesta de la izquierda para impulsar el consumo de los pobres sin inflación y sin perjudicar la balanza de pagos. André Singer, el exportavoz de Lula que había identificado la fórmula mágica del éxito económico y político del PT en la primera década del siglo, reconoció que todo había sido apuntalado en un insostenible *boom* de materias primas. «El milagro lulista había sido sostenido por la fase de alto crecimiento mundial y por el *boom* del precio de las *commodities*. La crisis mundial de 2008 anunció el fin de este ciclo, que luego se plasmó tres años después», explica en su segundo libro *O lulismo em crise*. El colapso económico de 2015 y 2016 firmaría la sentencia de muerte del PT, con la ayuda del escándalo de corrupción destapado selectivamente por los intrépidos jueces de la investigación «Lava jato» (lavado de coches), que, formados en Estados Unidos y apóstoles del neoliberalismo sin saberlo, no sentían demasiada simpatía por el modelo de «campeones nacionales» ni de bancos públicos como el BNDES. Brasil pronto atravesaría la peor recesión de su historia, mientras que el colapso del real desataría la inflación. De ese modo, el poder adquisitivo de las clases populares, tras una década de mejoras, cayó en picado. *The Economist,* siempre a remolque de los ciclotímicos mercados financieros, publicó una nueva portada con el Cristo Redentor descendiendo en picado con una estela de humo negro detrás. Indignadas, las clases medias llenaron las avenidas de Río y São Paulo para pedir la salida de Dilma de la presidencia, solo un año después de su victoria electoral, y la cárcel para Lula. Salvo por las camisetas amarillas de la selección brasileña de fútbol, el atuendo predilecto de los manifestantes, y los grandes patos hinchables, las protestas recordaban aquella marcha de Familia con Dios por la libertad, anterior al golpe de 1964. Aunque el Dios del siglo XXI ya era evangélico para millones de brasileños.

*

La destrucción del río Doce parecía ser, en gran parte, el resultado de la decisión de pisar el acelerador y aumentar la producción de hierro mientras la crisis forzaba una serie de draconianos recortes de gastos en Vale. Según la Comisión Interamericana por los Derechos Humanos, el ahorro en costes y la aceleración de permisos medioambientales en la minería brasileña había ocasionado «un mayor riesgo de rotura de los diques de contención en Minas Gerais». «No había instrumentos disponibles para detectar sismos», confesó un ingeniero de Samarco. «Ellos no pensaban en la vida, sino en los beneficios», sentenció. «Esto debería provocar un cambio de mentalidad», me comentó Marcelo Campos mientras estudiábamos los mapas inservibles de un río que ya no era el mismo.

Pero, lejos de aprender la lección del desastre de Bento Rodrigues y del fin dramático del superciclo de las materias primas, Brasil parecía haber vuelto a la era clásica de las venas abiertas, de cuando las multinacionales «ejercían su dictadura», según Galeano, sacando materias primas de la tierra y pingües beneficios del país. En medio de una grave crisis económica, el nuevo Gobierno de Michel Temer, instalado tras una moción de censura a Dilma que muchos calificaron de golpe de Estado parlamentario, anunció su compromiso de atraer capitales extranjeros y facilitar las inversiones mineras. Al igual que en 1964, el golpe abriría el camino al saqueo del pasado. Las inversiones en las minas y en el petróleo descubierto en el Atlántico ya no serían los «campeones nacionales» de Lula y Dilma, sino las multinacionales extranjeras de la minería y las grandes petroleras de Houston.

Lula, encarcelado sin pruebas por supuestos delitos de blanqueo y excluido de las elecciones de 2018, pese a ser el candidato más popular, denunció que el proceso de acoso y derribo al Partido de los Trabajadores se había diseñado precisamente para que Estados Unidos pudiera participar en la explotación de los recursos nacionales brasileños (se refería, sobre todo, al petróleo, como veremos más adelante) como en 1964. Tal vez fuera una teoría de la conspiración. Tal vez no. Lo innegable, en todo caso, era que el modelo económico de la izquierda y su dependencia de la exportación de materias primas había elevado su vulnerabilidad exponiéndose al volátil superciclo de las *commodities* y a los objetivos geopolíticos de Washington.

En su lugar, la vuelta de aquel viejo Consenso de Washington neoliberal dejaría grandes áreas de la selva amazónica «abiertas para el negocio». La citada comisión interamericana advertía de que existían conflictos de intereses respecto a la minería, ya que los partidos que detentaban el poder (el de Temer era conocido como el «partido de alquiler» debido a su extremo oportunismo clientelar) habían recibido «donativos generosos» de las empresas mineras. Pese al bajo precio del hierro y a los desastres medioambientales en Minas Gerais y la Amazonia, el nuevo Gobierno incentivaba todavía más la inversión minera. Más minas, más riesgo de desastres. Ni tan siquiera se había aprendido la lección de la zona borrada del mapa por la ola destructora de 2015. Crecieron las presiones a favor de reanudar las operaciones mineras de Samarco. «¡Queremos empleo! ¡Que reabran la mina ya!», rezaban los carteles del sindicato Metabase colgados en la carretera de Mariana. El peligro de que se repitiera la historia era evidente y, como en otra crónica de una muerte anunciada de García Márquez, pronto en 2018 colapsó otro dique de Vale en Brumadinho, a cien kilómetros al oeste del desaparecido municipio de Bento Rodrigues. Y de nuevo se vertieron miles de toneladas de desechos al río Paraopeba. Murieron 248 personas, 22 desaparecieron sin que se llegaran a recuperar sus cadáveres. Vale alertó sobre el peligro de colapso de otros diques en Minas Gerais, pero negó categóricamente que pudiera ocurrir algo parecido en sus minas de la Amazonia.

*

Lo que quedó de las ruinas de Bento Rodrigues y de los escombros del gran proyecto transformador del Partido de los Trabajadores fue un deseo bíblico de castigar a la clase política. Se palpaba en las fiestas de aquella Semana Santa en Minas Gerais. A un par de horas en coche de la zona de la catástrofe, en Ouro Preto, la joya del barroco brasileño y epicentro de la fiebre del oro del siglo XVIII, un grupo de jóvenes colocaban encima de una potra blanca un muñeco de Judas, que luego sería ahorcado en la plaza, como en su día lo fue el independentista Tiradentes. Una orquesta de viento cuyos integrantes llevaban cascos en la cabeza hechos con viejos orinales tocaba himnos lúgubres bajo las miradas dieciochescas de las esculturas de Aleijadinho, el genio leproso, hijo de esclavo, que, como escribe Galeano, dejó en sus obras de piedra «el testimonio final» del auge y caída de la primera economía colonial de metales preciosos. Una vez más, los *mineiros* se sentían traicionados por las falsas promesas, los beneficios efímeros de la bonanza, el colapso económico y el desastre del río Doce. Pero nadie sabía con certeza quién había traicionado a quién. ¿A quién representa Judas este año?, le preguntamos a un guardia de seguridad afrobrasileño que vigilaba mientras el muñeco se balanceaba en el aire. «Pues a Dilma, supongo», respondió, tras pensarlo un momento y recordar las promesas electorales de Rousseff en 2014. Algunos, igual que los manifestantes contra la moción de censura en Brasilia con pancartas que rezaban «¡Temer traidor!», decían que el Judas debió de ser el exvicepresidente de Dilma, todavía en el palacio presidencial, pero con una valoración popular que no rebasaba el 5 %, según los sondeos. Otros se mostraban convencidos de que el monigote, con barba y ojos tristes, representaba a Lula. «Cuando vestían al Judas, uno le dobló el dedo para que no se viera», dijo José Eduardo, que repartía caramelos en la plaza. El chiste se refería al dedo meñique de Lula, amputado en un accidente laboral los días anteriores a su ascenso al liderazgo del movimiento sindical y la nueva izquierda brasileña. El único político al que nadie tachaba de Judas en Ouro Preto era aquel excapitán, apologista de los crímenes de la dictadura militar y de los muertos del golpe de 1964. El diputado Jair Bolsonaro, misógino, homófobo, racista, despectivo con el medio ambiente, cuyos incendiarios discursos incluían siempre la defensa acérrima del derecho a extraer todo lo que quedara en las machacadas vetas de Minas Gerais y los prometedores depósitos de la selva amazónica.

3

NIOBIO
(RORAIMA, BRASIL)
EL FETICHE DE LA ULTRADERECHA BRASILEÑA

«Una vez, hace cerca de veinte años, llegó un grupo de extranjeros. Montaron un campamento, cavaron un barranco en la tierra y sacaron un montón de piedras azules. Nos explicaron que, si tenían valor, volverían después para pagarnos. Luego, se marcharon». Lo contó Marcio, de cincuenta y seis años, abuelo de una numerosa familia de la etnia macuxi, que estaba sentado delante de su casa de adobe con tejado de paja en la comunidad de Guariba, en el estado de Roraima, en la Gran Sabana amazónica, a cien kilómetros de la frontera con Venezuela.

Aquel encuentro con los últimos saqueadores, de un sinfín a lo largo de los siglos, que aparecían desde el otro lado de la sierra de Roraima, ocurrió antes del histórico reconocimiento constitucional de los territorios indígenas de Macuxi, Wapixana, Ingariko, Taurepang y Patamona, del nordeste del Amazonas, en 2005. Los indígenas recuperaron entonces el control de 1,7 millones de hectáreas de tierra, conocidas como Raposa Serra do Sol. Un mundo perdido de enormes mesetas y espectaculares cascadas dominado por la montaña Roraima. En esa misteriosa altiplanicie tropical, Arthur Conan Doyle, el creador de Sherlock Holmes, ambientó su novela de fantasías turísticas victorianas *The Lost World* (*El mundo perdido*). En ella, un periodista con ganas de lucirse busca el definitivo reportaje de aventuras acompañado del excéntrico zoólogo doctor Challenger. Tras escalar la montaña que «se parece a la torre de una iglesia truncada, con la meseta arriba y un abismo delante», topan con un auténtico parque jurásico poblado por dinosaurios. Un siglo después, las paredes verticales de granito de seiscientos metros aún retan a los más intrépidos turistas empeñados, al igual que Conan Doyle, en descubrirlo todo. Con 2.734 metros de altura, Roraima es la montaña más alta de Brasil, aunque en el pueblo de Marcio otros datos serán más relevantes. En la mitología de los macuxis, el monte Roraima es el tronco cortado del árbol de la vida, del cual mana el agua esencial de la existencia.

La llamada demarcación de Raposa Serra do Sol fue una de las victorias más importantes de las luchas de los pueblos indígenas de Brasil, porque, para conseguir el reconocimiento y la protección de sus tierras, los macuxis y sus pueblos hermanos tuvieron que librar batallas campales contra los latifundistas arroceros que habían aprovechado esos mismos manantiales sagrados para cultivar el cereal oriental, así como contra los *garimpeiros* (mineros artesanales del oro) que buscaban desde su desesperación una quimérica fortuna en los ríos amazónicos. Pero la Constitución progresista, aprobada en 1988 tras la caída de la dictadura militar, apoyaba a los indígenas de Raposa. Al igual que el primer Gobierno de Lula da Silva. Eran los tiempos en los que el indigenismo aún figuraba en el ideario de la izquierda brasileña.

Desde entonces los veintitrés mil indígenas de la región habían estado relativamente protegidos de las actividades de la agroindustria y la minería brasileñas. Marcio y sus vecinos eran muy pobres, pero habían aprendido nuevas técnicas ganaderas, a cultivar la yuca, el maíz y la patata dulce, y habían instalado una piscifactoría en el río, repleta de enormes y sabrosos peces amazónicos como el tambaqui y el pirarucú. Se había construido un colegio donde los niños aprendían portugués, español y macuxi. Había, eso sí, problemas de alcoholismo en la comunidad, un método probado para someter a los pueblos indígenas americanos. Marcio ya llevaba unas cuantas *cachaças* cuando empezamos a hablar a las once de la mañana. Cuando le pregunté si temía la llegada de otros saqueadores, sonrió como si quisiera decir: «¿Y usted, amigo extranjero, qué cree?», y se echó otra copa de ron brasileño.

Pese a la hora temprana, acepté su oferta de tomar un trago solidario y brindar para que el *Lost World* de los macuxis siguiera siendo eso mismo, un mundo perdido. Porque, como bien sabían Marcio y Eduardo Galeano, los *lobbies* extractivistas en América Latina jamás se darían por vencidos.

Roraima, a fin de cuentas, era una zona de buenos pastos en la superficie para esos inmensos rebaños de bueyes cebúes, blancos y jorobados, de aspecto triste, que acabarían triturados en un churrasco o un Whopper de Burger King, dejando tras de sí una estela de deforestación. Pero en el subsuelo yacían grandes depósitos de oro, diamantes, amatistas, bauxita, titanio, uranio... Y sobre todo, lo más comentado por los detractores de la demarcación, de niobio. Según pude averiguar en el US Geological Survey, este metal de extraordinaria dureza, aleado con el acero, constituye un material imprescindible para la industria del automóvil, para las centrales de energía, los microcircuitos electrónicos y la industria aeroespacial. Fundido con el acero a temperaturas superiores a 2.500 °C, el niobio eleva en un 30 % la dureza del acero sin añadir ningún peso. Algunas aleaciones de niobio tienen fuertes propiedades de conducción, cruciales para los superconductores y los imanes de alta potencia. Según la Universidad de Stanford, el niobio más puro tiene una elevada resistencia térmica y es imprescindible para la industria aeroespacial, principalmente para cohetes, vehículos espaciales, misiles y aviones de caza. Los cohetes Space X, por ejemplo, los más potentes de la historia, usan grandes cantidades de niobio. Los misiles intercontinentales nucleares, también. Y puesto que, cuando emprendía este viaje a Roraima, comenzaban a publicarse en los medios de comunicación los diseños de una nueva generación de misiles hipersónicos, tal vez conviene añadir que el niobio también es un componente esencial de estos últimos. Solo con la aleación hafnio, cuyo principal elemento es el niobio, se podría fabricar misiles capaces de alcanzar una velocidad de 5.400 km por hora. «No se pueden fabricar aviones de guerra sin aluminio y no se puede fabricar aluminio sin bauxita, y Estados Unidos no tiene bauxita», escribió el joven Eduardo en *Las venas abiertas*. Cincuenta años después, muchos pensaban que lo mismo valía para el niobio de Raposa Serra do Sol.

En Brasil, que posee más del 80% de las reservas mundiales, había quienes consideraban el niobio un tesoro nacional desaprovechado. Algunos especulaban que el valor de los depósitos podía ascender a veintidós billones (con B) de dólares, más que todo el PIB de la superpotencia estadounidense y diez veces más que el de Brasil. El niobio era uno de los treinta y cinco elementos considerados críticos para las necesidades de crecimiento de Estados Unidos, a tenor de aquel estudio geológico norteamericano que Galeano identificó con acierto como un arma secreta de hegemonía planetaria tras la Segunda Guerra Mundial. Hasta la fecha, la explotación de niobio se había concentrado en Minas Gerais, donde la familia Salles, dueña del poderoso Banco Itaú, se había hecho multimillonaria gracias a la mayor mina de niobio del mundo, cerca del pueblo de Araxá, al norte del estado minero, a trescientos kilómetros de Ouro Preto, el escenario de la primera fiebre del oro. El propio Walter Salles, el famoso cineasta director de *Central do Brasil*, debía su fortuna al niobio.

Durante décadas de consenso neoliberal, los Salles y su empresa CBMM parecían tener suficiente niobio en su mina para satisfacer todas las necesidades industriales del feliz «mundo plano» de Thomas Friedman. Pero ya bien entrado el siglo XXI, contra todos esos sesudos pronósticos de globalización benigna, crecía en Washington y Pekín una paranoia digna de un *remake* malo de la película *Dr. Strangelove*, de Stanley Kubrick. Se desataban tensiones geopolíticas entre las dos potencias jamás imaginadas desde que Nixon fue a Pekín en 1972 e invitó a Mao a incorporarse a la «familia de las naciones». Casi cincuenta años después, se intensificaba una carrera para apoderarse de los recursos menguantes. Minerales como el niobio y la bauxita, enterrados en el subsuelo de Raposa Serra do Sol, empezaban a ser percibidos por mentes apocalípticas como reservas estratégicas para una nueva Guerra Fría. La inversión china había entrado de pleno en Brasil y América Latina en los años de la crisis. China ya era el primer socio comercial de Brasil y destino del 35 % de sus exportaciones, principalmente materias primas como hierro, soja, carne y pollo. El gigante asiático compraba asimismo el 30 % del niobio y había invertido miles de millones de dólares en minas de este mineral haciéndose con una pequeña participación de la empresa de los Salles. Luego, en 2016, la empresa china Molybdenum compró una mina en Roraima, cosa que provocó sudores fríos en el Pentágono y en los *think tanks* neoconservadores de Washington.

Según advirtió la revista estadounidense *Slate* en un artículo titulado «Aquarius. This is the dawning of the age of niobium», la estrategia nacional del Departamento de Defensa destacaba «la competencia estratégica a largo plazo» de China como «un reto más peligroso que el terrorismo post 11-S». «Bienvenido a la edad de los minerales críticos», anunció *Slate*. Tras la caída de Dilma Rousseff en un golpe de Estado parlamentario, se buscaba recuperar aquel eje anticomunista de la era de los generales, ahora adaptado a la necesidad de frenar el avance de la nueva potencia asiática.

Mientras, los *lobbies* de la minería y la agroindustria brasileñas se empleaban a fondo por recuperar el control sobre la Amazonia tras los avances de la demarcación indígena. Tenían aliados muy influyentes en el Congreso en Brasilia, como Romero Jucá, el poderoso senador y cacique del estado de Roraima, uno de los artífices de la moción de censura contra Rousseff. Jucá, cuya hija era socia principal de la compañía Boa Vista Minería, llevaba años intentando legislar el acceso minero a las tierras indígenas. Estrecho aliado del nuevo presidente brasileño, Michel Temer, había ejercido de zorro a cargo del gallinero en 1986 al ser nombrado presidente de la Fundación Nacional del Indio (Funai), organismo federal creado en 1967 para velar por los intereses de los indígenas. Entonces dio luz verde para que los madereros y mineros artesanales del oro entrasen en el territorio de los veinticinco mil indígenas yanomamis, al oeste de Roraima. Desde 1988, la demarcación de nueve millones de hectáreas de las tierras yanomamis, el territorio indígena protegido más grande de Brasil, había ayudado a frenar la invasión, aunque Jucá intentó fragmentar la barrera de protección creando diecinueve áreas demarcadas, cada una separada de las demás. Conscientes de que tenían un amigo en el Senado, las empresas mineras habían solicitado concesiones en el 55 % de esas áreas por si Jucá u otro político afín a sus intereses abría de nuevo el camino. No podían imaginarse entonces que el hombre de sus sueños sería un mediocre excapitán del ejército que despotricaba contra la democracia desde su escaño en el Congreso sin que nadie le escuchara.

El derecho constitucional de demarcación de las tierras indígenas fue un enorme logro no solo para los pueblos originarios de la selva, sino también para la supervivencia del planeta. A fin de cuentas, los novecientos mil indígenas de Brasil, repartidos en 254 pueblos, la mayoría habitantes de la enorme selva del Amazonas, con el 20 % del agua superficial del planeta, eran los verdaderos guardianes del gran pulmón. Mucho más que Al Gore o James Cameron, el director de *Avatar*, que tanto ayudó en la lucha de los indígenas en Belo Monte. En las sedes de las grandes multinacionales se apoyaba el plan de vender las zonas vírgenes de la selva como una forma de compensar sus propias emisiones de CO_2. Una idea de corte colonialista, basada en la fantasía de una inexistente selva virgen, adaptada a una respuesta *market friendly* del cambio climático. Pero en Brasil todos sabían que la forma más eficaz de frenar la deforestación era mucho más sencilla: demarcar los territorios indígenas. «La deforestación en las zonas indígenas demarcadas es infinitamente menor que en el resto de la selva», así me lo explicó Danicley de Aguiar, de Greenpeace, en Brasilia.

Sin embargo, ya saltaban todas las alarmas. El ritmo de demarcación había ido bajando durante el segundo Gobierno de Lula y los dos Gobiernos de Dilma. Defensora del modelo desarrollista y de crecimiento rápido, Rousseff había aprobado menos demarcaciones que ningún otro presidente desde la firma de la Constitución. Con Temer en la presidencia, la situación se había vuelto crítica. Había casi mil trescientos procesos abiertos de demarcación, pero solo el 30 % avanzaban. Más de quinientas solicitudes ni siquiera habían recibido una respuesta oficial.

Con el apoyo del senador Romero Jucá, Temer decretó la ley de hechos consumados. En agosto de 2017 anunció un decreto que abriría a la industria minera una enorme reserva natural de Amazonas, una superficie de 46.500 kilómetros cuadrados. Un territorio equivalente a toda la comunidad autónoma de Aragón que incluía seis territorios indígenas. Temer tuvo que echarse para atrás debido a las protestas de grupos medioambientales, pero el plan quedaba solo aparcado, debajo de la mesa. Al mismo tiempo, se había presentado un proyecto de ley que permitiría que el Congreso de Brasilia, tan susceptible a las presiones de los *lobbies* agromineros, se hiciera con la competencia de aprobar o rechazar las solicitudes de demarcación en lugar de la Funai. El presidente Temer era especialmente receptivo a la denominada bancada ruralista, la de los diputados que se financiaban mediante *lobbies* agroempresariales y mineros, porque dependía de su apoyo en el Congreso para evitar ser juzgado por un caso de corrupción relacionado con la implacable investigación de los jueces del caso «Lava jato». Los mismos jueces que llevarían pronto a Lula a la cárcel sin muchas pruebas, mientras que Temer se salvaría pese a una grabación en la que se le oía dar luz verde a sobornos provenientes del presidente de JBS, la compañía cárnica más grande del mundo, que crecía en paralelo a la invasión ganadera y la deforestación en la selva amazónica. Este fue el *quid pro quo* del poderoso *lobby* agroindustrial brasileño por el acceso a la selva amazónica.

En otro frente, el Gobierno de Temer había intentado denegar todas las solicitudes para territorios que no estaban ocupados cuando se firmó la Constitución, utilizando como precedente legal una de las cláusulas incluidas en la demarcación de Raposa Serra do Sol. Esto no ocasionó grandes prejuicios para los macuxis, pero aplicado a otros procesos de demarcación sería un obstáculo insuperable para los indígenas. «Muchos indígenas vivían en sus tierras desde hace trescientos o cuatrocientos años y en los años anteriores a la Constitución fueron expulsados por la fuerza», me explicó Juliana Batista, abogada del Instituto Socio Ambiental. Mientras tanto, la media anual de indígenas asesinados en disputas sobre la demarcación había subido de sesenta a cien en tres años, principalmente en estados como Mato Grosso, Rondonia, Maranhão y Amazonas, donde los ganaderos y madereros parecían envalentonados por las medidas gubernamentales. En los últimos cuatro años, una media anual de sesenta y dos indígenas guaraníes habían sido asesinados.

La preocupación crecía entre los grupos de defensa indígena en Raposa Serra do Sol. Pero lo peor estaba por venir. Si Temer y Romero habían vendido sus almas a la bancada ruralista para evitar ser engullidos por la investigación «Lava jato», aquel exmilitar de la ultraderecha mostraba una verdadera pasión por abrir las puertas de la Amazonia a los saqueadores de piedras preciosas, metales resistentes y granos de soja. Jair Bolsonaro, racista y misógino hasta un punto que incomodó al propio Donald Trump, era un enemigo implacable de la demarcación. Su relación con la madre tierra de los indígenas tal vez se resuma en esta frase que escupió a una congresista de izquierdas: «Ni merece la pena violarte». Solo que la selva de los macuxis en Raposa Serra do Sol sí que merecía la pena. Al fin y al cabo, estaban en juego piedras lustrosas, metales indestructibles y beneficios mineros por millones de dólares.

El exmilitar había recibido asesoramiento del *lobby* Miami-Washington, concretamente de Marco Rubio, el senador neoconservador que se estaba haciendo con el control de la política latinoamericana de Donald Trump. Rubio, que se reunió con Bolsonaro en Florida durante la campaña electoral brasileña de 2018, se mostraba cada vez más preocupado por la presencia china en América Latina. Ese mismo año, en la octava cumbre de las Américas en Lima, ya advirtió que Estados Unidos vería con malos ojos a cualquier país que diera entrada libre a empresas chinas en sectores estratégicos. Rubio buscaba reservas de las llamadas «tierras raras», elementos minerales clave para las nuevas tecnologías cuyas principales reservas, para la profunda frustración del senador de origen cubano, se situaban en China. La preocupación de la administración Trump respecto a la presencia china en América Latina fue tal que el asesor de Seguridad Nacional, el bigotudo halcón John Bolton, ya advertía de que «no nos importa nada hablar de una nueva doctrina Monroe». Se refería a la estrategia decimonónica de la emergente potencia estadounidense, ideada por el entonces presidente James Monroe (1817-1825), de actuar militarmente contra sus rivales coloniales en el patio trasero. Bolsonaro era adicto a teorías sinólogas aún más disparatadas que las de Rubio o Bolton: las de Olavo de Carvalho, el gurú ultraconservador que, como descubrimos en el capítulo anterior, abandonó sus orígenes paulistas para convertirse en un auténtico virginiano. Para que los chinos no se hicieran con toda la riqueza de Roraima, había que abrir las concesiones y dar preferencia a los extractivistas de Brasil. O, en su defecto, a los extractivistas del mundo libre. «No podemos entregar el niobio a un solo país. Esto tiene que ser nuestro, de una empresa brasileña», insistió Bolsonaro. Meses después, al nombrar a su propio hijo Eduardo embajador en Washington, anunció que Brasil buscaba socios en «el primer mundo» para explotar las riquezas de Raposa Serra do Sol. «Por eso me estoy acercando a Estados Unidos», aclaró. En realidad, el excapitán ya había abandonado, nada más llegar al poder, su pasado de nacionalismo económico para defender un programa radical de privatizaciones bajo la tutela del millonario financiero y *Chicago Boy* Paulo Guedes.

De Carvalho y Bolsonaro adoraban el niobio tanto como los macuxis adoraban el agua sagrada del monte Roraima. Para ellos era un mineral cuasimístico, que en su composición elemental condensaba todas las frustraciones y paranoias de la nueva derecha brasileña. Una conspiración comunista, en alianza con las ONG medioambientales, había forzado a los patriotas brasileños a dejar ese tesoro en el subsuelo para contentar a unos indios atrasados o, lo que era peor, para regalárselo a los chinos. Los poderes secretos del elemento $_{41}$Nb de la tabla periódica seducían a los admiradores del esotérico intelecto de De Carvalho, que desde su laboratorio de ocurrencias delirantes aseguraba que el niobio «daría una *grana preta* a los brasileños» (por *grana preta* se refería al mejor oro de Ouro Preto). Bolsonaro grabó un vídeo durante una visita a Araxá, al inicio de su asalto al poder presidencial, en el que anunció los poderes del mineral más brasileño, pero olvidado por las élites del marxismo cultural. «El niobio es un tabú [...], pero yo no tengo nada que esconder», sentenció, dejando caer otra de las teorías conspiratorias con las que alimentaba a sus bases. «Brasil podría ser el país más próspero del mundo. Ustedes conocen Silicon Valley; yo veo en el futuro de Brasil un Valle de niobio», remachó, sin que nadie entre el público le advirtiera que en Silicon Valley no hay más silicio que en cualquier otra parte del mundo.

En suma, que el niobio sería la solución para todos los problemas del maltrecho ciudadano brasileño. Solo hacía falta que les dejaran explotarlo. En sus diatribas contra los controles antiminería y la protección de la selva, Bolsonaro apelaba a las frustraciones de un millón de desesperados *garimpeiros*, héroes de la mitología brasileña del noble buscador de fortuna. Aunque lo cierto era que los pobres más desesperados no votaban a Bolsonaro. El niobio se convirtió en materia de portada de revistas como *Superinteressante* y de las recalentadas redes sociales bolsonaristas, atascadas de falsas noticias como las cloacas abiertas de Río de Janeiro. Los admiradores del excapitán, frustrados por cualquier cosa en el Brasil de la crisis, pero sobre todo por su propia incultura, se lo tragaban todo y se sumaron a la adoración del niobio, el mineral de los milagros —como el oro para los mormones— que Bolsonaro convirtió en la joya más cotizada de su incendiario discurso electoral. Por supuesto, para lograr el sueño había que recuperar para la minería los territorios de los macuxis y los yanomamis. Esas tierras «tienen mucho niobio, que puede ser más importante que el petróleo, y ¡las han demarcado! Están matando la economía de Roraima», denunció el candidato Bolsonaro durante una visita a Boa Vista, la capital del estado, a finales de la campaña. Y añadió: «El indio no habla nuestro idioma, no tiene dinero, es un pobre desgraciado. Debe ser integrado en la sociedad, en lugar de criarse en un zoológico millonario».

El discurso dio excelentes resultados en la segunda vuelta de las elecciones de octubre de 2018, que llevó a Bolsonaro a la presidencia en un terremoto político que hizo temblar el monte Roraima. El excapitán arrasó en el estado de Raposa Serra do Sol y dispuso inmediatamente los preparativos para la segunda batalla contra los macuxis en nombre del niobio. El nuevo secretario de minas, el almirante Bento Albuquerque, anunció que se permitiría la entrada de las empresas mineras en tierras indígenas demarcadas como Raposa Serra do Sol, pese a que la Constitución de 1988 lo prohibía expresamente. Bolsonaro compareció en televisión con algunos grupos de indígenas de otras partes de Amazonia que habían aceptado la oferta de participar en las ganancias de la soja y la minería en sus tierras. «Los indios quieren ser brasileños. Mantenerlos tal cual es una utopía», dijo el exgeneral Augusto Heleno, uno más de un puñado de militares en el Gobierno, como si ser brasileño supusiera no ser indígena.

Muy pronto Bolsonaro anunció que las competencias sobre la demarcación del territorio indígena pasarían al Ministerio de Agricultura, donde los *lobbies* de la agroindustria tenían la primera y la última palabra. El nuevo presidente del Funai, un militar nombrado por Bolsonaro semanas antes, dimitió tras acusar a un alto funcionario de este ministerio de «salivar odio contra los indígenas» y fue sustituido por un alto mando de la policía federal que había solicitado «medidas persecutorias» contra los indígenas.

Como era de prever, la deforestación en el Amazonas se disparó. Se destruía una superficie diaria equivalente a tres campos de fútbol, más del doble que en años anteriores, conforme los madereros, mineros, ganaderos y agricultores se sintieron envalentonados y los indígenas intimidados. Se detectaron más de treinta mil incendios en el Amazonas a los ocho meses de la toma de posesión del exmilitar, el 60 % más que en años anteriores, y enormes nubarrones de cenizas oscurecieron los cielos sobre São Paulo. Bolsonaro llegó a sugerir que las ONG —y su maquiavélico donante Leonardo di Caprio— habían provocado los fuegos para poder atacar a su Gobierno. «Antes decían que yo era el capitán motosierra. Ahora dicen que soy Nerón provocando el fuego», dijo el presidente. Hasta veinte mil mineros artesanales invadieron las reservas indígenas de los yanomamis en busca de oro y otros minerales, como en tiempos de Romero Jucá, ahora animados por las declaraciones de Bolsonaro sobre el derecho del *garimpo*. Las grandes compañías mineras se preparaban para seguir sus pasos. En una reserva de los waiapis en el estado de Amapá, al este de Roraima, cincuenta *garimpeiros* irrumpieron en la aldea y mataron a cuchilladas al líder de la comunidad Emyra Waiapa. Bolsonaro insistió en que los indígenas, lejos de ser víctimas, se beneficiarían de las actividades mineras y agroindustriales en sus tierras y podrían participar directamente en la explotación del niobio. «No pueden seguir siendo hombres prehistóricos», teorizó el excapitán, ya presidente del país más grande de América Latina. Ante declaraciones de esta índole, la nueva diputada indígena Joênia Wapichana, *alma mater* en derecho de la Universidad de Roraima, elegida en los mismos comicios que Bolsonaro, respondió que los indígenas de Raposa Serra do Sol no aspiraban a beneficiarse de ninguna bonanza minera. Tenían otras prioridades: «Disfrutar una vida sin recibir amenazas, un clima estable, tierras demarcadas, una cultura conservada y el respeto por nuestra comunidad».

    Las fantasías fetichistas del bolsonarismo respecto al niobio y la paranoia en Washington respecto a una nueva Guerra Fría pronto quebrarían la paz del sagrado monte Roraima.

Los macuxis, wapixanas, ingarikos, taurepangs y patamonas se prepararían para una nueva batalla en defensa de sus tierras y su agua. Pero, detrás de todo aquello, se escondía un secreto tragicómico. En esta nueva fase de las venas abiertas todo parecía indicar que, en realidad, la guerra por el niobio no era necesaria. Según muchos expertos, en las minas de los Salles existían cantidades de sobra del mineral para atender la demanda mundial, incluso después del auge de China. Bastaba con echar una ojeada al último informe de la US Geological Society. En su edición de 2018, aseguraba que «las reservas existentes estimadas de niobio parecen ser más que suficientes para la demanda de los próximos quinientos años». Solo existía un escenario en el que el niobio pudiera agotarse. Según una ponencia de John Hebda, ingeniero especializado en niobio de Allegheny Technologies Incorporated de Pittsburgh: «Haría falta un fuerte impulso externo para crear un aumento significativo del uso [del niobio]; algo por el estilo de [...] una amenaza para la paz internacional que supusiera un correspondiente proceso de rearme [...] con aplicaciones para vuelos hipersónicos».

4

COLTÁN
(GRAN SABANA, VENEZUELA)
LAS MINAS DE NICOLÁS MADURO

Mientras Jair Bolsonaro preparaba las tanquetas policiales para un nuevo asalto a los derechos indígenas, algo sorprendente ocurría justo al otro lado del imponente monte Roraima. En medio de un paisaje todavía más misterioso de enormes mesetas y cascadas ensordecedoras de agua cristalina, la Revolución bolivariana buscaba una salida de su crisis más profunda en el subsuelo de la Gran Sabana venezolana. Enormes minas a cielo abierto se habían excavado por donde merodeaban grupos de hombres armados. Miles de venezolanos, empobrecidos y desnutridos por una grave crisis de desabastecimiento, se desplazaban a la zona en busca de trabajo y de un salario, pagado en oro u otros minerales, que no perdería su valor de la noche a la mañana en la tormenta de la hiperinflación. Llegaban noticias de enfrentamientos entre la guardia bolivariana y los indígenas como los que se preparaban en Brasil. ¿Cómo se había llegado a una situación en la que la ultraderecha brasileña y el socialismo del siglo XXI recurrían al mismo saqueo de las tierras de los macuxis brasileños y de los pemones en Venezuela? Para intentar contestar a esta pregunta, desplacémonos desde el mundo perdido de la Gran Sabana venezolana hasta Trinidad y Tobago y la V Cumbre de las Américas en la primavera de 2009.

*

Fue un golpe de efecto aún más gracioso que aquella asamblea de la ONU en Nueva York en la que Hugo Chávez se sentó en la silla de George W. Bush y declaró con una sonrisa traviesa: «¡Aquí huele a azufre!». En su primer encuentro con Barack Obama, ante un público en el que los presidentes aliados del comandante superaban por primera vez a sus adversarios, Chávez se burló de nuevo del imperio. Sacó un ejemplar de *Las venas abiertas de América Latina*, y se lo regaló al joven presidente demócrata. Recién elegido y dispuesto a convivir con la izquierda latinoamericana, Obama entendió el mensaje: que tras un siglo de neocolonialismo, cambio desigual e intervencionismo, América Latina exigía algo diferente en su relación con Washington. Fue un efímero momento de coincidencia. Seis años después, Obama anunciaría las primeras sanciones al declarar que Venezuela constituía una amenaza para la seguridad de Estados Unidos. Un indicio de que tal vez otro libro de Galeano, *El mundo al revés*, habría sido un mejor regalo.

El obsequio de *Las venas abiertas* se produjo en un buen momento para Chávez, tal vez el mejor. La gran crisis financiera había quebrado la confianza en el modelo de la globalización neoliberal y ponía en entredicho todas esas elegantes teorías sobre mercados eficientes, multinacionales impulsoras del progreso y la liberalización financiera y comercial en beneficio de todos, tan hábilmente desmanteladas por el joven Galeano cuarenta años antes. Con sus economías hiperendeudadas en complejos entramados financieros, Estados Unidos y Europa se convirtieron en el epicentro del seísmo económico, mientras que las grandes economías emergentes, y entre ellas las latinoamericanas, aguantaban la tormenta. Venezuela creció el 4,8 % en 2008, menos que el espectacular 8,4 % del año anterior, pero un índice muy respetable dada la gran recesión que empezaba a congelar las economías del mundo rico. Pronto, tras el *shock*, los precios de las *commodities* —y del petróleo venezolano— se recuperaron. Chávez y los demás líderes de la izquierda latinoamericana creían haberse blindado de la crisis de sus examos coloniales gracias a la nueva potencia china. Pero fue solo una cuestión de tiempo que la onda expansiva de la crisis llegara a América Latina. Cuando el precio del petróleo bajó de ciento quince dólares en 2014 a treinta y cinco dólares en 2016, Chávez ya estaba muerto, víctima de un cáncer fulminante que, a tenor de las teorías conspirativas del chavismo, fue obra de la CIA. Nicolás Maduro, elegido a dedo por el carismático presidente, asumiría las riendas del ya condenado *petrosocialismo*. Pronto, en una segunda ola destructora del proyecto de transformación social de la izquierda latinoamericana, los Gobiernos progresistas caerían como bolos en una bolera. Aunque Maduro se aferraba al poder, una crisis de desabastecimiento en Venezuela había sumergido al 80 % de la población en la pobreza, y las permanentes protestas de la oposición de las clases privilegiadas ya contaban con bastante apoyo en los antiguos feudos chavistas, en los llamados *ranchos* (los barrios pobres en los alrededores de Caracas). Faltaban divisas en Venezuela para comprar bienes esenciales y, tras el colapso de la producción petrolera y un nuevo embargo que entorpecía la exportación, el Gobierno de Maduro buscó una alternativa en la Gran Sabana.

Cuando visité Caracas en la primavera de 2019, días después del último intento fracasado de golpe de Estado urdido por la oposición del autoproclamado presidente Juan Guaidó, en colaboración con los halcones de la administración Trump, parecía lógico plantearse esta cuestión. Diez años después de obsequiar el libro a Obama, ¿habían aprendido algo los chavistas de *Las venas abiertas*, un libro que, en muchos sentidos, había sido su biblia? Tras mantener una larga conversación con Gustavo Márquez Marín, chavista disidente y ministro del primer Gobierno de Hugo Chávez, la respuesta parecía ser que no.

Gustavo me explicó cómo el Gobierno de Maduro, en un esfuerzo desesperado por mantenerse a flote, estaba abriendo el llamado arco minero del Orinoco, una región de enorme valor medioambiental donde viven una treintena de comunidades indígenas, a todo tipo de saqueadores, desde militares corruptos a compañías mineras multinacionales. Las montañas al sur del río Orinoco albergaban, según algunos estudios, el segundo depósito más grande de oro del mundo, además de diamantes, plata y cobre. Tras pagar las consecuencias de la dependencia venezolana del petróleo, Maduro recurría a la explotación de otras venas abiertas en un esfuerzo para salir del agujero de una depresión económica sin precedentes que había destruido más del 40 % del PIB en cinco años. Anunció la creación de una zona de actividad minera con una superficie de más de cien mil kilómetros cuadrados y un plan para alcanzar una producción anual de oro de ochenta mil kilogramos antes de 2025. De ese modo se generarían divisas para importar los bienes esenciales necesarios con los que combatir el desabastecimiento.

El oro ya se consideraba en Venezuela la mejor fuente de renta para compensar la caída en picado de la producción petrolera, más de un 50 % en tres años, que sería agravada por el cruel embargo petrolero que Donald Trump anunció en enero de 2019. En un momento en el que la hiperinflación rebasaba el millón porcentual anual, la notoria solidez del reluciente metal era la única esperanza para la Revolución bolivariana, decían los economistas oficiales. Se entendía perfectamente la desesperación de Maduro ante las sanciones petroleras. Sanciones que fueron aplaudidas efusivamente por instituciones como el Parlamento Europeo y la Organización de Estados Americanos, aunque en la práctica se tradujeran en un castigo a la población venezolana que parecía un atentado a la Convención de Ginebra. Privar a Venezuela de sus ingresos por la exportación de petróleo equivalía a condenar al hambre a millones de personas. Y las divisas generadas por la venta de oro, en especial a Turquía, ayudarían a paliar el problema. Pero la estrategia de extraer oro para contrarrestar la crisis de la petroeconomía era un contrasentido a medida de aquel viejo consejo del refranero anglosajón. Cuando uno está metido en un agujero, *¡stop digging!* (deja de cavar).

Otro mineral de gran valor estratégico en esas montañas de la Gran Sabana venezolana, cerca de la frontera con Brasil, era el torio, un elemento radiactivo que se utilizaba en la industria nuclear y en la construcción aeronáutica. Había también una serie de tierras raras, de esas que el senador estadounidense Marco Rubio, en su embestida contra China, iba buscando por el Brasil de Bolsonaro y en otros países latinoamericanos aliados del amo del norte. Sin embargo, lo más importante en ese momento de hipertensión geopolítica, plasmada en la crisis venezolana del último intento de golpe de Estado, se escondía en el subsuelo del estado de Bolívar. Ahí se encontraba un depósito enorme, valorado en decenas de miles de millones de dólares, de coltán, el denominado «oro azul», un mineral muy cotizado por su uso en telefonía celular, sistemas de GPS y satélites. Como el niobio, el coltán es un excelente conductor de la electricidad, incluso en condiciones climáticas adversas, debido a su extraordinaria resistencia y a un punto de fusión de 3.017 °C. Molido hasta reducirse a polvo, constituye el elemento esencial para construir los capacitadores eléctricos que regulan el flujo de electricidad desde las baterías a las pantallas. Sin el coltán los teléfonos inteligentes, las tabletas, los aparatos de DVD, las plataformas de videojuegos, los ordenadores portátiles y muchos artilugios más no existirían. Incluso este metal aumenta la eficiencia energética de los paneles solares.

Pero quizá lo que más preocupaba a Washington respecto a la nueva minería del coltán en el territorio de su enemigo venezolano era la importancia del metal para construir motores de turbopropulsión, bombas y misiles inteligentes. A fin de cuentas, algunas de las empresas invitadas por Maduro a participar en el gran proyecto minero eran chinas y rusas. Los viejos y ahora nuevos adversarios de Estados Unidos de una Guerra Fría versión 2.0.

Quedé con Gustavo en el Centro Latinoamericano Rómulo Gallegos, en el barrio de Altamira, en Caracas. Tras los grandes apagones que habían oscurecido literalmente el país entero unas semanas antes, ni siquiera había agua en los baños de la cafetería. Gustavo había adelgazado mucho desde sus días de ministro y embajador venezolano en los tiempos de bonanza de los primeros Gobiernos de Chávez. Pero me habló con suma lucidez. El chavista disidente destacó la relación estrecha entre las tácticas violentas de la oposición y el creciente talante autoritario del Gobierno de Maduro. Esto, a su vez, había impulsado el decreto de 2016 que instauró el arco minero del Orinoco. Un proyecto extractivista que, en opinión de Gustavo, se saltaba todos los principios constitucionales.

Fue precisamente la declaración de que esa extensa área de Venezuela (el 12 % del territorio, una superficie equivalente a Cuba) sería tierra abonada para la gran minería lo que convenció a Márquez y a otros chavistas de la necesidad de crear una plataforma democrática para reivindicar un referéndum sobre el futuro del país. Se trataba de evitar tanto una intervención militar estadounidense como una mayor deriva autoritaria del Gobierno de Maduro.

«En 2016 Maduro empezó a situarse por completo al margen de la Constitución. Creó un estado de excepción para poder dictar medidas económicas, concretamente la creación del arco minero del Orinoco y los negocios petroleros de la faja del Orinoco, y firmar contratos sin haber sido examinados por la Asamblea Nacional ni por nadie. Profundizó en el extractivismo; ha pactado unas concesiones a empresas multinacionales en términos realmente leoninos», me dijo Gustavo Márquez. Maduro anunció inversiones por valor de 5.500 millones de dólares por parte de ciento cincuenta multinacionales que tendrían que constituirse en empresas mixtas con la participación de las compañías mineras venezolanas activas en la zona, la mayoría de propietarios militares. «Lo que tienes en el arco minero del Orinoco es lo que Harvey llama la acumulación por desposesión», me explicó Gustavo, citando al geógrafo de la Universidad de Nueva York y gurú del marxismo del siglo XXI David Harvey. «Esto no tiene nada que ver con el proceso revolucionario bolivariano», añadió.

*

Yo había recorrido apresuradamente la Gran Sabana un año antes de hablar con Gustavo, cuando viajé desde las plantas fantasmales de la siderurgia y las plantas de aluminio quebradas de Puerto Ordaz y Ciudad Guayana hasta la frontera de Brasil. Ya se intensificaba en esos momentos el éxodo venezolano hacia Brasil, y al llegar a la frontera me encontré con un centenar de indígenas wuaraos que huían de sus tierras en el delta del Orinoco para buscarse la vida en Roraima, aunque su destino final era la capital amazónica de Manaos. Acampaban junto a la terminal de autobuses en el pueblo fronterizo de Pacaraima. Las prendas de ropa de todas esas familias se extendían amontonadas por el suelo. Los rescoldos y cenizas del fuego donde habían preparado una escasa cena la noche anterior volaban con el viento. Las madres ofrecían collares hechos de semillas mientras daban de mamar a bebés de aspecto enfermizo. Los padres pedían comida, agua, lo que fuera. Era la imagen de refugiados hambrientos con la que los fotógrafos del periódico *ABC* habrían soñado. El conservador diario madrileño siempre conseguía las imágenes de mayor impacto, como niños venezolanos esqueléticos, para su portada. Sin embargo, cuando pregunté a los indígenas sobre sus lealtades políticas la respuesta no pudo ser más sorprendente. «¡Somos chavistas al cien por cien! Somos revolucionarios, no queremos a la oposición», dijo Marcelino, el portavoz treintañero de los refugiados wuaraos. El responsable del hambre que pasaban en el delta, decían, no era ni Chávez ni Maduro, sino la gobernadora del estado de Delta Amacuro. Otra prueba más de que en Venezuela, pese a la previsible narrativa de los medios occidentales, nada es lo que parece.

Antes de llegar a la frontera pasé relativamente cerca de los centros mineros de Callao y pude ver las colas en las gasolineras de los *contrabandistas* que luego irían a vender el combustible a los mineros a precios disparados. Pero al llegar aquí debo hacer una confesión, dado el compromiso implícito en este libro de seguir el principio periodístico de Francisco de Goya en aquella sanguina de *Los desastres de la guerra* titulada *Yo lo vi*. Pese a estar tan cerca del cinturón del oro y el coltán, no me atreví a acercarme a solas a las minas debido a las historias macabras que me habían contado. Historias sobre las actividades de grupos delincuentes, desde la guerrilla colombiana del ELN a las mafias paramilitares. Todos ellos, en una réplica aún más escalofriante de lo que ocurría en Colombia, extorsionaban a los mineros y a las empresas relacionadas, con el beneplácito de los militares venezolanos que gestionaban la minería y que habían resultado un enemigo implacable de los indígenas pemones. Al igual que en Colombia, los grupos paramilitares y la guerrilla cobraban la *vacuna* a los mineros, generalmente pagada en especies. Los militares venezolanos encargados de mantener la ley en la zona minera, por su parte, cobraban su propia *vacuna* a los grupos delincuentes y a los mineros, un montante que podía llegar a una cantidad agregada de veinte kilogramos de oro (unos 800.000 dólares) al mes. Eso al menos es lo que sostuvo el informe de International Crisis Group, citando intermediarios en el negocio del oro venezolano. Los mineros que se negaban a pagar las *vacunas* eran asesinados o algo peor. Un grupo de matones le habían cortado las manos y la lengua y arrancado los ojos a un minero que se negó a pagar. Y fue encontrado vivo. Según el informe, ciento siete mineros habían sido asesinados entre 2016 y 2019.

Opté por no comprobar en carne propia esos datos tan espeluznantes. A fin de cuentas, no viajaba en un todoterreno blindado, con chaleco antibalas y tres guardias armados de Blackwater, como aquellos reporteros de la Fox o la CNN que vendrían luego. Estos llegarían meses después al circo mediático de la frontera con Colombia, durante la surrealista operación de ayuda humanitaria estadounidense destinada a los hambrientos venezolanos. Una operación que comenzó con el concierto Venezuela Aid Live. Chalecos blindados para escuchar a Luis Fonsi cantar «Despacito» parecía excesivo. Pero ir al arco minero solo tampoco me parecía aconsejable.

«Tú puedes ir, pero yo no voy, tengo pareja e hijos», me dijo una joven compañera de la radio francesa cuando le comenté la posibilidad de realizar ese reportaje. Y pensé: ¿Muerto y desmembrado, además de soltero y cincuentón? ¡Ni hablar!

En todo caso, una vez que llegué a Manaos, la metrópolis en la selva amazónica brasileña a siete horas por carretera de la frontera venezolana, me encontré con inmigrantes que confirmaban lo que ocurría en el arco minero. «En mi pueblo, la semana pasada, un tipo fue decapitado. Dejaron su cabeza en la plaza», me contó Jeison Brito, un joven venezolano de diecisiete años que había trabajado en una mina de oro en Callao para pagar su pasaje a Brasil. ¿Cómo fue trabajar en la mina?, le pregunté. Respondió como si se hubiera convertido en un personaje de Kafka: «Imagínese entrar en una casa, entras en una habitación y en esa habitación hay otras habitaciones más pequeñas y entras en una de ellas y allí encuentras otras habitaciones más pequeñas aún y finalmente encuentras la última, que es muy pequeña y no puedes respirar bien y allí tienes que picar la roca». Por cada cuatro sacos de roca que sacaba, le regalaban uno. Esas rocas eran molidas con mercurio por otros separadores de un pueblo cercano. Las minas se habían perforado en zonas pantanosas donde enfermedades como el dengue eran endémicas. El oro ya era la moneda de cambio de la zona, me explicaba, útil para comprar inmuebles en la zona de Puerto Ordaz. No era el único exminero venezolano que había llegado desde el arco del Orinoco a la selva amazónica brasileña en su huida.

«Solo se suelen encontrar pepitas pequeñas, aunque nuestro tío una vez encontró un trozo grande», dijo su hermano, que tocaba el acordeón delante del Teatro de Amazonas, el templo de la ópera donde un siglo antes los barones del caucho escuchaban a Verdi mientras sus *seringueiros* morían de dengue y agotamiento en su anónima aportación a la historia del extractivismo del Amazonas.

El decreto minero de Maduro fue puesto en marcha «sin que se hicieran los estudios de impacto medioambiental o sociocultural sobre las comunidades indígenas y, por supuesto, afectando a un entorno medioambiental muy sensible porque es donde se encuentra el tejido hídrico que alimenta el Orinoco y donde está el potencial acuífero», me explicó Gustavo. «Para extraer todos estos minerales hay que remover toda la corteza de la tierra hasta dos kilómetros de profundidad. Se extrae todo y luego se muele toda esa materia», prosiguió. Con la vieja minería del siglo pasado, se perforaba en las vetas subterráneas. Pero en las grandes minas a cielo abierto, para ser rentables, tenían que destruirlo todo. «Acaban con la fauna, con los bosques húmedos, con los ríos, porque necesitan muchísima agua y además utilizan cianuro. O sea, que con Maduro estamos retrocediendo al extractivismo salvaje que prosperó bajo la dictadura del general Juan Vicente Gómez en los años treinta».

Si algún lector duda de las consecuencias medioambientales de abrir la minería del coltán en la Gran Sabana venezolana, le aconsejaría leer el libro *Coltan*, de Michael Nest, sobre la fiebre del oro azul en la República Democrática del Congo a principios del siglo XXI, un nuevo *Corazón de las tinieblas* en la edad de la telefonía 5G. «Con el fin de averiguar el impacto de las minas sobre la fauna en una zona minera cerca de la reserva de Okapi, se les preguntó a los mineros qué comían, y respondieron que cazaban elefantes, gorilas, chimpancés, búfalos y antílopes», explica Nest. Dos años después, su dieta había cambiado. «Solo comían tortugas, pájaros, pequeños antílopes y monos porque ya no quedaban ejemplares de las grandes especies en la zona», cuenta.

No solo había gánsteres locales en la salvaje economía del arco minero venezolano. Una de las empresas multinacionales de la concesión era la americano-canadiense Gold Reserve, que gestionaba la gran mina de Las Brisas-Las Cristinas, en el estado de Bolívar. Hugo Chávez había expulsado a Gold Reserve del país antes de la crisis para dar prioridad a las compañías nacionales. Pero la empresa minera presentó una demanda ante el tribunal del Banco Mundial, el Centro Internacional de Arreglo de Diferencias Relativas a Inversiones, que, como suele ocurrir, sentenció a favor de Gold Reserve contra Venezuela y obligó a Caracas a pagar setecientos millones de dólares. Maduro, para evitar el desembolso de ese dinero, creó una empresa mixta y le entregó a Gold Reserve el 45 % de la mina.

Gustavo, que como todos los pioneros del chavismo tenía *Las venas abiertas de América Latina* grabado en su ADN revolucionario, no albergaba la menor duda de que los Gobiernos de izquierdas, pese a sus grandes avances, habían repetido los errores denunciados por Galeano: «En cierta medida, los Gobiernos progresistas terminaron siendo continuadores y profundizadores del saqueo, y eso tiene una explicación: no cambiaron el modelo político», me dijo. Al comienzo, «el proyecto estaba orientado a profundizar la democracia, impulsar la participación y diversificar el desarrollo para salir del extractivismo primario exportador que denunció Galeano y que ha sido la maldición de los últimos siglos de América Latina. Pero, lamentablemente, el modelo que se impuso de nuevo ha sido mantenerse en el poder a partir de un Estado clientelar, asistencialista, con ultraliderazgo y basado en las rentas petroleras», añadió.

Era una crítica demoledora al Gobierno de Maduro. Pero quienes «piensen» que los jóvenes neoliberales de Juan Guaidó quieren salvar la fauna de la Gran Sabana, deben desengañarse. Cuando hablé con Marco Aurelio Quiñones, un joven diputado de Voluntad Popular, excompañero de Guaidó en el movimiento estudiantil que inició diez años antes la lucha callejera contra Chávez, comenzó a despotricar contra «la dictadura» que había destruido Venezuela, para luego añadir: «Este es un país rico. Fíjese, tenemos coltán en el subsuelo por valor de cien mil millones de dólares».

5

DIAMANTES Y ESMERALDAS
(DIAMANTINA, BRASIL)
AL OTRO LADO DEL PARAÍSO

Brasil había superado aquellos tiempos de desesperados buscadores de fortuna en las minas de oro, diamantes y esmeraldas. O eso parecía, al menos, en la década de bonanza de las materias primas. Pero el pasado regresaba con espíritu de venganza, tras la recesión más grave de la historia, al final de los Gobiernos lulistas. El desempleo se había duplicado y quince millones de brasileños volvieron a la extrema pobreza (ingresos menores de cuarenta euros al mes). Quizá por eso el *garimpeiro*, aquel minero artesanal de las leyendas del pasado, regresó a la narrativa brasileña de la crisis, ya fuera como el héroe trágico que buscaba la suerte en los ríos y selvas del interior lejano, o como un violador de la naturaleza y de los derechos indígenas.

La telenovela *O outro lado do paraíso*, con más de sesenta millones de telespectadores, contaba la historia de los *garimpeiros* que los brasileños querían escuchar. Cada episodio era la cita impostergable de la noche (hasta los partidos de fútbol en el Maracaná tenían que esperar) a lo largo y ancho del gigante país, desde las favelas de las grandes ciudades hasta los pueblos más remotos de la Amazonia. Eso sí, el rocambolesco guion se escribía en Río, en la sede del todopoderoso grupo mediático Rede Globo, productor de los culebrones de mayor audiencia del mundo.

Permítame el lector un telegráfico resumen de los 162 capítulos de la telenovela. Escenario: el norte interior de Brasil. Un paisaje de inmensos bosques poblados de jaguares y tucanes, magníficas mesetas de roca, cascadas de agua espumosa y dunas de arena blanca. Cerca del pueblo de Paraíso, una cuadrilla de *garimpeiros* busca su fortuna en una finca que alberga importantes depósitos de esmeraldas. Sin saberlo, están siendo utilizados por una nada escrupulosa empresaria y traficante de piedras preciosas. El cómplice de esta siniestra traficante, que opera en el turbio mundo del contrabando internacional de joyas, es un todavía menos escrupuloso juez. Clara, la bella pero ingenua propietaria de las tierras, se casa incomprensiblemente con el hijo de la retorcida traficante de piedras preciosas. Pronto pasará por el suplicio de los malos tratos, los celos y la tortura psicológica a manos de su marido y de su suegra, que pretende hacerse con sus esmeraldas. Llega a ser declarada loca y es internada en un manicomio. Allí conocerá a una anciana que le enseña los modales de la alta sociedad de Río y hasta a hablar francés. Cuando la anciana amiga fallece, Clara logra escapar del psiquiátrico escondida en el ataúd en el que esa iba a ser enterrada. Hay final feliz. La suegra se enfrenta a una rebelión de *garimpeiros* y Clara, tras separarse de su marido, logra recuperar el control sobre las esmeraldas y, además, unirse sentimentalmente con el médico que la ha ayudado a huir del manicomio.

 El lector ya se habrá dado cuenta de que *O outro lado do paraíso* no era exactamente una obra de realismo social. Pero desde muchos puntos de vista las telenovelas melodramáticas de Rede Globo engañaban menos que el telediario *Jornal Nacional* que se emitía justo después. Los *garimpeiros* no eran una fábula, sino reales. Un centenar de ellos escarbaba en el barro de una mina ilegal en el río Jequitinhonha, a una hora de Diamantina, la capital de la fiebre de los diamantes del siglo XVIII en Mina Gerais. No muy lejos de allí, la esclava Madi Magassa encontró en 1853 la mítica Estela do Sul, uno de los diamantes más grandes del mundo. El hallazgo le valió el premio de la libertad, un efímero instante de justicia para una afrobrasileña. A fin de cuentas, el decreto de 1732 en Minas Gerais, según cuenta José de Rezende da Costa en su crónica *Memoria histórica del diamante*, determinó que «todos los negros, negras y pardos» fuesen expulsados de la comarca (de Diamantina) por juzgar que era la única manera de «evitar el robo de los diamantes». El problema para los ricos portugueses, y lo sería también para las élites brasileñas de siglos posteriores, era que sin esos «negros, negras y pardos» no quedaba nadie para *garimpar* los diamantes que habían de hacerles aún más ricos.

Los *garimpeiros* del siglo XXI disponían de bombas electrógenas para separar el agua de la roca picada, pero a su manera seguían siendo esclavos. Esclavos del azar. «El *garimpo* es una aventura. Hay meses que sacas y meses que no, pero encontrar empleo es muy difícil en Diamantina», me explicó Jeremías Martins, de cuarenta y seis años y mirada triste, tras sacar una minúscula piedrecita de la batea. La vendería en Diamantina por unos diez reales (tres euros), insuficientes para ir a ver a su hijo en Belo Horizonte. Los *garimpeiros*, que vivían en un campamento junto a la mina y regresaban a casa solo un día cada dos semanas, ganaban entre mil y dos mil reales (entre doscientos y cuatrocientos euros) al mes. «Si descuentas el combustible y la comida, hay muchos que no ganan nada», explicaba el *garimpeiro* jubilado João Espíritu Santo, con la suave risa afrobrasileña de quien intuye que nada tiene sentido. «Aquí todo es legal y todo es ilegal», añadió. Otro *garimpeiro* enjuto, con barba de tres días y mirada perdida, estaba sentado delante de una chabola, sobre una montaña de escombros: «¡*Muito*, mucho, *very much* diamante!», deliraba en un potaje de idiomas. «Veinticinco millones, oro y diamante, poderosos grandes máquinas;

Gutiérrez *controlare*, toneladas de diamantes ¡¡*muito* robo en *Brasile*!!», prosiguió, ya de pie, señalando un meandro del río masacrado, donde la constructora Andrade Gutiérrez, investigada por sobornos en el caso «Lava jato», estaba excavando y donde los *garimpeiros* no podían entrar. La paradoja de ofrecerse voluntariamente como esclavo del azar, mientras que los poderosos de siempre se forraban, no podía sino traer a la mente el recuerdo de las crónicas del escritor y periodista Euclides da Cunha sobre los *seringueiros* que migraron desde el pobre nordeste de Brasil a Amazonas en el siglo XIX para trabajar en la extracción del caucho. Los barones del *boom* cauchero amasaban fabulosas fortunas y construían falsos palacios parisinos o aquel teatro de canto lírico en Manaos. Pero los *seringueiros* vivían una tormenta diaria «que ni los cuentos de Siberia de Dostoyevski lograrían igualar», escribe Da Cunha en *Un paraíso perdido*. Eran «hombres atados a la misma ruta en la selva, partiendo cada día del mismo lugar durante su vida entera». Lo hacían pese a que sus gastos en el viaje y las herramientas que tenían que comprar rebasaban lo que jamás podrían ganar. «Son hombres que trabajan para esclavizarse», resume, tras hacer un desglose de ingresos y gastos, en su brillante crónica sobre la colonización de la Amazonia, de los perdedores de la historia, héroes solo para Da Cunha[1].

Para nuestros *garimpeiros* en la Diamantina del siglo XXI también era como si someterte a la esclavitud con la posibilidad, por remota que fuera, de encontrar la piedra codiciada fuese menos doloroso que someterte a una relación laboral convencional. Mejor que vender su mano de obra en los nuevos tiempos de miseria salarial y sumisión obrera en el crepúsculo de la era de optimismo lulista. Solo la suerte podía liberar

---

1   Euclides da Cunha, *Un paraíso perdido*, Senado Federal, 2000.

a los excluidos brasileños tras el fracaso del proyecto de Lula y el Partido de los Trabajadores (PT) y la llegada al poder del neoliberalismo militarizado de Jair Bolsonaro. Aunque el *garimpeiro* venía a ser también el sujeto idealizado de la nueva derecha bolsonarista: el pequeño hombre que se lo jugaba todo para dar de comer a su familia y chocaba con los controles y las restricciones medioambientales del Estado federal, la «industria de multas» cobradas por delitos contra la naturaleza y las ONG extranjeras que solo pensaban en los ríos, los árboles y los indígenas. A fin de cuentas, Bolsonaro se jactaba de haber aprendido de niño el arte de menear la batea en busca de oro y diamantes. Su padre, Percy Bolsonaro, había sido *garimpeiro* en la caótica excavación de oro en Serra Pelado, en la Amazonia en los años ochenta, cuyas escenas dantescas fueron inmortalizadas por el fotógrafo Sebastião Salgado.

La historia se repetía en el estado amazónico de Rondonia, el territorio de los indígenas cintas largas en el Parque Nacional de Roosevelt, donde yacía el depósito de diamantes considerado más grande del planeta. Allí, grupos de *garimpeiros* armados hasta los dientes habían sembrado el terror en la comunidad indígena de forma recurrente, desde el primer contacto con ellos, que tuvo lugar veinte años atrás y acabó en un baño de sangre con cerca de tres mil quinientos cintas largas muertos. Los indígenas no se dejaron masacrar sin responder. En 2003 mataron a veintinueve *garimpeiros*. Con la llegada de Bolsonaro a la presidencia, el *garimpo* en el Amazonas se masificó otra vez, conforme el nuevo presidente hacía guiños a los mineros para que entrasen ilegalmente en las reservas indígenas. Pocos meses después de la toma de posesión de Bolsonaro, la policía decomisó en Rondonia quinientos diamantes extraídos ilegalmente del territorio de los cintas largas.

La extracción de esos diamantes, altamente valiosos por su formato, tamaño, pureza y color, era ilegal. Pero los compradores, principalmente europeos y estadounidenses, llegaban en avioneta a los aeropuertos clandestinos de la selva para comprarlos y llevárselos a sus mercados del lujo global. En ese otro extremo del negocio del diamante se encontraban los grandes comerciantes, que vendían las piedras por miles de dólares en Amberes o en el mercado negro. Muchos diamantes serían cortados y pulidos en Surat, en la India, donde la mano de obra barata india constituía el siguiente eslabón de la cadena global de explotación. Para dar una idea del valor de mercado en tiempos de consumo ostentoso de la nueva plutocracia, sepa el lector que el anillo de doble piedra (dos diamantes azulados) diseñado por Graff y que Christie's subastó en diciembre de 2017 se vendió por 12,5 millones de dólares.

Sin embargo, para la clase «cleptócrata» brasileña la principal utilidad del diamante era el blanqueo de dinero, tanto para el enriquecimiento personal como para la financiación de los partidos políticos. Según los jueces de la investigación anticorrupción «Lava jato», diversos políticos lavaban dinero mediante la compra de joyas por al menos trece millones de reales (cerca de tres millones de euros). Mientras la economía de la ciudad se colapsaba, el exgobernador de Río de Janeiro Sérgio Cabral y su mujer compraron doscientas veintiuna joyas (diamantes, rubíes, esmeraldas y turmalinas de Paraíba) en una tienda de la joyería multinacional H Stern por valor de un millón de reales (220.000 euros), todo sin recibo. Sirvieron para blanquear sobornos multimillonarios de empresas constructoras como Odebrecht, OAS y la mismísima Andrade Gutiérrez, todas ellas adjudicatarias de obras públicas millonarias para el Mundial de 2014 y los Juegos Olímpicos de 2016. Andrade Gutiérrez pagó cada mes a Cabral entre 350.000 y 700.000 reales en sobornos entre los años 2007 y 2011. En su cuenta bancaria en Suiza, Cabral guardaba lingotes de oro y diamantes por un valor superior a tres millones de euros.

Cabral ya estaba en la cárcel cuando yo visité Diamantina. Pero la cuestión que aún circulaba por Brasil era si las piedras preciosas extraídas en las minas ilegales se habían utilizado también para blanquear los sobornos que, según los fiscales de la procuraduría general, habían sido pagados al exgobernador de Minas Gerais, excandidato presidencial y senador Aécio Neves. Presuntamente, Neves había recibido sobornos de grandes constructoras corruptas como Odebrecht y la ya citada Andrade Gutiérrez y de la multinacional cárnica JBS para financiar a su grupo político, el Partido Socialdemócrata de Brasil (PSDB), y para su enriquecimiento personal. Su patrimonio declarado se duplicó en cuatro años hasta alcanzar los ocho millones de reales (tres millones de euros). Todo ese dinero debía ser blanqueado y para ello las piedras preciosas, así como cuadros de gran valor e inmuebles, venían de perlas. Así al menos me lo explicó Vivienne Santos, exportadora de diamantes que había sido acusada de fraude por los fiscales de Belo Horizonte, que, según ella, actuaban a sueldo de Neves.

La realidad imitaba al arte y la historia real de los nuevos diamantes de sangre empezaba a superar el melodrama barroco de O *outro lado do paraíso*. Un soborno de dos millones de dólares de JBS pudo ser blanqueado por Gaby Toufic, un traficante de diamantes de origen africano afincado en Belo Horizonte que estuvo involucrado en una red de exportación de diamantes de más de mil millones de dólares. Neves negó que hubiera blanqueado dinero y sostuvo que los dos millones pagados por JBS fueron un préstamo para costear su defensa en la investigación del escándalo «Lava jato». Pero una grabación en la que se oye a Neves dar luz verde a la entrega de un maletín lleno de billetes a la multinacional brasileña resultó una prueba demoledora. Algunos elementos dramáticos de la historia habrían sido rechazados por inverosímiles hasta para los guionistas de O *outro lado do paraíso*. Por ejemplo, un helicóptero fue interceptado en 2013 por la policía minutos después de aterrizar en una finca perteneciente a Neves en Minas Gerais. Llevaba 450 kilos de cocaína. Pero el caso conocido como «Helicoca» jamás llegó a esclarecerse. Me desplacé a la preciosa finca de Vivienne en la carretera a São Paulo, a una hora de Belo Horizonte. «Solo los que tienen buenas relaciones con Aécio Neves tienen acceso al *garimpo*», me contó, mientras comíamos una *feijoada* casera. Según su testimonio, Aécio era la cabeza de una gran red de venta de diamantes para lavar el dinero que procedía de la cocaína. Aunque las autoridades judiciales inspeccionaran las cuentas bancarias del exgobernador y candidato a la presidencia, «no van a encontrar nada, porque Aécio lo tiene todo en diamantes», me explicó Santos, que había perdido gran parte de su patrimonio, aunque no la finca con caballos, en una redada contra el tráfico ilegal de diamantes dos años antes, y acusaba a Neves de estar detrás de esa operación. «El sistema jurídico está totalmente corrompido, Aécio ha comprado a los jueces», dijo, como si hablara un personaje de la telenovela. Al otro lado de la *fazenda*, los caballos galopaban en medio de los verdes pastos de Minas Gerais salpicados de árboles de *cuaresmeira* de color lila chillón. Era una imagen de paz bucólica que no pude disfrutar. «Es importante consultarme antes de publicar nada, porque Neves nos puede matar. No le importa mandar matar a la gente». Parecía un exceso melodramático del país de las telenovelas. Pero en la citada grabación obtenida por la policía, el exgobernador y candidato presidencial dio toda la impresión de estar animando, entre bromas y risas, a sus interlocutores a asesinar a su sobrino si este no entregaba el dinero.

El asunto no era baladí para el caos político que reinaba en Brasil. Porque Neves, nieto del expresidente brasileño Tancredo Neves, y sus colaboradores en la dirección del PSDB habían apoyado la destitución de Dilma Rousseff y la investigación jurídica de Lula, ambos acusados de participar en una red de sobornos, blanqueo de dinero y financiación política ilegal. Tras ser derrotado por Rousseff en las elecciones de 2014, Neves acusó a la presidenta y a Lula de encabezar «una organización delincuente» responsable de la «corrupción endémica». Pronto actuarían los fiscales del «Lava jato». Pero Neves, tras ser elegido diputado en las elecciones de 2018, logró mantener su protección judicial gracias al aforamiento del Congreso. No pasó inadvertida una foto en la que Aécio bromeaba con el superjuez del «Lava jato», Sergio Moro, simpatizante del PSDB que pronto se incorporaría al Gobierno de Bolsonaro. La investigación sobre Neves sería remitida al Tribunal Supremo, pero, por el momento, los diamantes aún guardaban el secreto.

6

PLATA
(SAN LUIS POTOSÍ, MÉXICO)
PEYOTE Y *RACERS*

«Buenas tardes. Mi nombre es Marciano La Cruz. Soy de la comunidad de Santa Catarina, municipio de Mezquitic, de Jalisco. Soy wirraxica, pero como la gente no sabe pronunciar wirraxica, todo el mundo nos llama huicholes...». Así de resignado se presentó Marciano, mirando mi grabadora con la misma reverencia con la que miraría un micrófono de Televisa o de la BBC. Fue el fin de semana del puente de la Candelaria. Habíamos localizado su tienda de artesanías de colores psicodélicos en una calle estrecha de Real de Catorce, la ciudad colonial y centro histórico de la fiebre de la plata del siglo XIX en la Sierra Madre mexicana. Esperaba extraer mi propia «materia prima» aquí, testimonio directo y personal para una historia ya contada, tal vez trillada, pero no por eso menos atractiva, sobre el saqueo minero y la defensa de la milenaria cultura indígena. En este caso, del consumo del cactus alucinógeno, el peyote. «La plata contra el peyote» parecía una perfecta contraposición periodística, aunque pronto me daría cuenta de que las colas kilométricas de tráfico delante del viejo túnel minero que atravesaba la montaña hasta Real de Catorce, un conjunto espectacular de arquitectura colonial labrada con la roca gris de las minas, representaba un peligro tal vez tan grande como el extractivismo rapaz.

*

Los huicholes emprenden todos los años, en primavera, un peregrinaje maratoniano. Recorren la llamada ruta sagrada, más de quinientos kilómetros de páramo alto desde Jalisco a la sierra de San Luis Potosí, donde consumen el cactus alucinógeno. Es un rito espiritual en el Cerro Quemado, a media hora a pie de Real de Catorce. En un intento un tanto desesperado por parte del Gobierno «reformista» de Enrique Peña Nieto de captar inversiones extranjeras y elevar de ese modo la raquítica tasa de crecimiento en México en la época del Tratado de Libre Comercio (TLC), este mismo lugar sagrado había sido incluido en una de las veintidós concesiones adjudicadas sobre casi siete mil hectáreas de la sierra a la minera canadiense humildemente llamada First Majestic Silver. First Majestic pretendía reabrir a unos kilómetros de Real de Catorce una vieja mina de plata, perforada a finales del siglo XIX por el empresario santanderino Gregorio de la Masa. Sin embargo, por respeto a la cultura huichol, 130.000 hectáreas en el entorno del Cerro Quemado habían sido declaradas territorio protegido por el estado de San Luis Potosí, con el respaldo de la Constitución mexicana. Se había pactado con los campesinos en los ejidos (antiguas explotaciones colectivas de la Revolución) normas para permitir algunas actividades de producción agrícola y ganadera. Pero la minería estaba prohibida.

Si subastar una concesión minera en un territorio protegido parece contradictorio, fue un caso típico en México por parte de un Gobierno que, en su deseo de cumplir con las normas internacionales de inversión y comercio plasmadas en el TLC, chocaba frontalmente con las garantías de la Constitución revolucionaria de 1917. Para su enorme frustración, First Majestic aún no había podido iniciar las excavaciones ocho años después de la adjudicación. Se había limitado a abrir un museo en la vieja mina de Santa Ana, en La Luz, un pequeño pueblo en el valle a cinco kilómetros de Real de Catorce. Allí se ofrecían *tours* por los túneles por donde picaban piedra los mineros locales y por los salones amplios donde la familia De la Masa recibió al dictador Porfirio Díaz, que sería derrocado por la Revolución. La guía Dalila Aguilera, residente de La Luz, defendía el nuevo proyecto minero con pasión. «Le puedo decir con total seguridad que la mayoría de la gente en La Luz quiere el proyecto», me dijo mientras me enseñaba el campanario neorrenacentista de veinte metros de altura que el empresario santanderino había mandado construir para avisar a los mineros del inicio del turno, pero que había resultado demasiado pequeño para que cupiera la campana. «Este es un pueblo orgulloso de su tradición minera y los huicholes quieren frenar el desarrollo», remachó Aguilera.

Marciano, alto, serio y con un castellano sibilante, llevaba la túnica y los pantalones blancos del típico traje huichol, aunque había elegido una gorra de béisbol en vez del sombrero de ala ancha con colgantes de colores que lucían los vendedores huicholes en la calle. «No estamos en contra de la mina, pero que no la abran donde está el corazón del Cerro Quemado porque allí es donde hacemos la ofrenda y donde tomamos peyote. Van a contaminar el peyote y nos moriremos». Sacó de una bolsa de plástico unos nuevos ejemplares del cactus *Lophophora williamsii*, rebosantes de mezcalina psicotrópica, una sustancia mítica al menos para los lectores adolescentes de las esotéricas *La enseñanzas de Don Juan*, de Carlos Castañeda, o de la poesía de Antonin Artaud, el surrealista francés que escribió *Las danza del peyote* tras sus experiencias, quizá solo imaginarias, con la droga en estas mismas montañas. La planta, redonda y lisa, recordaba aquellos *bagels* verdes de moda en Brooklyn el día de San Patricio. Pero de ella brotaba una flor cuyo asombroso color rosa violeta eléctrico parecía psicodélico incluso para los turistas miedosos como yo, que nunca tomarían peyote por miedo a no regresar jamás del inframundo de los huicholes, recorrido por topos y tatúes, y donde, según Jean-Marie Le Clézio, «el árbol de la vida que da de comer a los muertos está cargado de órganos sexuales»[1]. Marciano, en cambio, hablaba del viaje al mundo prohibido del inconsciente de Artaud, Buñuel y los surrealistas con una sencillez absoluta, casi rutinaria, como si se tratara de una visita al gimnasio para una sesión de Pilates. «Para nosotros el peyote es una planta sagrada. Te purifica, te limpia, tienes visiones y te conectas con la naturaleza, con las plantas, con los animales y con las estrellas», me explicó.

Menos mal, reflexioné, que Emiliano Zapata y Francisco Villa, un siglo después de sus hazañas revolucionarias y muertes heroicas, seguían cerrando el paso a los bárbaros del norte, ahora disfrazados de canadienses con sentido de responsabilidad social. Pero conforme Marciano iba profundizando en el asunto, me di cuenta de que existían otros peligros para los huicholes más difíciles de definir que la mina de First Majestic. Peligros que provenían del materialismo insidioso del siglo XXI, aunque se hiciera pasar por espiritualidad. Me empezó a dar instrucciones innecesariamente detalladas sobre cómo recoger el peyote: «Lo sacas arribita de la raicita y tiene cáscara. Hay que limpiarlo bien, quitarle los pelitos en la parte de arriba porque esos te hacen daño y tienes que masticarlo bien. Pero lo importante es dejar la raicita, mucha gente está cortando toda la raíz y el peyote tarda quince o veinte años en crecer». Me di cuenta de que la insistencia en la protección de la raíz debía de ir dirigida a mis lectores, que, al igual que los turistas de la novela de Paul Theroux *Blinding light*, buscaban la liana alucinógena ayahuasca en la selva ecuatoriana y podían apuntarse a un «Peyote Tour» en Real de Catorce. Mientras

---

[1] Jean-Marie Le Clézio, *El sueño mexicano o el pensamiento interrumpido*, Fondo de Cultura Económica, 1992.

hablaba se oyó un rugido de motores de mil cilindros y deslumbrantes haces de luz penetraron en la tienda iluminando los pájaros, las tortugas y las serpientes de los textiles psicodélicos de los huicholes. Eran los *racers*, vehículos todoterreno repletos de focos y barras de acero inoxidable que acababan de cruzar el desierto para disfrutar del puente. Sus pilotos, hombres cuarentones vestidos al estilo del campeón automovilístico Fernando Alonso, se entremezclaban en la calle con los turistas europeos y estadounidenses que, tras comprar las necesarias prendas huicholes, buscaban al guía chamán que los llevaría al desierto para probar nuevas experiencias trascendentales. Mi reportaje sobre los bárbaros invasores acababa de encontrar nuevos protagonistas.

*

La historia de los huicholes de Nayarit y Jalisco era la de una resistencia feroz ante los invasores. Hasta Le Clézio, cronista de las rebeliones indígenas en todo México, se muestra impresionado por «el salvajismo de este pueblo guerrero», cuya destreza con el arco y la flecha «podía rivalizar con los arcabuces, ballestas de cremallera y cañones de los conquistadores». Pero no eran únicamente las puntas de obsidiana untadas de veneno paralizante las que explicaban la resistencia sin miedo de los wirraxicas. También ayudaba el peyote. Permitía a los huicholes trascender la efímera vida material. «Para los nómadas de la zona árida, al igual que para los mayas de Yucatán o los tzeltales de Chiapas, la religión es ante todo una revelación que [...] se alcanza a través de las visiones, los sueños y las danzas, [...] una religión de éxtasis». Y el peyote era el vehículo al éxtasis. «El peyote, la datura y los hongos alucinógenos favorecen la exaltación de los indios y les fortalecen en la idea de su invulnerabilidad, como el hachís en las guerras árabes [...] proporcionan la ilusión de la inmortalidad y la fuerza para un combate sin esperanza».

Qué duda cabía, así pues, que al enfrentarse a los huicholes las mineras canadienses habían topado con uno de los adversarios más tenaces. Quizá gracias a las propiedades envalentonadoras del peyote, los huicholes se consideraban, aún a principios del siglo XXI, el pueblo mejor organizado de las cincuenta etnias indígenas de México. Acostumbrados ya a blandir la pluma en vez de la flecha, muchos jóvenes de la tribu habían asistido a universidades en México y Estados Unidos para estudiar lingüística y defender su lengua y su escritura. Lógicamente, First Majestic no estaba acostumbrada a lidiar con indios universitarios. Pero las multinacionales mineras contaban con muchas otras venas de plata por explotar gracias a concesiones de hasta cien años de duración y con *royalties* casi inexistentes. Unas condiciones más generosas para las empresas mineras que en tiempos de la colonia. Las inversiones de First Majestic formaban parte de una auténtica invasión de capital minero canadiense en toda América Latina impulsada por un gran *pool* de capital especulativo en la Bolsa de Toronto, que proporcionaba capital riesgo a las empresas júnior de exploración para la búsqueda frenética de oro, plata, cobre y zinc. Las multinacionales canadienses habían invertido unos veinte mil millones de dólares en la extracción de oro, plata, cobre, zinc, platino y otros metales en México, el 70 % del total de las inversiones mineras en el país. Felipe Calderón, el presidente que declaró la guerra contra los narcos y la perdió, entregó concesiones por nada menos que veinte millones de hectáreas a un puñado de empresas mineras, entre ellas varias canadienses. Entre 2018 y 2020 Peña Nieto había pactado otros sesenta y cinco nuevos proyectos, en su mayor parte minas a cielo abierto con un fuerte impacto medioambiental. El 25 % de la tierra mexicana ya estaba licitada en concesiones mineras. Ni siquiera en tiempos de las venas más abiertas de México, cuando Porfirio regalaba el subsuelo a las mineras del colonialismo europeo y estadounidense, se habían firmado tantas concesiones con multinacionales extranjeras. El nuevo presidente mexicano, Andrés Manuel López Obrador (AMLO), pertenecía a la generación de la izquierda latinoamericana que había devorado *Las venas abiertas* en los años setenta. Sus planes para recuperar algunos elementos del desarrollismo estaban inspirados en las ideas de economistas heterodoxos de la CEPAL que, a su vez, inspiraron a Galeano. AMLO defendía la reindustrialización de México, en lugar del fracasado modelo maquilador que había creado una importante base manufacturera fundamentada en el ensamblaje de piezas importadas por multinacionales estadounidenses, europeas y asiáticas que luego exportarían el producto final a Estados Unidos. Las maquiladoras se habían extendido desde Ciudad Juárez y Tijuana, en la frontera con Estados Unidos, hacia el sur y San Luis Potosí, y tenían sus parques empresariales atestados de plantas de ensamblaje. Pero no sirvieron para impulsar la economía. De ahí el estancamiento económico y salarial de México durante el cuarto de siglo transcurrido desde la firma del Tratado de Libre Comercio entre Estados Unidos, México y Canadá hasta la histórica victoria de López Obrador en 2018. Es más, AMLO, que había vivido en un pueblo de los indígenas chontales durante su juventud en Tabasco, era un defensor apasionado de los derechos de los pueblos originarios, a los que dedicó su discurso de la victoria desde El Zócalo el 1 de julio de 2018. Pese a ello, buscó un *modus vivendi* con las mineras canadienses. «Tenemos que promover un acuerdo bilateral específico con Canadá para [...] lograr una mayor inversión de las empresas mineras canadienses en México, con salarios justos y cuidado del medio ambiente», anunció durante la campaña electoral de 2018.

En San Luis Potosí y Zacatecas, dos de los históricos estados mineros, en el alto desierto de México, esta defensa simultánea del medio ambiente, los derechos indígenas, los buenos salarios y la minería resultaba muy difícil de cuadrar. Era territorio de conflicto entre las comunidades campesinas e indígenas, por un lado, y las grandes multinacionales de minería canadiense como Goldcorp o Blackfire, por el otro. Sin olvidar además las grandes mineras mexicanas de magnates como Carlos Slim o Germán Larrea, los dos hombres más ricos del país. «La minería es próspera para la empresa, pero no deja ganancias en México y es muy destructiva para el medio ambiente», me explicó Sergio Uribe, que organizaba una jornada de debates sobre la minería en la Universidad Autónoma de Zacatecas, uno de los principales centros de estudio sobre lo que se empezaba a llamar el «neoextractivismo». Solo dieciocho de cada mil dólares extraídos por las mineras en Zacatecas permanecían en el estado, según un informe de la propia universidad. La aportación de la minería a la economía mexicana en 2016 fue inferior al 1 % del PIB. «El plan alternativo de López Obrador no es suficientemente crítico respecto al despojo; solo exige que las empresas canadienses respeten la ley», explicó Sergio, representante de una izquierda antiextractiva y muy desconfiada ante la llegada al poder de la vieja izquierda desarrollista. Sin embargo, AMLO, al llegar a la presidencia anunció que no otorgaría más concesiones a compañías mineras e instó a las canadienses ya presentes a respetar el medio ambiente y a los pueblos indígenas en México, como hacían en su país. Una nueva ley obligaría a las mineras a consultar a las comunidades e invertir parte de sus beneficios en el desarrollo de la región afectada. «No vamos a darles más porque ¿para qué quieren más? Ya es mucho», dijo el nuevo presidente. Los habitantes de Zacatecas objetaron que, si ya tenían mucho, ¿por qué no quitarles algunas concesiones?

Tal y como habían comprobado Dilma Rousseff en Brasil, Rafael Correa en Ecuador e incluso Evo Morales en Bolivia, resultaba sumamente difícil mantener unidas a las dos grandes corrientes de la izquierda latinoamericana a principios del siglo XXI. Por un lado, se encontraban los que defendían un Estado intervencionista, desarrollista, para industrializar la economía, acelerar el crecimiento, crear empleo y reducir la pobreza mediante grandes proyectos de infraestructuras, energía, agroindustria y minería. Por el otro, el movimiento social más vinculado a la economía campesina, indígenas y medioambientalistas, que no tenían tan claro que la panacea fuera el crecimiento del PIB. Defendían el autoconsumo y la economía a pequeña escala, así como otros indicadores alternativos de bienestar, como el *buen vivir* indígena fundamentado en una relación armónica con la naturaleza y el rechazo al consumismo.

López Obrador, un veterano de la izquierda mexicana, ganó las elecciones de forma contundente en 2018 aprovechando una oleada de sentimiento antisistema y el hartazgo de las políticas neoliberales de privatización, apertura exterior, competitividad y bajos salarios. Pero tuvo que lidiar con el mismo dilema que sus colegas de la izquierda sudamericana. La candidata indígena María Jesús Patricio Hernández, conocida como Marichuy, conectada con el zapatismo de Chiapas, habría sido la opción natural para los activistas antiminería, pero no logró las firmas necesarias para presentar su candidatura. Y tras sufrir un accidente de coche durante una gira por Chiapas, se retiró de la campaña. López Obrador trataba de reconciliar ambas corrientes. Defendía proyectos como el de Sembrando Vida, que proporcionaba pequeños subsidios a los campesinos para que plantaran árboles, a la vez que pretendía apostar fuerte por la producción petrolera y elevar el crecimiento hasta el 4 %. «AMLO vivía con los chontales de Tabasco y defendió sus costumbres y su folclore, pero fundamentalmente quería que ellos vivieran mejor. Quiere impulsar un fuerte crecimiento en México», me explicaba José Augusto Ortiz Pinchetti, amigo del presidente y excolaborador suyo en el Gobierno de Ciudad de México, cuando le pregunté sobre el dilema crecimiento frente a conservación. Algunos activistas que habían apoyado la campaña de AMLO se preguntaban por qué quiso permitir la continuación de la minería y recuperar la soberanía petrolera cuando México podría realizar una transición rápida a fuentes de energía renovables. La cuestión que dividía a la izquierda era clave para el futuro de Real de Catorce. Por un lado, había preocupación por la posible contaminación de los manantiales subterráneos de agua en una de las regiones más áridas de México. Pero, por el otro, en el pueblo de La Luz el desempleo y la pobreza generaban más preocupación todavía y la mina de First Majestic contaba con bastante apoyo.

En realidad, el crecimiento impulsado por las inversiones de la minería en Zacatecas y San Luis Potosí había creado más problemas que soluciones. No solo por el impacto medioambiental o la falta de beneficios para la economía local. Había una serie de indicios de que grupos de la delincuencia organizada, que habían convertido a México casi en un Estado fallido, utilizaban la violencia contra quienes se oponían a la minería y contra los mismos mineros en los estados de Guerrero y Chiapas, en el sur del país. Las multinacionales mineras habían encontrado sinergias de las que jamás se hablaría en la Harvard Business School al lograr acceder a zonas de resistencia antiminera mediante acuerdos de *modus vivendi* con grupos criminales especializados en usar la violencia más macabra. Estos grupos ayudaban a aplastar la oposición a las minas. Incluso había indicios, según los periodistas autores de *La guerra que nos ocultan* (Planeta, 2016), de que el asesinato de dieciséis estudiantes en Ayotzinapa (Guerrero), un crimen que conmocionó al país en 2015 y supuso el fin de Peña

Nieto, pudo estar relacionado con la existencia de importantes depósitos de oro en una región donde Goldcorp tenía concesiones mineras. Los estudiantes, hijos de campesinos, se oponían a las actividades extractivas en sus tierras. «Sabemos que los narcos se hacen con un tajada cuando las empresas mineras pagan a las comunidades. Yo me atrevería a decir que hay conversaciones serias entre empleados de las empresas y los líderes del crimen organizado para que no haya oposición a la minería», me explicó Sergio en Zacatecas. Cualquiera que fuera el grado de implicación directa de las multinacionales, un goteo imparable de asesinatos de líderes medioambientales, del movimiento campesino, activistas indígenas, dirigentes sindicales y periodistas críticos respaldaba las sospechas de que el crimen organizado estaba despejando el camino a la inversión de las compañías mineras canadienses.

*

Tal vez el turismo sería la forma de cuadrar el círculo y lograr un crecimiento medioambientalmente sostenible sin agujeros en la tierra sagrada de los huicholes, ni agua contaminada por el mercurio, ni la violencia atroz de los sicarios. «Llevamos muchos años luchando, es solo por eso que la mina en La Luz está parada», afirmó Cornelia Ruth Ramseier, directora del Hotel Real, en Real de Catorce. Cornelia había tenido el buen criterio de colgar en las paredes fotogramas de la genial *El tesoro de Sierra Madre,* de John Huston, y no de la infumable *El mexicano,* de Brad Pitt y Julia Roberts, ambas rodadas en la vieja ciudad minera.

Las ONG antimineras también proponían el turismo como un modelo de desarrollo alternativo. Además, era obvio que sin la demanda del turismo cultural, el increíble arte psicodélico de los huicholes habría muerto. Los coleccionistas europeos y estadounidenses, lejos de prostituir el arte huichol, lo habían mejorado. «Los cuadros encargados por coleccionistas de Estados Unidos y Europa son más auténticos en el sentido occidental», advierte la antropóloga Rozen Lémur. De ahí las obras magníficas como *Eclipse en el mundo huichol,* de Antonio López Pinedo, o *El esqueleto de Tatewari,* de Justo Benítez. Obras realizadas a partir de experiencias con el peyote que parecían un cruce de Jean-Michel Basquiat y Keith Haring. Es decir, los huicholes no tenían por qué rehuir un encuentro global en Real de Catorce. Pero aquel desfile de coches, autocares y *racers* llenos de *day trippers* de San Luis Potosí, Saltillo y Monterrey, así como los turistas aventureros estadounidenses y europeos, traían consigo otros peligros. Incluso sin la mina, el Cerro Quemado empezaba a tener sus propios problemas extractivistas. No de la plata o del oro, sino del mismísimo peyote. Los expoliadores ya no eran los conquistadores ni las mineras cántabras o canadienses. Eran esos grupos de turistas jóvenes de Alemania o acaso de Canadá que pululaban por los puestos de artesanías y compraban un sombrero huichol para protegerse del sol durante las excursiones al desierto y, en concreto, al ejido de las Margaritas, subidos a uno de los *vintage* Jeep Willys. Allí buscarían la transcendencia de la «religión del éxtasis» huichol. Estos turistas, sin embargo, no eran los herederos de Antonin Artaud, expulsado del círculo surrealista parisino porque André Breton consideraba las drogas alucinógenas una ruta demasiado fácil hacia la conciencia surrealista. Casi un siglo más tarde, el turismo de Real de Catorce parecía más bien la búsqueda de otra experiencia empaquetada, otra subversión asimilada. Se empezaba a ver las mismas aberraciones en el turismo del peyote que en el de la ayahuasca en la Amazonia peruana, donde un canadiense enganchado a las experiencias fuertes con el caldo de la liana psicotrópica fulminó a tiros a su chamán. «Ya hay un importante tráfico de peyote hasta las zonas turísticas como Cancún», me explicó Pedro Medellín, ingeniero medioambiental de la Universidad de San Luis Potosí que, pese a padecer cáncer, había participado en los peregrinajes de los huicholes. Tal vez la mina de First Majestic ya no era el principal peligro para los huicholes. «Ya se está empezando a hablar del saqueo del peyote», añadió.

7

COBRE
(APURÍMAC, PERÚ / ATACAMA, CHILE)
DOS RUEDAS DE PRENSA Y UNA REVOLUCIÓN

La pregunta era de esas que los periodistas hacemos cuando el redactor jefe ya sabe lo que quiere. «Perú viene ya proyectando un crecimiento de la producción del cobre del 95 % entre 2014 y 2018. Mi consulta se refiere a si esto va a acelerar la economía y si permitirá financiar programas sociales y reducir la pobreza». El joven periodista de la agencia peruana de noticias Andina había sido uno de los primeros en alzar la mano en el encuentro con la prensa de los tecnócratas de la asamblea del FMI y el Banco Mundial en Lima de octubre de 2015.

Fue una reunión con una fuerte carga ideológica. Perú, a fin de cuentas, era uno de los mejores alumnos del FMI, se había unido a Chile en la liga de países andinos más atentos al nuevo consenso de Washington de Christine Lagarde, la glamurosa directora gerente que insistía en que el FMI «ya no era el monstruo del pasado para América Latina». A diferencia de sus vecinos —Rafael Correa al otro lado de la frontera en Ecuador, Evo Morales en Bolivia, la maltrecha presidenta brasileña Dilma Rousseff y, por supuesto, la Venezuela de Hugo Chávez—, los sucesivos presidentes peruanos habían aplicado a rajatabla las recetas liberalizadoras de Washington. Es más, el presidente del momento, Ollanta Humala, era un valioso ejemplo del hijo pródigo que regresa a casa. Indígena y excapitán del ejército, había mantenido buenas relaciones con Chávez y Morales y había ganado las elecciones de 2011 con un discurso de transformación radical, tras una serie de violentos enfrentamientos entre campesinos y policía en la Amazonia peruana. Todo parecía indicar que Perú se sumaría también a la ola revolucionaria andina que había derribado a los amigos de Washington en Quito y La Paz. En su programa electoral, Humala se comprometió a realizar una «gran transformación para recuperar para las comunidades campesinas recursos como el agua, la tierra, la selva, el gas, los minerales». Pero, una vez instalado en el palacio presidencial (no por casualidad conocido como Casa Pizarro), dio marcha atrás y mantuvo inalterada la política de los presidentes anteriores. En aquella asamblea del FMI y el Banco Mundial, Humala fue objeto de encendidos elogios en cada presentación. Perú estaba de moda entre la élite de trotamundos tecnócratas. Lagarde había llegado a comparar los nuevos programas de ajuste del FMI, más sutiles y menos picantes que los del primer consenso de Washington, con un plato de la nueva cocina peruana, esos ceviches de élite como en el restaurante Astrid y Gaston, ya bien conocido por los sibaritas de elevado poder adquisitivo desde Miraflores, en Lima, hasta la Castellana, en Madrid. «Los gobernadores y los ministros van a ser totalmente seducidos por la cocina peruana y me gustaría utilizar la analogía para explicar nuestras recomendaciones. Porque se ha hecho una mejora de la cocina tradicional y hay que hacer una mejora de las políticas». Se sospechaba, eso sí, que el presidente Humala estaba enredado en asuntos turbios relacionados con el caso Odebrecht, la red de sobornos pagados por la constructora brasileña, y que pronto sería inculpado al igual que sus antecesores. Pero, parafraseando a Henry Kissinger en su célebre piropo a Pinochet, el FMI sabía que Humala «puede ser un corrupto, pero por lo menos es nuestro corrupto». De modo que el relativo éxito económico peruano fue elogiado en sucesivos brindis de pisco sour y destacado como ejemplo de la América Latina virtuosa frente a la gestión «populista» de los Gobiernos de izquierdas. A fin de cuentas, países como Brasil y gobernantes como Lula habían cometido la herejía imperdonable de saldar todas sus deudas con la famosa institución monetaria.

Tras solucionarse un pequeño problema técnico de la traducción simultánea, Adrienne Cheasty, subdirectora estadounidense del equipo del FMI responsable para América Latina, catedrática por las universidades de Harvard y Johns Hopkins y residente en Washington, respondió a la pregunta: «¡Ah! Pero sí, por supuesto que sí... el cobre es importantísimo». El cobre, a fin de cuentas, era un mineral muy cotizado en la vieja economía y lo sería también en la nueva. Excelente conductor de electricidad, había sido el metal de la era del automóvil de gasolina, con sus catastróficas consecuencias para el clima. Un coche estándar de motor de combustión interna, como esos que empezaban a atascar las calles de Lima tras la llegada de los 178 ministros y banqueros centrales, tenía mil quinientos cables de cobre, veintidós kilogramos de aquel metal tan abundante en los Andes peruanos y chilenos. Un coche eléctrico, necesario para afrontar el reto del cambio climático, llevaba más de treinta kilogramos de cobre encima. Y todas las líneas eléctricas de los trenes de la nueva era estaban hechas también de cobre. El FMI aplaudía el plan de Humala de abrir las puertas aún más, abrirlas de par en par, a las mineras multinacionales (noventa y dos de ellas canadienses) y acelerar el crecimiento. «El cobre es el *input* clave que explica la recuperación de la economía peruana y del crecimiento potencial en Perú a largo plazo», remató Cheasty. Los representantes del FMI asintieron con la cabeza y los periodistas anotamos la frase. Misión cumplida para la agencia de noticias Andina.

Días después acudí a otra rueda de prensa, más improvisada, en medio de los altos picos andinos de Apurímac, en el sur del país, a ocho horas en todoterreno de Cuzco, la legendaria capital del Imperio inca y, dicho sea de paso, el destino de muchos participantes que cogerían allí el tren «Louis Vuitton» que los llevaría hasta las ruinas de Machu Picchu. «Ni tan siquiera voy a tener tiempo para ir a Machu Picchu», se lamentó un abatido Luis de Guindos, ministro de Finanzas español, al final de la cumbre. El encuentro en Apurímac con la prensa internacional —yo y nadie más— trataba también sobre el impacto de la producción de cobre y, concretamente, de la enorme mina a cielo abierto de Las Bambas, un inmenso cráter gris en la montaña vigilado por guardias armados con cara de pocos amigos. La mina de cobre más grande de América Latina inició su producción a principios de 2016. Una veintena de campesinos de la comunidad Allahua, una de las treinta aldeas de indígenas quechuas impactadas directamente por la mina, interrumpieron su trabajo para levantar un colegio, un pequeño edificio de madera, junto a sus casas de adobe. Se sentaron en la tierra de color ocre verdoso, con un telón de fondo de montañas de cuatro mil y cinco mil metros de altura ennegrecidas por los incendios forestales de la época del cambio climático. «Pasto de alpacas, pasto de llamas», pensé. Un juego de palabras que tal vez me serviría para el reportaje o tal vez no. El atuendo de estos participantes en el encuentro con la prensa no era el obligatorio traje gris de los hombres del FMI ni los llamativos trajes de Hermes o Prada que le gustaba lucir a Lagarde. En Apurímac los miembros del panel combinaban el tradicional sombrero de fieltro conocido como de «oveja» con chaquetas anaranjadas de la construcción y, en un caso, una camiseta del Barça.

Fue una rueda de enfoque más «micro» que la del FMI. No se habló de *inputs* ni del crecimiento potencial del PIB, sino del temor de que el ácido sulfúrico de los pozos de relavado de la mina acabase en el pozo de agua potable de la comunidad, ya medio vacío debido a la sequía. Las preguntas no eran tan hábiles como la del joven de la agencia Andina. El idioma en la rueda de prensa de Apurímac era el castellano, al igual que en las reuniones con los directores de la compañía minera, pese a que dos de cada tres de los ciento diez residentes de Allahua solo hablaban quechua. Nadie tendría el lujo de recurrir a la traducción simultánea como Adrienne Cheasty. Cualquiera que fuera el idioma, resultaba muy difícil entender lo que ocurría detrás de la hermética valla de seguridad al otro lado de la montaña. Hasta cinco o seis años antes Apurímac había sido una región sin tradición minera. Rural, indígena y tranquila. Eso sí, con los peores índices de desarrollo del país. Ya con el 61,75 % de su territorio otorgado en concesión, se había convertido de la noche a la mañana en la nueva frontera del cobre.

Tras la bonanza de la primera década del nuevo siglo, cuando el precio del cobre se cuadruplicó, llegó el desplome. Cayó a la mitad de su precio en cuatro años, conforme la demanda del gigante chino iba disminuyendo. Era el fin del gran ciclo de materias primas que había desatado una auténtica fiebre de actividades extractivas en América Latina y en África. China ya no invertía miles de millones en gigantescos proyectos de infraestructuras, todos ellos enlazados por millones de metros de cables de cobre, ni tampoco construía nuevas ciudades con cinco millones de viviendas todas ellas con sus correspondientes tuberías de cobre. Pese a ello, Perú apostaba más fuerte que nunca por la minería. Pretendía llevar a cabo cuarenta y dos proyectos de expansión minera en los siguientes diez años, nueve de esos proyectos en Apurímac. La inversión rebasaría los 50.000 millones de euros, según se explicó en el estand de promoción del Gobierno peruano del centro de convenciones de Lima, donde se celebraba la asamblea.

En 1970, el mismo año en que Galeano publicaba *Las venas abiertas de América Latina*, el Estado peruano había licitado concesiones mineras por dos millones de hectáreas. En la actualidad, mientras que la familia Vargas Llosa tacha aquel libro de victimista y exagerado, las concesiones, principalmente a multinacionales de China, Estados Unidos y Canadá, ocupan nada menos que veinticinco millones de hectáreas (equivalentes a una superficie ocho veces mayor que Cataluña). Así pues, no era extraño que el FMI, institución, como ironizaba Galeano, especializada en recetar soluciones a los problemas provocados por sus propias recetas, aplaudiera la apertura peruana.

El primer asunto que había que abordar en la rueda de prensa celebrada en la reseca pradera de Allahua era el de la planta de separación del cobre que, bajo el nuevo plan de la multinacional china MMG, se había construido en la cabecera de los ríos Challahuacho y Ferrobamba. Ambos ríos, ya de caudal mermado debido a la desaparición de los glaciares andinos, constituían la fuente de vida de estas comunidades. Los campesinos se habían resignado a aceptar la mina, pero a condición de que la planta concentradora se ubicara en Espinar, un centro minero doscientos kilómetros al norte. «Ya hemos tenido que bajar desde la sierra porque el agua ha bajado mucho allí arriba», se lamentaba Félix Agüero, de veintinueve años, uno de los jóvenes de la comunidad que lideraban la resistencia. «Pero es que ahora la mina está desviando el curso del río y cuando comience la explotación habrá contaminación», explicó en un castellano con vocales quechuas. Mientras los consejeros delegados de las multinacionales mineras que llegaban a Apurímac destacaban la importancia del cobre para la *low carbon economy* (la economía global necesaria para cumplir con los objetivos de bajar las emisiones de CO_2), los líderes indígenas destacaban un dato escalofriante. En la actualidad se necesitaba el doble de agua para producir cuarenta kilogramos de cobre que a principios del siglo xx, y el agua escaseaba cada vez más en el altiplano andino. La contaminación del río ya era un hecho incluso antes del inicio de las operaciones mineras. La población de Challahuacho, la ciudad más próxima a la mina, se había cuadruplicado hasta los dieciocho mil habitantes en dos años, pero seguía sin infraestructuras de saneamiento. «Ya han desaparecido las ranitas que usábamos para hacer caldos, y hay muchas menos truchas», explicó otro comunero de Allahua. El aire, ya enrarecido a 4.300 metros de altitud, con niveles de oxígeno un 40 % inferiores que en la costa, se había contaminado también. Decenas de camiones que traían a diario material de construcción «levantan una gran polvareda y ya no cultivamos nada», explicaba el vecino de otra comunidad cercana. Una vez abierta la mina, doscientos cincuenta camiones llevarían quinientas toneladas diarias de concentrado de cobre y de molibdeno por carretera hasta el puerto de Matarani, en el Pacífico, a seiscientos sesenta kilómetros de distancia.

En Apurímac ya se sabía, por la experiencia de otras comunidades del sur de Perú y de la Sierra Central, cuáles serían las secuelas de Las Bambas. Se lo habían explicado los campesinos de la región que rodea la mina de oro de La Conga, a cien kilómetros de Cajamarca, la ciudad del norte andino donde Pizarro encerró a Atahualpa hasta que los incas llenaron una habitación de objetos de oro. Tras la perforación de una enorme mina de oro, en la zona de La Conga ya solo quedaba una familia indígena. Se habían producido batallas campales con los antidisturbios y varios indígenas habían muerto. Otro tanto sucedió en los gélidos Andes centrales. «Nos han contado los comuneros del Cerro de Pasco de la contaminación que hubo allí. Ellos lloraban; totalmente traumados estaban aquel año. Ahora acá va a pasar igual», me explicó Daniel Quispe, de cuarenta y nueve años, máximo responsable de la comunidad y protagonista de la rueda de prensa en la montaña. En las minas más viejas de las zonas centrales, como La Oroya, se habían descubierto niveles de plomo en la sangre de los niños diez veces superiores al límite. «Todas las aguas van para abajo, desde la mina hacia nuestras comunidades», remachó Daniel, cuyo delgado rostro me recordaba el de mi padre.

Estas sociedades indígenas comuneras no conocían la propiedad privada de tierras, todo lo que usaban pertenecía a la comunidad. Por eso quizá la compañía minera les había convencido para que vendieran parte de sus tierras a veinte centavos de dólar la hectárea. No parecía mucho. El año anterior MMG había comprado Las Bambas por 6.000 millones de euros a la suiza Glencore Xstrata. «Hay una asimetría entre poder y conocimiento y la gente se siente engañada», me explicó Henry Vásquez, organizador de la ONG Cooperación, en el pueblo de Tambobamba, a diez kilómetros de la mina. Cuando se dio la concesión en 2004, Glencore Xstrata, con sede en el paraíso fiscal de Zug, en Suiza, y cuyo consejero, Daniel Maté, era uno de los hombres más ricos de España, pagó unos diez millones de euros a un fondo de desarrollo regional. Pero «la mayor parte del empleo y del negocio generado hasta la fecha ha beneficiado a gente de fuera», me explicó Vásquez, mientras a su lado una niña, en el mercado de Tambobamba, hojeaba un cómic en quechua.

El segundo asunto que había que abordar en la improvisada conferencia de prensa a cuatro mil metros sobre el nivel del mar era el destino del joven de veinticuatro años Berto Chahuallo, uno de los cuatro campesinos de Las Bambas muertos a tiros a manos de la policía tres semanas antes durante una protesta contra el nuevo proyecto minero. «Yo me encontraba con mi sobrino. La misma bala que le mató a él, me pasó por acá», dijo sin melodrama alguno Daniel Quispe, y me enseñó una pequeña cicatriz en su pecho. «La bala venía como un clavito, alumbrando». La muerte de los cuatro campesinos había trastornado una comunidad quechua cuya conciencia era más colectiva que individual. «Nos han matado», sentenció Beatriz, vendedora de jugos en el mercado de Tambobambas y utilizaba la primera persona del plural. Quizá no fuera tan extraña la inusitada violencia de la policía. Tras salir de Allahua, nos cruzamos con un convoy de seis o siete autobuses de efectivos antidisturbios que se dirigía por la carretera en dirección a Cuzco. «Este transporte lo paga la empresa minera», explicó Vásquez.

Sería el primero de cinco años de conflictos relacionados con la presencia de la gran mina de Las Bambas, mina que acabaría produciendo el 2 % del cobre mundial y generaría unos ingresos por su exportación, principalmente a China, por valor de 2.800 millones de dólares. De ellos, solo 85 millones se pagarían en concepto de derechos al Estado peruano. Y muy poco de esto llegaría a compensar a los quechuas de Apurímac por la destrucción de sus tierras. Pero, como pude comprobar en la rueda de prensa andina, que ya duraba más de dos horas y se había convertido en uno de esos mítines típicos de la democracia asamblearia indígena, resulta que los quechuas son tenaces defensores de sus tierras y del planeta. No se rendían y no se vendían. A lo largo de los siguientes años las protestas se reprodujeron con frecuencia creciente mediante bloqueos de carreteras y hasta secuestros de altos funcionarios y directivos mineros. Muchos más campesinos quechuas morirían en los alrededores de la mina de Las Bambas.

¿Quién investigaría esas muertes? De haber ocurrido en Lima, probablemente los medios internacionales habrían salido de la cavernosa sala de prensa del centro de convenciones. El asesinato de Berto Chahuallo quizás habría servido como material para un reportaje del nuevo periodismo. Ese nuevo periodismo hecho por reporteros heroicos y comprometidos en la defensa de los más vulnerables y en mejorar el mundo, ya en boga en la CNN. Pero en estas zonas mineras tan lejanas, recorridas de arriba abajo por policía privada armada, solo los reporteros locales tendrían tiempo para hacer el trabajo de seguimiento necesario para esclarecer los asesinatos. Y una buena investigación local sobre una mina latinoamericana podía pasar una factura muy alta. Según la campaña Green Blood (sangre verde), doce reporteros, la mayoría latinoamericanos, habían sido asesinados mientras investigaban los estragos medioambientales y la violencia provocados por la minería y otras actividades extractivas. Todos ellos trabajaban para medios locales desconocidos en el gran circo mediático que aterrizó en Lima para cubrir la reunión del FMI y el Banco Mundial.

Aquel mes de abril, mientras los hombres de traje oscuro llegaban para la asamblea, en Lima se palpaba la impaciencia amenazadora y violenta ante la oposición a las minas. Cuando un foro alternativo al del FMI defendió un modelo «postextractivista» y el cierre de la mina, Carlos Gálvez Pinillos, presidente de la Sociedad Nacional de Minería, Petróleo y Energía, exclamó: «¡Que no me hagan perder el tiempo! Nadie en su sano juicio quiere poner en juego una inversión tan grande». Los manifestantes «quieren una economía de autoconsumo para asegurarse el máximo nivel de pobreza, porque donde no haya pobreza no habrá izquierdas», sentenció, pese a que el descenso de la pobreza en los países gobernados por la marea roja progresista, desde Brasil a Bolivia o incluso Venezuela antes del colapso, había sido el más importante de la historia. Los medios de comunicación que sí se desplazaron a Allahua y a sus comunidades vecinas se hacían eco de estas posiciones. «Los periódicos no vienen a conocer lo que pasa, sino que repiten lo que les dicen las empresas mineras», se lamentó Rodolfo Abaco Quispe, líder de una de las comunidades campesinas de Apurímac. Por supuesto, el apoyo de las instituciones financieras de Washington a las minas venía de perlas. El Banco Mundial, a través de su filial, la Corporación Financiera Internacional (CFI), llegó a invertir veinte millones de dólares en la polémica mina de oro en Yanacocha, en Cajamarca.

En el foro alternativo, Elmer Campos, un campesino que había participado en las protestas contra la mina de La Conga, llegó en silla de ruedas para dar su testimonio. «La policía me disparó y se me infectaron los riñones y los pulmones. Ya no volveré a andar», explicó. «Pero luchar es mi destino».

Máxima Acuña, la campesina que se había negado a abandonar su casa en la zona de la mina, lloraba mientras explicaba que fue intimidada constantemente por la policía y que temía por su vida y la de su familia. «Cualquier cosa puede pasar; estamos atropellados diariamente», me dijo. «No hay policía que defienda al campesino, solo a las empresas».

Los técnicos del FMI en Washington, tan desconectados de la realidad de estas zonas como los medios de comunicación, defendían a las empresas mineras con argumentos del cajón neoliberal. La sempiterna defensa del crecimiento del PIB, ya condicionado por el compromiso del nuevo consenso de Washington de adoptar políticas de redistribución y protección de los más vulnerables. Pero otros economistas dudaban de si la minería era la respuesta adecuada a los gigantescos problemas sociales de Perú y de América Latina. «Esta estrategia de sacar todo lo posible en el menor tiempo posible no es sostenible. Provoca conflictos socioambientales y es muy vulnerable a los cambios de ciclo de los precios», me explicaba José Echave, exviceministro de Gestión Medioambiental en el primer Gobierno de Humala. En casos como Las Bambas, «la gente no está en contra de la mina en sí; solo quieren ser consultados. Necesitamos instituciones estatales independientes de las empresas mineras». Lo cierto era que, pese al elevado crecimiento del PIB en Perú, ningún presidente logró ser reelegido, por una simple razón: los beneficios del crecimiento impulsado por el cobre, el oro y otros minerales no habían llegado a la mayor parte de la población.

Lo irónico era que Gálvez Pinillos se equivocaba incluso en su caricatura de la izquierda supuestamente antiminera. Desde Bolivia a Brasil, pasando por Ecuador y Venezuela, los Gobiernos de izquierdas de la región también habían caído en la tentación de aprovechar los precios altos de los minerales y la energía para extraer todo lo que podían. El Ecuador del presidente Rafael Correa, tras un valeroso intento de dejar el petróleo bajo la tierra, había dado concesiones petroleras en la reserva medioambiental de Yasuní, en la selva ecuatoriana. Incluso su homólogo Evo Morales, que había cambiado la Constitución bolivariana en nombre de la madre tierra, había elegido las extracciones de gas natural, la minería del zinc, del níquel y de la plata y, como veremos, del litio para impulsar el crecimiento. Todos se enfrentaban ya, en alguna medida, a una rebelión de las mismas bases campesinas e indígenas que los llevaron al poder. La diferencia entre los Gobiernos de izquierda y los países obedientes como Perú era que al menos aquellos redistribuían agresivamente, mientras durara la bonanza, los beneficios del crecimiento. «En América Latina tenemos dos clases de gobierno, los neoliberales y los posneoliberales, más progresistas. Pero el extractivismo es común», así lo resumió Echave, mientras las dos cumbres llegaban a su fin y los policías antidisturbios se desplegaban en las calles, como en Apurímac unos días antes.

*

Por miedo al sabotaje, la empresa estatal de cobre Codelco había suspendido las habituales visitas a la mina de Chuquicamata, a seis kilómetros de Calama, en medio de un paisaje lunar, apocalíptico, pero no por eso menos sublime, del desierto de Atacama. Solo habían transcurrido cuatro años desde aquella triunfante asamblea del FMI en Lima durante la crisis de los Gobiernos de la izquierda, pero el nuevo consenso de Washington en América Latina, liderado por Christine Lagarde y anunciado con aquella mejora del ceviche neoliberal, había saltado por los aires en el país más estrechamente identificado con sus recetas: Chile. Tras la primera explosión de protestas en Santiago contra una subida del precio del metro, las manifestaciones contra el Gobierno del empresario billonario Sebastián Piñera se habían extendido a lo largo del estrecho país. Desde los bosques de eucalipto comercial en el sur que expulsaban a los indígenas mapuches, hasta las grandes minas transnacionales del desierto de Atacama, cinco mil kilómetros más al norte, donde la sequía avanzaba implacable.

En Calama, la triste ciudad minera de burdeles y casinos a unos pocos kilómetros de Chuquicamata, bandas de jóvenes encapuchados se peleaban todas las tardes con los carabineros antidisturbios. Después de la batalla campal, un grupo de adolescentes comían hamburguesas con diez salsas y escuchaban vídeos de rock duro en un falso *diner* neoyorquino de la calle principal. Uno llevaba una camiseta del Che Guevara, lo que tenía mucho sentido porque el Che se detuvo unos días en Calama durante la odisea latinoamericana que emprendió a principios de 1952 con su amigo Alberto Granado en una vieja motocicleta Norton. Un viaje que terminaría en la Sierra Maestra cubana, hombro con hombro con Fidel Castro. A los veinticuatro años, Ernesto Guevara tuvo su momento de epifanía en un refugio cerca de la mina de Chuquicamata, entonces propiedad de las multinacionales estadounidenses Anaconda y Kennecott, donde pasó la gélida y desértica noche con una pareja de mineros recién salidos de la cárcel solo por militar en el Partido Comunista. Para el joven Che, un hijo de la clase media argentina a punto de terminar la carrera de medicina, esa «extraña especie humana» se fue convirtiendo conforme pasaron las horas en el «proletariado» universal, para transformarse al final de la noche en «la llamarada roja que deslumbra hoy al mundo». Todo ello según los *Diarios de motocicleta* que el Che escribió durante el viaje y la película del brasileño Walter Salles, que incluye una estupenda escena en Chuquicamata quizá porque, como mencionamos en un capítulo anterior, Salles era el propietario multimillonario de la mina de niobio más grande del mundo en Minas Gerais (Brasil).

Casi sesenta años después, medio olvidado ya el trágico golpe contra Allende, la masacre neoliberal de Pinochet y la lenta salida del miedo cotidiano a vivir en una democracia vigilada, el pueblo de Chile se había levantado en una espectacular reivindicación colectiva de cambio. Fue como si de repente alguien, quizás el fantasma del joven Ernesto Guevara, hubiese quitado el velo de los ojos de los chilenos. Y lo más subversivo de todo era lo mucho que Chile se parecía ya a Europa o a Estados Unidos, tras casi cinco décadas de «reformas estructurales» de la escuela neoliberal. En términos de crecimiento del PIB, habían dado buenos resultados, acortando la brecha con los países desarrollados más que en el resto de la región. Chile era el país latinoamericano que más recordaba a la periferia europea (en renta per cápita rebasaba ya a Polonia). Era un país extremadamente desigual, pero en el siglo XXI la brecha entre una clase plutócrata y una masa miserable de asalariados ya no era una particularidad solo de América Latina. En las conversaciones que mantuve con los chilenos indignados por las élites inamovibles, los monopolios y oligopolios disfrazados de libre competencia o los servicios públicos en vías de privatización, vi reflejada la misma rabia que la del ciudadano medio español o inglés. Pero con una diferencia, los europeos no habían sabido identificar con la perspicacia chilena a los verdaderos culpables de la monumental estafa de la democracia neoliberal.

Aquí, en el tóxico desierto minero, otra serie de reivindicaciones se sumaron a las protestas en el resto del país. «Con la minería tenemos lo que los neoliberales llaman con sus eufemismos *externalidades*. Una externalidad sería, por ejemplo, que se agote el agua y que la que quede esté contaminada de arsénico y plomo», me explicó, sentado en su humilde casa en Calama, Esteban Velásquez, diputado de la región de Antofagasta y toda una *rara avis* en la política chilena, al que se comparaba con el uruguayo José Mujica por su austeridad personal y fuertes convicciones. «La filosofía de las élites en Santiago, cuando se trata de esta región, siempre ha sido: el desierto lo aguanta todo». Las fundiciones en Calama que producían el concentrado de cobre habían sido las más contaminantes del mundo. Ya existían niveles peligrosos de arsénico en el aire debido a la actividad volcánica, pero desde unos años atrás apenas había controles sobre lo que se desprendía de las chimeneas de las fundiciones. Todo el norte de Chile y gran parte del país ya sufría una grave escasez de agua. Más al sur, la ciudad de Copiapó se había quedado literalmente desabastecida de agua y el Gobierno se vio forzado a financiar las construcciones de una planta desalinizadora en la costa para bombear el agua del mar al árido interior.

Desde el mirador situado encima de la enorme mina a cielo abierto, no era difícil imaginar la gravedad del problema medioambiental en Calama. Gigantescos camiones de la marca Caterpillar bajaban cargados de roca de cobre tambaleándose sobre inmensas ruedas más grandes que las viviendas de los mineros. La roca tenía el 0,5 % de ley de cobre. Es decir, que por cada cien toneladas de roca extraídas del inmenso agujero en el desierto, se sacarían cincuenta kilos de cobre. La roca era molida utilizando ingentes cantidades de agua y luego transportada a las plantas de abajo para ser transformada en concentrado con el 30 % de ley de cobre. Y así exportado probablemente a China. Detrás se veían las llamas y la humareda negra de un vertedero. Con el cambio climático más avanzado en el alto desierto andino que en la mayor parte del planeta, los manifestantes de Calama entendían como nadie la importancia de la principal reivindicación de las protestas de 2019: una asamblea constituyente para diseñar una nueva Constitución. Porque la existente Constitución chilena, redactada en 1980 bajo la fría mirada del dictador Augusto Pinochet, defendía como un derecho la propiedad privada del agua, un generoso regalo constitucional rentabilizado por empresas mineras y agroindustriales. Es más, la Constitución blindaba el derecho sagrado de las empresas extranjeras que habían abierto veinte minas en Chile, lo que representaba el 70 % de la extracción del cobre nacional, a obtener beneficios sin pagar *royalties*. La mina de Chuquicamata pertenecía al Estado por la insistencia de Pinochet en desviar el 10 % de sus ingresos a las fuerzas armadas. Pero constituía el ejemplo perfecto de lo que advertía Galeano, que la nacionalización «no es suficiente si la producción se limita a minerales en bruto y discursos refinados». Porque a pesar de aquellos «refinados» informes del FMI que aplaudían el modelo chileno, su dependencia de la exportación del cobre y de otras materias primas sin apenas transformación cerraban las puertas a cualquier nueva fase de desarrollo menos dependiente de los salarios bajos, la extrema desigualdad y los regalos a las multinacionales.

Mientras las barricadas se levantaban a las afueras de la ciudad, en el Park Hotel, a cuatrocientos metros del aeropuerto, se palpaba la zozobra de los directivos e ingenieros mineros que aprovechaban los doce vuelos diarios a Santiago para no tener que vivir en Calama. Una vez en la capital, el túnel de San Cristóbal los llevaría directamente del aeropuerto a Vitacura y los distritos de lujo en la cordillera del oeste de Santiago. De modo que tampoco allí tendrían que afrontar la cruda realidad chilena. El sindicato minero, cooptado por el Estado tras décadas de lucha bajo el liderazgo de la histórica sindicalista Carmen Lazo, se mostró reacio a participar en la rebelión popular contra Piñera. Pero los ejecutivos mineros entendían el peligro del levantamiento en las calles. Cuando el movimiento de protesta, coordinado mediante las redes sociales y sin líderes, convocó una huelga general en todo el país, las barricadas de basura encendida aparecieron en todas las salidas de Calama y los autobuses que transportaban a los trabajadores hasta las minas quedaron inmovilizados. Es más, una semana antes, los trabajadores del puerto de Antofagasta, en el Pacífico, habían secundado el primer paro. Cientos de toneladas de cobre quedaron en los vagones del tren a la espera de ser descargados en los buques que los llevarían a China. De este puerto salía gran parte de las exportaciones de cobre, el 80 % del total exportado en el momento álgido del superciclo de las *commodities*, del que la economía chilena dependía. «Con razón están preocupados, porque esto es el ajuste de cuentas del pueblo chileno», sentenció Velásquez.

*

Tras la experiencia de aquellas multitudes vestidas de Neymar en la Avenida Paulista de São Paulo, convencidas de que la privatización de todo sería la solución de los males causados por Lula, Dilma y el Partido de los Trabajadores, fue un soplo de aire fresco llegar a Santiago de Chile en otoño de 2019. Decenas de miles de chilenos, la mayoría veinteañeros, acudían todas las tardes a plaza de Italia, en el centro de la capital, para expresar su rechazo a la economía de mercado de las privatizaciones y la banalidad y exigir un giro de ciento ochenta grados o el cese de Piñera. La bandera de las manifestaciones era la insignia de los mapuches, con su cultrún amarillo, emblema de la cosmovisión de los indígenas de Chile y Argentina. En Chile la gente entendía lo que suponía ser un conejillo de indias en el laboratorio del experimento neoliberal latinoamericano más famoso. La economía había sido elogiada tantas veces en el *Wall Street Journal* a lo largo de los años que ni hacía falta pagar el publirreportaje. Los tertulianos de las jornadas bancarias, menos preocupados por los recuerdos y las pesadillas, situaban el inicio del milagro en el golpe de Pinochet de septiembre de 1973. Entonces los *Chicago Boys* del premio Nobel Milton Friedman, que luego asesoraría a Margaret Thatcher, a Ronald Reagan y a Boris Yeltsin, habían aplicado la terapia de *shock* económica, mientras los servicios de inteligencia de la infame DINA pinochetista descargaban sus propios *shocks* eléctricos, en absoluto metafóricos, en las cámaras de tortura de la finca de Villa Grimaldi, en las afueras de la ciudad. El título del discurso que pronunció Friedman ante la junta militar en marzo de 1975 sentaría las bases para décadas de torturas económicas a manos del FMI, cuyo último ejemplo era Grecia. «¿Gradualismo o tratamiento de *shock*? Si quieres cortar el rabo de un perro, no lo haces poco a poco, sino de un machetazo», sentenció Friedman en su presentación, un símil que debió de gustar a los militares presentes. Chile estrenó el nuevo modelo neoliberal de desregulación, privatización y Estado menguante (salvo para el presupuesto policial y militar), que luego se pondría de moda a escala global. Tuve la oportunidad de hacerle una entrevista a Friedman en 2002, cuatro años antes de su muerte, cuando pasaba el invierno con su mujer en una urbanización de la despreocupada tercera edad en Florida. «Lo hicieron muy bien», dijo en referencia a Sergio de Castro y demás *Chicago Boys* chilenos. «Pero no hacía falta crear una dictadura para hacerlo». Un conveniente fallo de memoria, a sus entonces noventa años, permitió al padre del monetarismo ignorar el hecho de que había visitado Santiago para asesorar a los generales uniformados y los economistas trajeados cuando ya estaba en plena marcha la tortura de cuarenta mil opositores al golpe. Tres mil de ellos desaparecerían tal vez atados a un viejo raíl de acero de los ferrocarriles mineros y arrojados al Pacífico desde un helicóptero.

En cambio, los analistas bancarios más sensibilizados políticamente —conscientes de la importancia ideológica de casar los resultados económicos con la democracia liberal— situaban el éxito chileno en la democracia de los años noventa, tras el referéndum de 1989 y la caída de Pinochet. Pero incluso estos se sentían agradecidos al viejo dictador, reconvertido en abuelo paternalista merced al marketing neoliberal. Las reglas de juego de los *Chicago Boys* se habían incorporado a la Constitución pinochetista que pasaría sin modificaciones a la democracia. Esto protegería, coincidían los analistas del Banco Santander y de la agencia Moody's, al sistema chileno de cualquier gobierno de corte «populista» que pensara deshacer todos los logros y los sacrificios realizados. Pero ser el país paradigmático del neoliberalismo y tenerlo inscrito en la piedra constitucional no merecía tantos elogios para quienes lo padecían. El famoso sistema de pensiones de capitalización diseñado por el hermano del presidente José Piñera en tiempos de Pinochet y promocionado en *road shows* globales, financiados por los bancos, como la panacea para un mundo envejecido, había acabado con un resultado un tanto decepcionante. El 80 % de los jubilados cobraban pensiones inferiores al salario mínimo de 350 euros al mes. Alejandro Quiroga, profesor de instituto de cara arrugada, larga melena y barba blanca que le daba aspecto de profeta, resumió el problema: «Yo tengo una jubilación que no me alcanza para vivir y tengo que seguir trabajando a los 92 años». Lo cierto era que Santiago estaba lleno de ancianos pluriempleados. Algunos abuelos y bisabuelos habían recurrido al suicidio. Pero el sistema de Piñera era una mina de oro para el sistema financiero. Las administradoras de fondos de pensiones (AFP), entidades privadas gestionadas por aseguradoras globales como MetLife, gestionaban nada menos que 250.000 millones de dólares de ahorros de los chilenos. Una fortuna que se canalizó hacia bancos y fondos con excelentes márgenes de beneficios. Asimismo, el acceso a la educación y la sanidad estaba sesgado en favor de los que más tenían y se disparaba el endeudamiento estudiantil, sujeto a tipos de interés prohibitivos pagados a los bancos.

Nadie podía cuestionar algunos logros del crecimiento sostenido del PIB. El cobre había impulsado la economía chilena en la explosión de crecimiento en los primeros años de Pinochet y los friedmanianos. Se estancó en los últimos años de la dictadura, pero, gracias a los crecientes precios del metal y a inteligentes políticas para estabilizar el impacto del volátil ciclo de *commodities*, Chile logró un crecimiento medio del 5 % anual entre 1990 y 2003 y del 3,5 % anual los años siguientes. No era Asia, pero semejante ritmo de crecimiento era excepcional en América Latina. Chile había reducido la pobreza de forma espectacular en las décadas de democracia y había potenciado el poder adquisitivo de sus ciudadanos gracias a tasas de crecimiento por encima de la media latinoamericana. El salario medio anual había subido de 20.000 a 25.000 dólares en una década. Pero la media estadística jamás contaba toda la historia del continente más desigual del mundo. La mitad de los chilenos cobraban menos de quinientos euros al mes. La desigualdad no era tan extrema como en los años de Pinochet, pero era una de las más altas de Sudamérica después de Colombia. Es más, había señales de que la distribución de la renta se volvía todavía más favorable a los ricos que cenaban «sushi fusión ceviche» en Vitacura, mientras se libraban las batallas campales entre manifestantes y carabineros más al oeste. Según el propio ministro de Desarrollo Social, el 10 % de chilenos más ricos ganaban 13,6 veces más que el 10 % más pobre en 2018, frente a las 11,9 veces más en 2015, durante el Gobierno de izquierdas de Michelle Bachelet.

Conscientes de que nada podía cambiar si no se reconstruía la casa desde los cimientos, los jóvenes en la plaza de Italia reivindicaban antes que nada una nueva Constitución. Al inicio de las protestas, Piñera lo negaba todo. Había anunciado que «estamos en guerra contra un enemigo poderoso e implacable», en referencia a las escenas de violencia. Sobre todo en el metro, donde grupos anarquistas habían destruido diecinueve estaciones. La primera dama Cecilia Morel denunció una «invasión extranjera alienígena». La pareja presidencial seguía el ejemplo de Luis Almagro, el secretario general uruguayo de la Organización de Estados Americanos, tan identificado con la agenda de Washington que, tras las protestas en Quito y Santiago, había denunciado un complot de «las dictaduras bolivariana y cubana para financiar, apoyar y promover el conflicto político y social».

Pero el discurso del nuevo macartismo latinoamericano provocó incredulidad en las calles de Santiago. Cuando el general Iturriaga, máximo mando de las Fuerzas Armadas, respondió que «yo no estoy en guerra con nadie», el error garrafal de cálculo de Piñera se hizo evidente. Días después, cuando más de un millón de manifestantes contra las AFP y el sistema privatizado de pensiones se lanzó a las calles en Santiago (en un país de diecinueve millones de habitantes), quedó claro que el presidente jamás recuperaría la credibilidad. Piñera había intentado ir más lejos que ningún Gobierno demócrata en el proyecto de Friedman y Pinochet al anunciar una serie de recortes de impuestos a sus amigos de la oligarquía. Pero fue el momento menos indicado. Dio marcha atrás en todas las medidas recién anunciadas, desde la subida de precios al recorte de impuestos sobre sociedades, y dio su apoyo a una nueva Constitución. Aun así, no se desconvocaron las protestas. Siguieron produciéndose cada día en Santiago y en el resto del país en medio de un millón de grafitis: «Chile despierta!», rezaban muchos. «Milicos (militares) ¡Devolveremos sus balas!», advertía otro tras la muerte de una treintena de personas en el estallido y las graves lesiones oculares de otros veinticinco manifestantes causadas por los disparos a bocajarro con balas de goma de los carabineros. Los grafiteros no llegaron a competir con el muralismo vanguardista de Roberto Matta y los brigadistas de los años de Allende. Pero las estatuas oficiales de símbolos de la patria untados con tres o cuatro capas de pintura multicolor, con una bandera mapuche y una máscara antigás colocada en la cara del héroe de la independencia Ambrosio O'Higgins, parecían homenajes al *pop art* revolucionario chileno de los años setenta. Uno de los grafitis más reveladores de los miles de garabatos rezaba: «Chile, donde nació el neoliberalismo y donde morirá». Aunque no se sabía muy bien qué vendría después. Otro grafiti confesaba: «Hay tantas cosas que cambiar que no se qué huevada pedir aquí».

En plaza Italia se realizaba todos los días una estruendosa cacerolada. El estruendo más ensordecedor de todos era obra de cientos de jóvenes que golpeaban con piedras, palos y a veces con sus puños una barrera metálica levantada para proteger la torre Telefónica en el área en frente de la plaza. Era la sede de la empresa española Movistar, que había comprado a precio de saldo la recién privatizada empresa telefónica chilena en 1996, bajo la dirección de Juan Villalonga, amigo del presidente conservador español José María Aznar, que a su vez había privatizado lo que quedaba de participación estatal de la Telefónica española unos años antes. «¡Crack, crack, clang, clang!». Sonaban los golpes contra la valla de acero. Algunos chavales hacían kung-fu para amplificar el ruido de sus patadas contra el metal. Fue una perfecta banda sonora para la crisis del modelo neoliberal y lo que algunos habían calificado veinte años antes como una nueva conquista española, en los tiempos de multinacionales con sede en el paseo de la Castellana y de ejecutivos con mocasines y abrigo loden.

Otras empresas españolas estaban en el punto de mira de los manifestantes, sobre todo constructoras como Ferrovial y Abertis, que habían logrado hacerse con jugosas concesiones de carreteras privadas bajo un modelo muy friedmaniano en el que el peaje subía cuanto más tráfico hubiera. Fue una idea inspirada en la economía de la oferta y la demanda para lograr que la mano invisible del mercado redistribuyera el tráfico eficazmente y evitar así los atascos. Solo que no existían rutas alternativas, de modo que los conductores en general, tras pagar el peaje más caro durante la hora punta, se metían resignados en una kilométrica caravana. Quien no pagara en un sistema que ofrecía pingües beneficios a las multinacionales españolas y a otras europeas, perdía su carné de conducir.

No es que el estallido de octubre fuera una rebelión nacionalista. La élite chilena era el primer blanco, pero las multinacionales españolas venían después. Lo cierto es que, como bien entendía el movimiento por el cambio, no había mucha diferencia entre los oligarcas chilenos y sus amigos españoles. Como explica Óscar Guardiola-Rivera en su excelente libro sobre Allende *Story of a Death Foretold*, en la raíz del neoliberalismo chileno latía precisamente la admiración que Jaime Guzmán, el intermediario entre los *Chicago Boys* y Pinochet, sentía por Franco. De modo que no sorprendía que los manifestantes entraran en algunas plazas equipados con la bandera mapuche y cuerdas gruesas para derribar las estatuas de los conquistadores Pedro de Valdivia, asesinado por los indígenas durante la guerra de Arauco en 1554, y Francisco de Aguirre.

En la agenda económica alternativa que emergería de la ola de protestas, el asunto del extractivismo era un elemento permanente. El frente amplio de la izquierda que rechazaba la política de consenso post-Pinochet, gestionado por los socialdemócratas Ricardo Lagos y Michelle Bachelet, defendía alternativas a la dependencia de la minería, así como de las piscifactorías contaminadas del salmón y la madera extraída por encima de los derechos históricos de los mapuches. «Hay una sensación de que nos están jodiendo todos, desde los fondos de pensiones, los bancos y las grandes empresas relacionadas con el Gobierno, incluyendo las transnacionales mineras que no pagan impuestos y que son las propietarias del agua», me explicó, durante un taller sobre los derechos de la naturaleza en Santiago, Lucio Cuenca, director del Observatorio Latinoamericano de Conflictos Ambientales.

Para muchos economistas, la importancia crítica del cobre, que generaba el 30 % de los ingresos fiscales chilenos, fue el punto más débil de su economía. «Piñera tiene dos talones de Aquiles: no sabe corregir la desigualdad y tampoco sabe avanzar desde una economía basada en el cobre mediante mayores inversiones en investigación y desarrollo», dijo Stephany Griffith-Jones, economista chilena del Instituto de Estudios sobre el Desarrollo en Sussex, Inglaterra. Tras generar tantas expectativas y ayudar a reducir la pobreza del 50 % al 10 %, terminó el superciclo de las *commodities*. La caída del precio del mineral frenó la economía chilena y frustró las expectativas de que en algún momento la élite empezaría a repartir las ganancias. Chile ni siquiera ensamblaba automóviles, ya que los *Chicago Boys* habían desmantelado las medidas de protección que obligaban a las empresas exportadoras a construir plantas en Santiago. «¡Más vale fabricar los coches en Chicago y ustedes suministran el cobre!», debió de decirles Friedman a sus acólitos de uniforme en Santiago y Valparaíso. Pero difícilmente aprovecharían en Chicago el cobre y el litio, también extraído en el desierto de Atacama, los dos elementos esenciales de los vehículos eléctricos. Porque en la nueva economía de bajas emisiones de CO_2 todo indicaba que Chile suministraría el cobre y China fabricaría los coches eléctricos. «Chile es la democracia de mayor éxito de América Latina, pero tiene tres problemas. Una elevada dependencia del cobre, elevados niveles de desigualdad y un sistema político corrupto», resumiría el sociólogo chileno Patricio Navia, de la Universidad de Nueva York. Es más, los tres elementos estaban interrelacionados entre sí. Calama constituía un microcosmos del desencanto chileno. «Hay una gran decepción. La sensación que se tiene en la calle es que somos los primeros del cobre, pero exportamos concentrados sin industrialización y sin desarrollo. Extractivismo, nada más que sacar piedras. Tal vez sea una exageración, pero es la percepción que hay. El superciclo y Calama ya están medio agotados», me explicó Iván Valenzuela, un ingeniero de Codelco que había trabajado para una empresa consultora en Calama. «Existían los ingredientes para no repetir los errores del pasado, pero no se hizo nada», resumió. Calama era el Potosí del siglo XXI, un símbolo perfecto de las nuevas venas abiertas de América Latina. «Aquí en Calama, tienes el distrito de cobre productivo más grande del mundo. Hay una decena de minas de capital público y privado. Es decir, se trata de una zona *world class* de la minería de cobre», dijo Valenzuela. «Pero mira, está vinculada a una ciudad como Calama, que es una ciudad de mierda. ¿Cómo es posible que con más de un siglo de explotación de las minas de cobre más grandes del mundo y tras un ciclo de precios altísimos no hayamos sido capaces de crear una ciudad de verdad?», añadió.

Un trabajador boliviano que arreglaba el jardín en el Park Hotel me regaló a mí aquella visión esclarecedora que la pareja obrera le dio en su momento al joven Che en Chuquicamata. Envuelto en un traje protector, tal vez por el calor despiadado del desierto, tal vez por el veneno que desprendía la tierra excavada, resumió la sensación de que el milagro chileno había pasado de largo de esta ciudad y de todo el país: «¡Fíjense, mi madre en Bolivia es una mujer pobre, pero cobra tres veces más de pensión de lo que se cobra aquí! ¡Es increíble». Su comentario sería el perfecto enlace para contar la historia del litio boliviano. Porque no solo explicaba el motivo de las épicas revueltas en Chile contra el modelo neoliberal, sino también el golpe de Estado contra Evo Morales que se preparaba en esos mismos momentos al otro lado de la frontera.

8

LITIO
(POTOSÍ, BOLIVIA)
POTOSÍ, GOLPE EN EL SALAR

Llegué al salar de Uyuni, al sur de Bolivia, tras una parada de dos días en Potosí, la mítica capital de la fiebre conquistadora de la plata, a cuatro mil metros sobre el nivel del mar. Allí, jadeante como el joven Galeano no debió de estar, había intentado recorrer los pasos del autor de *Las venas abiertas* por las estrechas callejuelas bordeadas de iglesias barrocas y ruinas metafóricas para el uruguayo, ya restauradas con fondos españoles de ayuda al desarrollo y de algún banco.

Buscaba mi propia materia prima, testimonios periodísticos como el de aquella señora del «chal kilométrico de lana de alpaca» que en una conversación con Galeano retrata Potosí como «la ciudad que más ha dado al mundo y la que menos tiene», un entrecomillado por el que yo habría dado un ojo de la cara para mi propio reportaje. Intenté encontrar las obras heréticas de Melchor Pérez de Holguín, el Greco indígena de América Latina, pintor de escenas inadmisibles para los españoles, como la del niño Jesús mamando la leche de un seno de la virgen María mientras su marido chupaba del otro. ¡Cuánto quise ver esas pinturas! Pero nadie en Potosí sabía dónde estaban.

Por el contrario, ahí estaba, perfilándose detrás, el imponente Cerro Rico, la metáfora más potente de todas para Galeano. Una montaña que iba cambiando de color a lo largo de las sucesivas extracciones de plata, zinc o estaño. Cuando la contemplé, a ultima hora de la tarde, el color alternaba conforme avanzaba la puesta del sol. De un púrpura iridiscente a un carmesí explosivo, para culminar, con el gélido frío ya instalado en las calles estrechas de la ciudad, en un gris oscuro.

Siete millones de mineros indígenas murieron en el Cerro Rico de Potosí en el siglo XVII, cuando «sus vetas fueron barridas por los españoles hasta con escobillas», como escribió el uruguayo. Tras la fiebre, el saqueo, la destrucción y la extenuación, «el mundo tendrá que empezar por pedir disculpas a Potosí». Para la izquierda que emergió en los años sesenta y setenta en América Latina, el Cerro Rico fue el símbolo más potente de la teoría de la dependencia sobre la maldición que condenaba a la miseria a los países periféricos de recursos abundantes. Pero no solo lo habían vaciado los conquistadores sobre los cadáveres de siete millones de indios. «Los turistas y los parroquianos han vaciado iglesias de cuanta cosa podían llevarse», advierte Galeano. Habla con un mendigo que le regala otra frase envidiable: «Primero se marcharon los ricos y luego se marcharon los pobres». Tres siglos antes, la población era superior a la de toda Argentina. Cuando Galeano escribió *Las venas abiertas*, a finales de la década de los sesenta, se había reducido a una tercera parte. Ahora, sin embargo, tras la subida del precio de los metales a principios del siglo XXI y ante una inminente catástrofe en el clima del altiplano, el cerro volvió a reverberar con el repiqueteo de los mineros artesanales, mientras un anuncio en la ciudad ofrecía «*Silver mine tours*» a cargo de exmineros de habla inglesa y equipos de seguridad. La crisis del campo provocada por el cambio climático en el altiplano (sequía en el sur, inundaciones en el norte) había impulsado la migración hacia el viejo centro del Nuevo Mundo. «Los campesinos han venido a trabajar a la mina. La minería aún es lo que hace girar Potosí», me explicó Juan Colque, un potosino cuya arenosa respiración delataba su pasado minero, mientras subíamos el cerro. De pronto se oyó el estampido de unos fuegos artificiales y a gente que salía a averiguar quién se acercaba a ese lugar tan inhóspito al atardecer. Dos niñas y su madre, vestida con una falda azul y un sombrero blanco de paja de ala ancha. Eran de una familia de campesinos tan pobre que los propios mineros artesanales los contrataban para vigilar la zona, con el encargo de encender unos cohetes y advertir de ese modo de la presencia de extraños como nosotros.

Releer a Galeano durante el viaje de cinco horas desde Potosí a Uyuni no solo fue una necesaria distracción de las películas de Lara Croft proyectadas una y otra vez en el autobús de línea. Parecía el perfecto preparativo para valorar los planes del Gobierno socialista de Evo Morales para explotar, tal vez responsablemente, los depósitos de litio más grandes del mundo en el salar, de acuerdo con los derechos de la *pacha mama* (madre tierra). Pero, al igual que ocurrió en San Luis Potosí, la gemela mexicana de la trágica capital boliviana de la plata y del saqueo, la cuestión de si existía un modelo de extractivismo sostenible compatible con el *sumak kawsay*, el buen vivir indígena, pronto quedaría aparcada al irrumpir en el relato un nuevo dilema metafísico: ¿es compatible el buen vivir con la llegada de sesenta mil turistas en busca de imágenes para Instagram?

*

Al salar de Uyuni, a 3.658 metros sobre el nivel del mar, en los Andes de Bolivia, ya venían más turistas que al lago Titicaca. Una vez incorporado al circuito Machu Picchu-Cuzco, el número iría en aumento. En el mes de febrero, al inicio de la estación de lluvias, casi todos los turistas que llegaban en todoterreno desde el aeropuerto de Uyuni eran asiáticos. Apenas había europeos, salvo un par de mochileros franceses. «A los asiáticos les gusta la temporada de lluvias y a los europeos la temporada seca», me explicó el agobiado recepcionista del Hotel Luna Salada, un establecimiento de lujo (de trecientos a cuatrocientos dólares la noche), pese a estar construido con grandes bloques de sal. Esta curiosa diferencia cultural entre Oriente y Occidente parecía estar relacionada con la estética. A los europeos les gustaba venir entre mayo y septiembre para contemplar la gigantesca costra de blancura cegadora que se extiende hasta el horizonte y así perderse en los espejismos del desierto de sodio que a veces provocaban colisiones entre los diferentes convoyes de todoterrenos. Los asiáticos, en cambio, preferían la superficie cristalina del agua que entre enero y abril convierte el Salar en un gigantesco lago de agua reflectante salpicado de islotes de sal parecidos a icebergs. Desde una de estas islas podían sacar con el Huawei o el iPhone esas imágenes simétricas del «yo turista» reflejado en el agua y fácilmente transferidas a Instagram. Como rezaba un mensaje en el pequeño aeropuerto de Uyuni, impreso sobre la imagen de una enorme nube duplicada en perfecto reflejo del salar inundado, al estilo de un test psicológico de Rorschach: «Salar de Uyuni: donde se refleja la belleza del mundo».

Sobre las diez de la mañana un convoy de unos cuarenta todoterrenos arrancó desde los hoteles, se sumergió parcialmente en el agua y cruzó el salar, dejando una estela triangular sobre la lámina casi metálica de agua, hasta un islote donde se había construido ilegalmente el primer hotel, también hecho de sal, pero cerrado por el Gobierno cuando se descubrió que vertía los residuos fecales directamente al salar. Ahí bajaron todos a tomar una Coca-Cola antes de lanzarse al agua con botas de goma o chancletas havaianas y posar para las cámaras. La postura predilecta para sacar el mejor reflejo suponía sostenerse de una sola pierna, al estilo cigüeña, y lanzar el cuerpo hacia delante mientras se señalaba el horizonte con el brazo y el dedo índice extendidos. Muchas chicas hacían eso mientras sus novios las enfocaban con la Nikon. Otra era la postura de la torre budista, con las manos juntas por encima de la cabeza. Dos mujeres japonesas se habían puesto faldas de color escarlata para optimizar el efecto reflejo. Otros llevaban globos de varios colores para crear una imagen digna de un anuncio de Miu Miu en un *mall* de Shanghái. Era obvio que todo había sido planeado hasta el último detalle en Tokio o Pekín antes del vuelo de dieciocho horas a Lima, otras dos a Cuzco, otra más a La Paz, y una última hora y media a Uyuni, sin olvidar el trayecto de hora y media en camioneta. En esta expedición transcontinental el resultado estético tenía que cumplir exactamente con la imagen deseada. «Vienen en busca del espejo más grande del mundo. Les encanta venir al amanecer o al atardecer e incluso por la noche, porque da la impresión de estar en medio de las estrellas», dijo el guía, José Luis Huayllani, un quechuahablante de paciencia inagotable que me sugirió probar una postura más sencilla, con los dos brazos levantados y piernas abiertas en forma de doble equis. Diez centímetros de agua era la profundidad óptima para el reflejo, cuya nitidez requería no solo de la superficie metálica del agua, sino también de la blancura del salar que se filtraba desde el fondo, solamente visible a esa precisa profundidad. «Con el cambio climático llueve menos y no estamos llegando a los diez centímetros», comentó Huayllani, preocupado. De vuelta al vestíbulo del hotel Luna Salada —palabras que ni Federico García Lorca se habría atrevido a yuxtaponer—, una pareja china, la novia vestida de blanco y el novio también, se preparaban para las anheladas fotos al atardecer. La cotizada puesta de sol tan meticulosamente coreografiada como las que había visto frente a la casa imperial en la ciudad prohibida de Pekín, donde los fotógrafos usaban un ventilador para crear el deseado efecto ondulado de las colas de los vestidos de seda roja ante la arquitectura de la dinastía Ming. A las cinco de la tarde los novios se sumaron a la segunda salida. Un convoy de camionetas cruzó hasta un espigón de sal y esperaron, como pescadores, el trofeo del día. Cuando el sol ya empezó a fundirse con el horizonte de sal y agua, todos levantaron simultáneamente las cámaras y los teléfonos móviles. Algunos habían optado por el paquete champán y celebraron el momento con un Veuve Clicquot. Se trataba de la puesta de sol más codiciada en Facebook a escala global. Duró apenas unos ocho minutos. Luego todos volvieron a subir a las camionetas que, entre el rugir de motores y el olor a gasolina, cruzaron de nuevo el salar, con el agua alcanzando a veces hasta la altura del capó.

En el camino de vuelta a los hoteles de sal, el turista capaz de despegar la mirada de los trofeos de la sesión fotográfica en su *smartphone* tal vez se fijara en un cartel colgado en la fachada de un edificio destartalado. Acaso habría recordado a los turistas asiáticos de edad más avanzada aquellos tiempos anteriores a Deng Xiaoping, cuando un ciudadano chino solo podía soñar con incorporarse al circuito global del turismo y cuando los lemas aún eran maoístas: «Litio, ¡más industrialización para vivir bien!».

Al otro lado del salar se perfilaba la fábrica piloto de hidrocarburo de litio del Estado boliviano, construida en colaboración con técnicos y capital chinos y alemanes, la apuesta más osada del Gobierno de Evo Morales para unir la revolución socialista e indigenista con la nueva economía de bajas emisiones, de baterías y coches eléctricos. Sería la prueba definitiva de que Bolivia y el departamento de Potosí habían superado el yugo del extractivismo y la exportación de sus materias primas, principalmente el gas natural que vendía a Brasil y los minerales del subsuelo andino, del estaño al níquel.

Todas estas materias primas, como siempre, se exportaban a países más desarrollados en su estado crudo, sin ningún valor añadido. Y como en toda la región, el fin del gran ciclo de las *commodities* ya amenazaba los excelentes resultados económicos registrados durante la larga década de la presidencia de Morales. El gas y los minerales habían generado ingresos para lograr una espectacular reducción de la extrema pobreza (menos de un dólar al día) del 45 % en 2000 al 15 % en 2018 mediante mejores salarios, subsidios para familias pobres y mejores pensiones de vejez, así como más derechos laborales. Pero no generaban mucho valor agregado a la economía.

Con el litio sería diferente. Según el plan gubernamental, se industrializaría dentro de Bolivia todo el proceso de producción, desde la extracción del litio a la batería, hasta el coche eléctrico. Pero después de trece años en el Gobierno y con un desafortunado apego al poder, el desgaste político de Evo ya se palpaba en Bolivia. Las clases medias urbanas rechazaban cada vez más enfáticamente al presidente indígena y una nueva derecha cristiana —medievalmente fundamentalista, por un lado, y neoliberal, por el otro— emergía en las ciudades bolivianas. Su misión, o mejor dicho, su cruzada, consistía en sacar al indio aimara del palacio presidencial y colocar la bandera tricolor nacional y la Biblia en lugar de la *wiphala*, símbolo multicolor de los treinta y nueve pueblos indígenas. Morales había perdido una parte de su base de apoyo por la izquierda debido a sus alianzas con las grandes exportadoras de materias primas, bien fueran minerales, soja u otras *commodities* agrícolas o energía, principalmente gas e hidroeléctrica. Para sorpresa de todos, sería la ciudad de Potosí, símbolo histórico de la lucha indígena contra los saqueadores de fuera y de dentro, la que propinaría el golpe de gracia al primer presidente indígena de la historia boliviana. Mientras los turistas parecían ensimismarse cada día más en su propio reflejo, el salar de Uyuni y sus depósitos de litio se convertían en elementos decisivos de un nuevo golpe de Estado en América Latina.

*

Con una superficie de 12.000 kilómetros cuadrados, el salar era lo que quedaba de un mar atrapado entre montañas hacía 40.000 años, después de una serie de antediluvianos movimientos sísmicos. Ahora el seísmo sería político. Los nueve millones de toneladas de litio que se estimaba yacían bajo esa fotogénica capa de sal ya valían 162.000 millones de dólares según los precios de 2019. Sacarlos en beneficio de Bolivia constituía el plan más ambicioso de Morales para abandonar el modelo Potosí de saqueo y sustituirlo por la industrialización dirigida por un Estado que ya condicionaba la entrada de capital extranjero a la participación pública en empresas mixtas. Si el cambio climático agravaba la crisis del campesino del altiplano, al menos la era del coche eléctrico generaría una demanda sin precedentes de baterías de litio. Un metal que había pasado de ser un componente de los antidepresivos tristemente mitificados por Kurt Cobain, de Nirvana, a convertirse en una de las materias primas más solicitadas de la nueva economía verde. En la naturaleza se presenta compuesto en forma de sales con la apariencia de un polvo color blanco plateado. Las sales de litio disueltas en salmueras se encuentran en los lagos subterráneos de los salares de Argentina, Chile y Bolivia. Para extraerlo bastaba con bombear la salmuera hasta grandes charcos en la superficie y dejarla evaporar. El de Uyuni era el más grande y el de mayor concentración de todos los salares, aunque extraer el litio y eliminar las impurezas jamás se consideró viable.

Ejecutivos e ingenieros de decenas de multinacionales de la industria minera y del automóvil habían acompañado a los turistas en los vuelos de La Paz a Uyuni para sacar sus propias fotos. Pero Morales, tras nacionalizar el gas, el petróleo, la electricidad y el agua, no daría libre entrada a las multinacionales, al menos en una fase inicial. «El litio es la gasolina del futuro y Bolivia tiene las reservas más grandes del mundo», me explicó Hernando Larrazábal, exrepresentante boliviano en el Banco Interamericano de Desarrollo y exministro de Morales, en un almuerzo en la librería Kramer en Washington, durante la asamblea anual del FMI. «Llegamos con retraso al litio», prosiguió. «En Chile llevan treinta años extrayendo y en Argentina veinte. Pero en esos países solo están las multinacionales. No han superado la fase de exportación de materia prima».

En el caso de Bolivia, la gran apuesta consistía en desarrollar tecnología propia para conseguir el carbonato de litio y sucedáneos y crear todo un proceso de industrialización. La primera fase del proyecto correspondería exclusivamente al Estado, siguiendo al pie de la letra la Constitución plurinacional, aprobada tras la primera victoria electoral de Morales, que afirmaba: «Los recursos naturales no metálicos existentes en los salares, salmueras, evaporíticos, azufres y otros son de carácter estratégico para el país». Después se invitaría a empresas privadas extranjeras a participar, pero siempre como socios minoritarios de la empresa estatal Yacimientos de Litio Bolivianos (YLB). Esto nada tenía que ver con la carta blanca que Chile regaló a las mineras multinacionales (una de ellas propiedad de la familia Pinochet) para explotar el litio del desierto de Atacama, al otro lado de la frontera. Un obsequio que, entre otras cien injusticias, provocaría la magnífica rebelión de los chilenos contra el elogiado modelo neoliberal en octubre de 2019. Morales pretendía construir una fábrica de baterías en el departamento de Potosí, tal vez en el mismo Uyuni.

Así crearía un perfecto contrapunto al Cerro Rico. El proyecto era cada vez más viable, insistía el Gobierno boliviano, porque el precio del litio se había multiplicado por cuatro en los últimos diez años, de cuatro mil a dieciocho mil dólares la tonelada. Más aún, se esperaba que la demanda de carbonato de litio se cuadruplicara en los próximos veinte años conforme los *lobbies* del automóvil aceptaran por fin que la era del motor de combustión había terminado.

Si los planes para una nueva industria del litio avanzaban, la coyuntura política se complicaba. La oposición a la permanencia de Evo en la presidencia se había convertido en una auténtica rebelión callejera. Tras perder un referéndum en el que proponía modificar la Constitución para permitirle cumplir un cuarto mandato consecutivo, Morales logró el apoyo del Tribunal Supremo para ser candidato bajo el dudoso principio de que optar a ser presidente es un derecho humano. Diez años antes, la oposición al recién elegido presidente se centraba en la ultraconservadora ciudad de Santa Cruz, desde donde se había intentado organizar un golpe de Estado y luego la secesión de la República. Ahora, se extendía por todas las ciudades, aunque la mayor parte de la población rural e indígena seguía confiando en Morales. Resultaba muy difícil defender el empeño de Evo por aferrarse al poder. Pero conversando con algunos enfadados manifestantes de la clase media anti-Evo un día de protesta, decidí que valía la pena hacer el esfuerzo. «La gente campesina nos quiere pisotear. Son atrevidos e insolentes, antes no era así», me dijo Jimena Machicao, vendedora autónoma de perfumes. La frase me recordaba otro libro de Galeano, *Patas arriba*. ¿No era América Latina la región en donde las clases medias privilegiadas pisoteaban a los campesinos? Quedaba claro que por «gente campesina» se refería a «gente indígena». Otros manifestantes, jóvenes que habían tenido la suerte de ir a la universidad gracias al éxito económico en los años de Evo, despotricaban contra el presidente por su escasa formación escolar. La ira de las clases medias, muchas de ellas recién salidas de las filas de la pobreza precisamente por haberse beneficiado de las políticas de Morales, iba *in crescendo*. Aquel día de febrero de 2018, mientras la contrarrevolución ensayaba en las calles de La Paz, entrevisté a Luis Alberto Echazú, viceministro de Tecnología responsable del proyecto del litio. Se esforzó por justificar la razón por la que Morales había decidido buscar otros cuatro años. «Evo es muy inteligente, pese a la falta de estudios. Es muy difícil encontrar a otros como él y hay proyectos muy importantes que tenemos que terminar», me dijo. Ni el Gobierno ni el partido de Evo, el Movimiento al Socialismo (MAS), querían poner en riesgo los proyectos de desarrollo y aún menos su buque insignia: la industrialización del litio. Una derrota electoral dejaría entrar a políticos de la oposición que seguramente optarían por abrir el salar a las multinacionales. En la nueva Guerra Fría por los recursos naturales, el imperio de Donald Trump explotaría cualquier señal de debilidad si Evo no estuviera al mando. «Evo es como Lula, único», remachó Echazú. Es más, Bolivia contaba con un plan que no caería nada bien en los centros del poder: «Lo que queremos a largo plazo es aprovechar la cantidad de litio de que disponemos para fijar su precio en los mercados internacionales; pactaremos con otros países productores». Sin duda, una OPEP para la era del coche eléctrico habría de poner los pelos de punta en Washington. De modo que el presidente preparaba la campaña para una cuarta presidencia, que llevaría a diecisiete sus años de inquilino en el palacio presidencial. Pese a los problemas presupuestarios provocados por la caída de los precios de otras materias primas, sobre todo el gas y los metales, Morales decidió pisar el acelerador del litio mediante un decreto presidencial. El Gobierno firmó un contrato con la pequeña empresa alemana ACI Systems —uno de los proveedores de baterías a Tesla, el vanguardista fabricante de automóviles eléctricos en California— para producir hidróxido de litio a partir del mineral extraído en el salar y fabricar baterías de ion litio para el mercado europeo. La empresa china Xinjiang Tbea Group-Baocheng haría lo mismo para Asia. Ambos serían socios de Yacimientos de Litio Bolivianos. Se preveía que en cinco años Bolivia podría llegar a producir 150.000 toneladas, el 20% del litio mundial. Sería un importante proveedor de China, cuyos planificadores calculaban que la nueva industria de coches eléctricos generaría en 2025 una demanda de litio de 800.000 toneladas anuales solo en China. En tiempos de fuertes tensiones geopolíticas entre China y Estados Unidos por el acceso a los menguantes minerales críticos, el litio parecía el «oro blanco» del futuro. La región de Potosí cobraría un *royalty* del 3% para completar la cadena nacional de suministro impulsado por el Estado, e YLB firmó un contrato con la fabricante de vehículos eléctricos Quantum para una planta en Cochabamba.

Parecía un plan de desarrollo nacional del que todo boliviano se sentiría orgulloso. Pero Morales infravaloraba la capacidad de la nueva derecha boliviana para movilizar a las clases medias urbanas contra todo lo que proponía, por mucho que intentara resolver las injusticias del pasado. Y subestimaba también el resentimiento histórico que yacía en las vetas más profundas de la traumatizada psicología de la capital potosina tras quinientos años de saqueos. Aquel Cerro Rico era «el ejemplo más claro de la caída hacia el vacío», según resumió Galeano. En las siguientes semanas el litio, siguiendo la estela de todos los minerales extraídos del subsuelo de Potosí a lo largo de cinco siglos, se convertiría en una maldición para el presidente indígena.

La némesis de Evo Morales en Potosí se llamaba Marco Pumari. Tenía treinta y ocho años, era hijo de minero e indígena, aunque jamás quiso que lo consideraran así, sino como un boliviano y un potosino entregado a la Biblia y no a la *pacha mama*. En su calidad de presidente del Comité Cívico

Potosinista, Pumari, ambicioso y oportunista, quiso imitar el éxito en la ciudad blanca y conservadora de Santa Cruz del comité cívico del ultraconservador católico Luis Fernando Camacho, el llamado Bolsonaro boliviano, autodenominado el «macho Camacho» y heredero de los fascistas croatas asentados en Santa Cruz. Camacho había encabezado constantes paros (protestas a veces violentas diseñadas para paralizar la ciudad) contra el presidente de izquierdas a lo largo de los años. En Potosí, mucho más pobre que Santa Cruz y mucho más indígena, lograr levantar al pueblo contra Morales sería una tarea bastante difícil. Pero, tres semanas antes del inicio de la campaña electoral de octubre de 2019, Pumari dio con la fórmula perfecta. Rentabilizaría un agravio histórico: el miedo colectivo en la ciudad a que la extracción de las riquezas del subsuelo beneficiara a otros, no a los potosinos.

Se produjeron lógicas dudas sobre la viabilidad del plan de Evo para crear una cadena industrializada desde el litio del salar hasta el coche eléctrico de Quantum. Los medioambientalistas se preguntaban cómo se sacaría el agua del subsuelo para el proceso de extracción sin hundir la capa de sal en la superficie y así fastidiar los selfis de un millón de turistas, por no decir las parcelas de quinoa de los campesinos de alrededor. Al otro lado de la frontera con Chile, la minera Soquimich, cuyo primer accionista era el yerno de Pinochet, se había convertido en uno de los blancos de las protestas chilenas debido a la contaminación y al despilfarro de agua de sus operaciones de extracción en el desierto de Atacama. Nadie quería que pasara lo mismo en Bolivia. Otros señalaban la baja concentración de litio en las salmueras de Uyuni, siete veces menos productivas que las chilenas, y la lentitud del proceso de evaporación debido a la mayor humedad a cuatro mil metros de altitud, frente al árido desierto chileno de Atacama. Los conservadores fiscales dudaban de si los diez mil millones de dólares invertidos en el proyecto hasta la fecha se habían gastado con buen criterio. En general, la idea de fabricar automóviles en los Andes parecía demasiado optimista, si no fantasiosa. Pablo Solón, examigo de Evo y su primer embajador ante las Naciones Unidas, que había roto con el presidente cuando comenzó a pactar con las grandes empresas de la agroindustria y la minería, se preguntaba por qué se había concedido un contrato de setenta años de duración a una pequeña empresa alemana de solo veinte empleados, escasa experiencia en la extracción del litio y escasa capacidad financiera. «Deberían haber elaborado por sí solos el hidróxido de litio, con dinero del Estado, sin socios», defendió Solón. Eran todas críticas válidas. Pero costaba imaginar que Morales pudiera ser tachado de vendepatrias y traidor por promocionar lo que era un proyecto de desarrollo industrial nacional. Pumari, sin embargo, comprendía muy bien el poder revolucionario del victimismo en Potosí. El joven potosino se había convertido en el líder de una nueva política de identidad emergente en toda Bolivia, que algunos sociólogos y periodistas calificaban como la rebelión de los «ningunos». Esos bolivianos que no eran ni propiamente indígenas ni propiamente blancos. Y al igual que en otros países donde el racismo yacía enterrado en el substrato de la psicología nacional, estos «ningunos» se convertían en la carne de cañón de la nueva derecha. Pumari supo rentabilizar su resentimiento como nadie porque era uno de ellos. Arremetió contra el presidente indígena por vender los recursos del salar de Uyuni sin que Potosí se viera beneficiado. «Este gobierno persiste en entregar los recursos naturales del departamento de Potosí a las manos de las empresas transnacionales», despotricó el joven líder de la derecha. Un *royalty* del 3 % era insultante, protestó, teniendo en cuenta que Camacho y el movimiento ciudadano de Santa Cruz habían logrado un *royalty* regional del 11 % para el petróleo extraído de las tierras orientales. Pumari pronunció furiosos discursos contra el plan del litio y logró el apoyo de la derecha y de parte de la izquierda potosinas. Contaba asimismo con el respaldo de muchos de esos pequeños empresarios mineros, los que habían llegado a sacar unos ingresos razonables de lo que quedaba en las minas potosinas y que se resistían a los intentos de Morales de nacionalizar y regularizar la industria (en 2016 un grupo de mineros autónomos llegaron a matar a golpes al vicepresidente de Morales, Rodolfo Illanes, en una región minera cerca de La Paz).

Ya aliados los «ningunos» y los mineros autónomos con las clases medias profesionales de Potosí, Pumari descubrió de pronto una identidad regionalista y se sumó a Santa Cruz —siempre secesionista cuando la izquierda gobernaba en La Paz— en la presión por conseguir más autonomía para los potosinos y hasta un Estado federal. El comité cívico organizó bloqueos por toda la ciudad y manifestaciones, a veces violentas. Juntando el delirante evangelismo antiindígena de Camacho con la defensa de la soberanía de los recursos naturales, Pumari confeccionó un discurso demoledor contra el Gobierno. Llegó a declararse en huelga de hambre para reivindicar un trozo más grande del pastel de la industria del litio para Potosí.

Finalmente, Morales cedió y retiró el decreto presidencial. Rompió el contrato con la empresa alemana, tal como Pumari había pedido. Se comprometió a invertir en una fábrica de baterías en la ciudad de Potosí y a trasladar la sede de YLB desde La Paz a la caótica ciudad de Uyuni en medio del salar. Tal vez hasta podrían negociarse los *royalties*. Pero ya era demasiado tarde. La campaña potosina contra el plan del litio se había metamorfoseado en una campaña golpista contra Morales. «Hemos ganado la batalla [del litio], pero lamentablemente de nada puede servir nuestra lucha si Evo Morales se mantiene en el poder», anunció Pumari. El presidente había ganado en la primera vuelta electoral por un margen muy estrecho tras un sospechoso silencio del Tribunal Electoral Supremo durante la noche de los comicios. Los inspectores de la Organización de Estados Americanos (OEA), ahora más que nunca un instrumento geopolítico de Washington bajo su obediente secretario uruguayo Luis Almagro, cumplieron con las expectativas y denunciaron un fraude en la noche electoral antes incluso de terminar el recuento. Días después, tras una auditoría realizada en un tiempo récord, los inspectores de la OEA declararon fraudulento el resultado y Almagro instó a Morales a ir a una segunda vuelta. Pero Pumari y Camacho querían ya la cabeza del presidente. Intensificaron los paros cívicos y empezaron a coordinar ataques contra edificios públicos y los domicilios de ministros y líderes del MAS de Morales. Una turba entró por la fuerza en la casa del presidente, que buscó refugio en su feudo, en la zona cocalera del Chapare. Otros opositores violentos quemaron la casa de su hermana y de un ministro.

Los seguidores de Morales respondieron con otros ataques. Pumari ya competía con el evangélico Camacho por hacerse dueño del lenguaje de la nueva cruzada contra el pagano indigenista. «¡Deben devolver la palabra de Dios al palacio de Gobierno; ya basta de herejes!», arengó el joven potosino en un mitin en Los Yungas. Horas después, la policía se amotinaba contra el presidente en varias ciudades. Camacho y Pumari se desplazaron a La Paz desde sus respectivas ciudades y se dirigieron, escoltados por decenas de policías sublevados y una multitud de opositores enfervorecidos, al palacio presidencial, que Morales había abandonado el día anterior, tal vez consciente del destino de otro presidente boliviano, Gualberto Villarroel, que en 1946 fue apuñalado y golpeado por una turba y luego colgado de una farola en la misma plaza. Una vez dentro, Pumari y Camacho se arrodillaron, anunciaron que «Dios vuelve al palacio», colocaron una Biblia encima de una bandera boliviana y rezaron el padre nuestro. Dejaron una carta de renuncia presidencial que ellos mismos habían redactado para que Morales la firmase. El domingo 10 de noviembre Morales renunció y al día siguiente volaba a México, tras concederle asilo político el Gobierno de Andrés Manuel López Obrador.

Pumari había «derrotado a Morales con su propio discurso, el de las transnacionales, la entrega a los extranjeros, que los alemanes y los chinos nos van a robar», me explicó Gonzalo Chávez, un economista de la Universidad Católica de La Paz. «Todos los bolivianos son nacionalistas, y más los potosinos: y todos creen que los recursos naturales son los que nos tienen que salvar; Pumari lo aprovechó». No sería la primera vez que el fascismo secuestraba el discurso de la izquierda.

La renuncia de Morales pareció consumar la victoria del nuevo movimiento potosino de Marco Pumari. Sin embargo, en municipios rurales del departamento de Potosí el cambio de régimen no provocó las mismas escenas de alegría que en la capital. «El campo está con Evo, pero la ciudad no», me dijo una indígena que cruzaba a Uyuni desde Chile en el mismo autobús que yo. Es más, a pesar de su retórica, la nueva derecha que se preparaba para tomar el poder en Bolivia parecía mucho menos interesada que Evo Morales en crear una industria nacional del litio. Los seguidores de Morales empezaron a destacar un posible vínculo entre la operación contra Morales y el salar. «Este golpe de Estado es porque Estados Unidos quiere nuestro litio», me comentó un manifestante aimara que participaba en una concentración de protesta cerca de la plaza Murillo, en La Paz, días después de la renuncia de Morales. Una concentración que contaba con la presencia de la policía antidisturbios y de fuerzas militares, protegidas por la firma urgente de un decreto del nuevo Gobierno interino que las eximía de responsabilidad penal en caso de causar la muerte de algún manifestante antigolpista durante las protestas. Ya habían muerto abatidas por los disparos una veintena de personas.

Donald Trump calificó la salida de Morales de «momento significativo para la democracia en el hemisferio occidental». El día después de proclamarse presidenta y llevar un enorme ejemplar de la Biblia a la sede de Gobierno, la senadora Jeanine Añez anunció que había establecido relaciones con Juan Guaidó en Venezuela y que Bolivia se retiraría de las organizaciones Unasur y Alba, creadas por los Gobiernos de izquierda en América Latina una década antes como alternativa regional a la OEA. Washington había logrado en cuarenta y ocho horas imponer su agenda geopolítica en La Paz, y el equipo de Morales en México advertía que pronto Trump impondría también la agenda económica de sus transnacionales, sobre todo en un sector tan interesante para General Motors o Tesla como el litio. «No tengo pruebas, pero es muy probable que este golpe tenga que ver con la disputa global por el litio», resumió Álvaro García Linera, el vicepresidente de Morales que se fue a México con el expresidente. Al ser preguntado sobre qué haría con las empresas estatales, el ministro interino de Desarrollo, Wilfredo Rojo, respondió: «Hay muchas opciones. Se las puede alquilar, capitalizar con capital privado, vender o cerrar». ¿Esto valdría para Yacimientos de Litio Bolivianos?

Nada puede descartarse en la turbia historia del golpe contra Morales. Pero, como en el caso del niobio de Bolsonaro en Raposa Serra do Sol, había una cruel ironía en la historia del litio. Con su baja concentración, seis veces menor que en los salares chilenos, y elevados costes de producción, todos los analistas con los que hablé me aseguraban que el depósito de Uyuni difícilmente sería una prioridad ni para Washington ni para Pekín. Australia, Chile y los depósitos de litio propios de las dos potencias (el del lago Zabuye del Tíbet y el del desierto de Nevada) eran mucho más importantes. El apoyo estadounidense al golpe en Bolivia, más que con el litio, seguramente tenía que ver con factores ideológicos —y electorales en el caso del estado de Florida—. En concreto, el deseo de rematar el socialismo del siglo XXI en América Latina y explotar el revés que había de suponer para Venezuela la caída de Evo Morales. Asimismo, la indignación azuzada por la derecha golpista de Pumari en Potosí por el contrato con los alemanes y los chinos no tenía fundamento alguno. Las multinacionales líderes del sector, tras analizar la viabilidad del salar de Uyuni, no se habían mostrado demasiado interesadas. De modo que a Evo no le quedó más remedio que asociarse con ACI Systems y las empresas chinas. Tanto el joven líder de los enfadados «ningunos» como el mismo Evo Morales sobrevaloraban el valor del litio boliviano. Todo indicaba que el papel del litio en el golpe contra Morales era mucho mas simbólico que real, un pretexto para sacar rédito del resentimiento histórico de Potosí hasta un grado superlativo. Porque, en el país de Potosí, como bien sabía Marco Pumari, que pronto se presentaría a las elecciones presidenciales en tándem con Camacho, jamás convenía desaprovechar las oportunidades creadas por la psicología acomplejada de las venas abiertas de América Latina.

SEGUNDA PARTE
ALIMENTOS

9

QUINOA
(UYUNI, BOLIVIA)
EL AUGE Y LA CAÍDA DEL GRANO MILAGRO

Hechizada por Pumari y por los poderes místicos del oro blanco, la capital potosina celebraba la caída de Morales. Pero en el campo del suroeste del departamento de Potosí, al otro lado del salar de Uyuni, los concejales del ayuntamiento del pequeño municipio de San Agustín, a una hora de la frontera chilena, pusieron cara de póquer cuando abordé la cuestión del futuro sin Evo. Eran todos del Movimiento al Socialismo (MAS), y la noticia inesperada de la renuncia y la marcha a México de Morales y su equipo habían caído como cien toneladas de lava del volcán Ollagüe (5.868 metros de altura), que dominaba el horizonte al oeste, en dirección al desierto de Atacama. El ayuntamiento temía por sus proyectos sociales en una zona que, como todas las áreas rurales, se había visto transformada gracias a los programas de desarrollo y a las transferencias antipobreza del Gobierno de Morales. Pero su principal preocupación fue el futuro de una nueva planta de procesamiento del grano de quinoa en la que el Estado había invertido cuatro millones de bolivianos. Es decir, medio millón de euros. «Creemos que la planta está a salvo porque ya tenemos casi toda la financiación, pero no se puede estar seguro de nada en estos momentos», me dijo Emilio Muraña Huanca, el responsable de gestión económica del pequeño municipio en medio de una de las zonas más importantes de producción de quinoa de Bolivia. «La quinoa es nuestro gran reto», añadió el alcalde, Juan Tomás Catur, en un castellano depurado del quechua. En San Agustín, cabe añadir, no se trataba de cualquier quinoa, sino de la quinoa real, la pata negra del grano más cotizado del mundo.

La quinoa se había puesto de moda de manera espectacular a principios del siglo XXI, al menos entre las clases medias de los países desarrollados, donde la reacción contra el gluten estaba transformando el régimen alimentario de millones de personas. Al igual que ocurrió con el aguacate, la quinoa se convirtió en un superalimento codiciado por sus propiedades saludables. Tiene dos veces más proteínas que el arroz o la cebada y es una fuente excelente de calcio, magnesio, fósforo, potasio y sodio, así como de vitaminas B y E. Y nada de gluten.

Y el cereal de los quechuas resultaba aún más atractivo que el aguacate para los consumidores de los países ricos en plena rebelión contra el capitalismo globalizado del *big food* (gigantes de la agroindustria como Nestlé, Unilever, Cargill o McDonald's). Conforme pasaba el tiempo, iba quedando cada vez más claro que estaban destruyendo el planeta y la salud de sus habitantes. La quinoa era, a fin de cuentas, junto con la patata, la principal comida de subsistencia de los campesinos quechuas y aimaras del altiplano andino. Fue uno de los alimentos esenciales que permitieron la expansión demográfica de las grandes civilizaciones precolombinas en los Andes. Conforme los movimientos de reivindicación indígena llegaron al poder en Bolivia y Ecuador a partir de 2005, este resistente grano se fue convirtiendo en un alimento que representaba no solo la salud física, sino un compromiso cultural y tal vez político.

La explosión de la demanda internacional de quinoa había sembrado una semilla de esperanza en la población quechua de las comunidades rurales en el sur de Potosí, y coincidió con los primeros años eufóricos de Morales. Las extremas condiciones climáticas, a alturas de cuatro mil metros sobre el nivel del mar, eran perfectas para cultivar el superalimento. Se registraban temperaturas de cero grados de noche y veintiún grados de día, un reto para la supervivencia que, según se decía, había reforzado la composición genética del cereal en un proceso darwiniano, amén de las sofisticadas técnicas agrícolas de miles de generaciones de campesinos indígenas. El calor seco y la intensidad de la radiación solar también ayudaban a que la quinoa fuera un superalimento. La tierra volcánica proporcionaba un abono nutritivo. Algunos científicos sostenían que, debido a la proximidad del salar, la planta de la quinoa real era una variedad más fuerte que realizaba una clase distinta de fotosíntesis. «En el salar de Uyuni no crece casi nada, pero a unos kilómetros tenemos tierra y un microclima excepcional para la quinoa real», me explicó Hugo Bautista, agrónomo quechua y autoridad sobre el salar, mientras nos dirigíamos en su todoterreno hacia San Agustín por una carretera bloqueada en algunos tramos por rebaños de llamas blancas. Un lago estacional había inundado el valle del alto desierto y se veían los puntos rosáceos de los flamencos andinos que se alimentaban de los microbios del agua salada. La tierra era propiedad comunal, las llamas pastaban libremente y las autoridades indígenas asignaban las dimensiones de las parcelas de quinoa según las necesidades de las familias quechuas y aimaras. «Dentro de dos meses, cuando se acerque la cosecha, todo esto será de colores: rojo, morado, ocre, rosa», dijo Bautista señalando su tierra de volcanes. «Es un nicho único; no hay otra parte del mundo que produzca una quinoa real como la nuestra».

En el pasado, como todo lo relacionado con la cultura indígena, la quinoa, incluso la quinoa real, había sido despreciada por gran parte de la población boliviana, hasta por los propios indígenas. Era «comida de pobres», o peor, «comida de indios», se decía. Pero en el nuevo siglo de revoluciones indígenas en Bolivia, en Ecuador y, en menor medida, en Perú, entre los años 2000 y 2005, la percepción que se tenía de la quinoa se transformó de manera espectacular. Ocurrió primero, como suele pasar, que la adoptaron en los restaurantes de moda en Europa y Estados Unidos. Luego, las clases medias de los países andinos. En Bolivia, los indígenas, sobre todo los aimaras de El Alto, la ciudad colindante con La Paz, empezaron a sentir cierta autoestima cultural por primera vez en quinientos años, manifestada con mayor o menor fortuna en las pasarelas de moda para las «polleras» (faldas) de lujo y en la posmoderna arquitectura «cholet» (neologismo de la fusión de *chalet* y *cholo*, el apelativo usado para indígenas y mestizos), edificios rococós de cuatro plantas construidos para la nueva burguesía comercial aimara.

    La moda del superalimento en los desayunos de Nueva York, Barcelona o Londres durante el *boom* de la quinoa pronto impactó económicamente en las comunidades de campesinos de San Agustín y sus alrededores. El precio de la quinoa fue subiendo de 40 dólares el quintal (45 kilos) en 2005 hasta 350 dólares el quintal en 2013, un aumento del 800 %, cuando Evo y su entonces homólogo en la presidencia peruana Ollanta Humala organizaron el Año Internacional de la Quinoa (2013) con un marketing global. Fue un éxito espectacular. Las exportaciones a escala mundial se multiplicaron por siete en cinco años.

    Sin embargo, la apuesta de Evo por la quinoa tenía sus pros y sus contras. En realidad, era una de las dos caras de la esquizofrénica política de desarrollo en la que Morales, al igual que otros Gobiernos de la ola progresista latinoamericana, intentaron reconciliar la *pacha mama* con el mercado global de las *commodities*. A la vez que intentaba apoyar a los pequeños productores del cereal milenario de los quechuas y aimaras, el presidente había seguido el ejemplo de Lula y Dilma al otro lado de la frontera brasileña al pactar la convivencia con los grandes intereses agroindustriales de ganado y soja en Santa Cruz y el este del país. Las consecuencias serían tan catastróficas para el bosque en regiones como Chiquitania como lo habían sido para el cerrado brasileño. En la estación seca del año 2019, miles de incendios forestales arrasaron quince mil kilómetros cuadrados de bosque en el este de Bolivia, al igual que en Brasil, conforme los ganaderos usaban el fuego para deforestar. Después de los bueyes llegaría la soja. «El Gobierno implementó el programa del agronegocio», explicó Solón, que había diseñado los primeros programas del *sumak kawsay*, del buen vivir, basados en un nuevo modelo de desarrollo alternativo a la minería y la gran agroindustria de exportación. Morales, al frente de una coalición que incluía a los indígenas, campesinos cocaleros, trabajadores urbanos, mineros y estudiantes, lo adoptó para las elecciones de 2006 y cosechó una victoria espectacular. Pero el buen vivir no duraría ni dos años. Su amistad con Pablo Solón tampoco.

Quedé con Solón en la humilde sede de su fundación en el centro de La Paz, una semana después del golpe de Estado contra Morales —que para Pablo no era un golpe de Estado, tal vez porque el odio de viejos compañeros de lucha es el más visceral—. «Nuestro proyecto original, plasmado en el lema del buen vivir, era salir del extractivismo —me explicó—. Íbamos hacia un proceso de industrialización respetando a la madre tierra. Queríamos salir de esa lógica de ser un país que solo exporta materias primas y lo incorporamos en nuestro programa de 2006». Pero luego tuvo lugar el primer intento de golpe de Estado urdido en Santa Cruz y el intento de secesión de la llamada media luna (la región oriental) diseñado por la oligarquía agroindustrial —con el apoyo de la ultraderecha croata y su aliado el «macho Camacho»—. Morales logró abortar el complot, incluso se libró de un atentado contra su vida. Pero a partir de ese momento «ocurrió un cambio fundamental en la política de Evo —continuó Solón—. Dejó de pensar en cómo llevar a cabo el plan del buen vivir y empezó a pensar en cómo él se mantendría en el poder [...], y mantenerse en el poder supuso llegar a un acuerdo con los agroindustriales de Santa Cruz».

Para llevarse bien con la oligarquía de la media luna, el presidente tuvo que aprobar una serie de leyes y decretos favorables a la agroindustria. Primero les permitió seguir con la soja transgénica. Luego los biocombustibles. Luego la expansión de la frontera de los monocultivos hacia Brasil. Y este *modus operandi* «ha supuesto que se hayan quemado más de cinco mil hectáreas para deforestar y así poner ganado, soja y caña de azúcar para el etanol», dijo Solón. Morales lo hizo para mantener esa tasa de crecimiento en el 5 % y así financiar sus programas de reducción de la pobreza. Pero, como en el caso de Lula y Dilma, esa opción le supuso pérdidas de apoyo de aliados de la izquierda medioambientalista. «Todo el ingreso que se generaba en el *boom* de las exportaciones del gas no se aprovechó para transformar el aparato productivo y diversificar la economía. Se invirtió en políticas que podían ganar votos, como instalar la cancha de fútbol en el pueblo, pavimentar, repartir bonos (subsidios) para ayudar a la gente más pobre», explicaba Solón. «Y cuando llega la crisis de 2014 y cae el precio del gas, Evo intenta compensar el error del extractivismo de gas con otros extractivismos, la minería, la hidroeléctrica y la producción agroindustrial y ganadera».

La quinoa sería la prueba de que Evo, pese a buscar un *modus vivendi* con la oligarquía de Santa Cruz, no había olvidado del todo a los campesinos del altiplano y a la *pacha mama*. La idea era seguir los consejos de la FAO respecto a la introducción de alimentos campesinos en el mercado internacional y así facilitar una salida de la pobreza que no destruyera la cultura tradicional. Pero, como hemos visto en otros capítulos, cuando se trata de entrar en el mercado global de las *commodities* es difícil controlar las consecuencias. Con precios tan altos, todo el mundo se subió al carro de la quinoa. Se empezó a cultivar en Europa y en Estados Unidos, y el país vecino del Perú se dejó llevar por la nueva fiebre del cereal más demandado del planeta. La producción peruana subió en solo un año de 44.000 a 114.000 toneladas. Es más, la mayor parte del aumento no se produjo en el altiplano peruano, donde, al igual que en Potosí, los indígenas hacía milenios que cultivaban el supercereal. Eran los grandes agroempresarios de la franja costera peruana, sobre todo de la zona de Arequipa, los que habían sembrado quinoa en miles de hectáreas de suelo, y con la ayuda de pesticidas y fertilizantes lograban sacar en dos cosechas al año rendimientos inconcebibles para los quechuas de los Andes. En un frenesí de sobreproducción que Eduardo Galeano habría descrito con ironía mordaz, los precios de la quinoa, tras alcanzar las nubes, se desplomaron hasta el suelo. Pronto el precio del quintal regresaría a los mismos cuarenta dólares que registraba antes del *boom*. Tal vez como esos turistas en el salar de Uyuni, la búsqueda global del superalimento auténtico amenazaba con destruir lo que buscaba, en un proceso de masificación, auge y caída.

El viaje de ida y vuelta a la estratosfera del precio de la quinoa tuvo un impacto fuerte en las comunidades de campesinos en San Agustín. «En 2016 el precio del quintal subió hasta 2.400, fue una buena noticia. De repente bajó y luego subió; ahora está en 750 bolivianos (unos cien dólares)», dijo el alcalde. «Esto supone unos cincuenta bolivianos para los productores», explicó. Es decir, la volatilidad del precio era solo una parte del problema. Los campesinos quechuas, cuyas técnicas agrícolas milenarias habían convertido la quinoa en un superalimento, recibían solo siete dólares de los cien que se pagaba en el mercado internacional. Cualquiera que fuera la fase del ciclo de precios. El tono del alcalde se volvió cada vez más desesperado: «Vamos a tener una planta para lavar la quinoa y queremos industrializar, hacer galletas. Pero nuestra preocupación es el mercado. Si exportamos a Barcelona, los precios mejorarían, tal vez usted, señor periodista, nos puede ayudar».

Por si fuera poco, la zona del salar de Uyuni, en Potosí, no había logrado identificarse en los mercados de los países ricos como el granero de la quinoa real, producida solamente en determinadas zonas del altiplano. En los Whole Foods de Nueva York y las cooperativas de Barcelona los compradores no sabían de dónde venía la quinoa que compraban. «La gente compra quinoa dulce como si fuera quinoa real», dijo Hugo Bautista. «No hemos podido explicar la diferencia». Ni tan siquiera se había logrado obligar a los exportadores a poner una etiqueta «*Product of Bolivia*».

Bautista había intentado por su propia cuenta crear un certificado de origen. Pero «el Gobierno, en vez de apoyarnos, ha puesto barreras. Nos dijeron que podrían ayudar con lo del certificado si incluíamos Oruro, donde nació el presidente», explicó. La certificación de origen no podía conseguirse sin la recomendación de la Comunidad Andina de Naciones. Por lo que era necesario que la solicitud se gestionara a través del Estado, de la cancillería boliviana. «En lugar de tomar una decisión para apoyar la quinoa real, se tomó una decisión política. Como en todo, Evo Morales se rodeaba de gente que solo pensaba en la política y no en la técnica; por eso cayó del poder», resumió.

Hugo, al igual que Pablo Solón, era uno de los muchos desencantados del proyecto de Morales. Pero el dilema de Evo era fácil de entender. Ampliar la certificación para los productores de Oruro ayudaría a proteger a más pequeños productores de la competencia del agronegocio peruano. Al fin y al cabo, el 50 % de la producción boliviana de quinoa no procedía de esa zona de Potosí. Es más, la opinión científica estaba dividida entre quienes creían que la quinoa real del salar de Uyuni era diferente, con más proteínas y más propiedades saludables, y otros expertos que no diferenciaban entre la quinoa dulce y la quinoa real.

Asimismo, la apuesta de Morales por la soja y la agroindustria de exportación en el este, al igual que en el caso de Brasil, se basaba en la necesidad de mantener esas excelentes tasas de crecimiento que Bolivia había registrado durante los años de elevados precios en el superciclo. El modelo de generar divisas mediante la extracción de materias primas y luego distribuir las rentas había rebajado la pobreza extrema (menos de un dólar al día) del 39 % al 15 % de la población. Es más, sin el crecimiento facilitado por las exportaciones de materias primas no se podrían financiar los programas de desarrollo en los municipios, como esa planta de procesamiento de quinoa en San Agustín. El dilema era real y cabía pensar que las críticas a Morales ya no serían tan duras cuando se conociera lo que iba a venir después.

Eso sí, cuando contemplamos el horizonte espectacular, mas allá de las parcelas de quinoa, de los rebaños de llamas y los flamencos, la difícil elección entre adoptar políticas para crecer o para proteger parecía mucho más fácil. Los enormes volcanes dibujaban triángulos grisáceos contra el cielo celeste del salar. Algunos desprendían una pluma de humo blanco, lo que denotaba un volcán activo. Pero ninguno tenía nieve. «Hace diez años todos habrían tenido una capa de nieve a estas alturas del año, pero ya no», dijo Hugo. Al igual que en Puno y en Apurímac, el cambio climático estaba convirtiendo en una formalidad el debate de la izquierda respecto al modelo de desarrollo.

Las plantas de quinoa sembradas en septiembre ya habían asomado de la tierra con sus hojas gruesas y verdes. Pero muchas estaban agujereadas. «Tenemos plagas de mariposas. Parece que está todo bien, pero te descuidas un momento y en dos días lo has perdido todo debido a esas mariposas», se lamentaba Jorge Bautista Huanca, campesino quechua que labraba a mano su parcela de dos hectáreas. Las polillas habían destruido varias cosechas. «Antes no era así. Es porque las temperaturas han subido». Además del calor y la escasez de agua, el problema era la imprevisibilidad del tiempo. Las condiciones climáticas únicas del altiplano potosino de las que hablaba Hugo ya no eran de fiar. «Esta semana puede haber lluvia y la próxima semana un tiempo invernal, nadie sabe cómo va. Antes se preveía, se sabía cuándo podía haber heladas, ahora no», dijo Jorge, cuya cara expresaba un permanente gesto estoico, tan resistente como la quinoa, pero que no aguantaría lo que se avecinaba. «Que llueva en enero y en febrero, eso es lo que queremos. No queremos que llueva en marzo o abril, pero ha cambiado el tiempo y una helada lo mata todo si llega tarde».

De regreso a La Paz, decidí ir a probar algunos de los nuevos platos de quinoa de *haute cuisine* en el restaurante Gustu, del gran chef danés Claus Meyer, en la adinerada zona sur. Dueño del restaurante Noma (dos estrellas Michelin) en Copenhague, Meyer había sido uno de los primeros promotores internacionales de la quinoa real del salar de Uyuni por su convicción de que la cocina debía apoyar a las comunidades de pequeños agricultores. Eso fue a principios de siglo, y con el caché culinario de restaurantes como Noma, el grano andino empezó a despegar. Sin embargo, la noche en que fui a cenar no había ni un solo plato de quinoa en la carta de Gustu. «No tenemos quinoa porque es un producto que ya se usa muchísimo en Bolivia y en todo el mundo y lo están masificando», me explicó Marsia Taha, la chef ejecutiva boliviana de Gustu. «Bolivia ya no es el país de mayor producción de la quinoa. Perú tampoco. Los grandes productores están en

Estados Unidos y en Europa. De modo que queremos darles un impulso a otros granos del altiplano que no tienen la misma visibilidad. Todo se centra en la quinoa, pero hay diez o quince granos más en los Andes», añadió. Parecía un valiente contraataque al monocultivo global y al paladar adicto a las modas masivas. Pero Gustu solo tiene seis o siete mesas.

10

PATATA
(PUNO, PERÚ)

DEL CHUÑO A LA *POTATO CHIP*

No solía haber sorpresas desagradables para los turistas que visitaban la ciudad perdida de los incas en Machu Picchu. Llegaban desde Cuzco, a setenta y cuatro kilómetros de distancia, en el tren temático y *retro* gestionado por la empresa británica de vacaciones de lujo Belmond, tras presenciar una pasarela de moda de las últimas prendas de *baby* alpaca de la marca Michel Group, protagonizada por camareros convertidos en modelos. Las vistas eran espectaculares (hasta el techo es de cristal) y el turista podía admirar el «áspero paisaje» desde «un santuario de estética inspirada en Perú», según fantasea el folleto poscolonialista de Belmond Hiram Bingham —filial peruana de la multinacional, una referencia al arqueólogo y descubridor de las ruinas de Machu Picchu—. Hasta podía contemplar por las ventanas a las pintorescas mujeres aimara en su entorno auténtico sin la molestia de verse forzado a comprar sus panes, papas y empanadas, como solía ocurrir en los trenes y autobuses peruanos antes de la llegada de los servicios de élite. Crucé miradas con una de ellas a través del cristal, una mujer de cara rellena y ojos redondos que llevaba un sombrero de alpaca prensada tan pequeño que solo cubría la corona de la cabeza y dejaba ver el peinado trenzado, grasiento y tan negro que parecía azul. Me hizo un gesto de esos que significan «cómpreme» y, por un momento, recordando viajes anteriores en los lentos y mugrientos trenes andinos que aún pertenecían a los ferrocarriles del Estado peruano, me entraron ganas de bajarme y pedir un caldo de gallina con una patata deshidratada, el chuño, flotando en la sopa como la *pilota* catalana. O, al menos, que subiera ella al tren, como antes ocurría, y me vendiera una papa rellena, aunque estuviera manoseada por sus dedos y uñas sucios. Pero eso fue el pasado sin higienizar del turista en el altiplano. Antes del nuevo modelo de turismo latinoamericano que permite contemplar la realidad de extrema pobreza sin necesidad de contacto ni de acercamiento. Igual que los teleféricos que pasaban por encima de la favela Complexo do Alemão en Río de Janeiro y ofrecían vistas de los niños *pretos* jugando a *futebol* en el tejado de la infravivienda. «Nadie puede subirse al tren en las estaciones por cuestiones de seguridad», aclaró la azafata de Belmond, mientras servía un sándwich de queso con salsa al pesto. «Pero le puedo garantizar que los productos que vendemos en el tren están hechos a mano por indígenas». Herméticamente cerrados en el tren de cristal, los turistas disfrutaban «una experiencia sudamericana gastronómica única», continuaba el folleto escrito en el inglés impostado del marketing. «La indulgencia estará a la orden del día mientras el tren serpentea por las montañas. Podrás elegir entre un largo *brunch* o una cena decadente maridada con deliciosos vinos regionales, la cocina peruana perfeccionada», proseguía Belmond, filial de la firma global de lujo Louis Vuitton, Moët et Chandon y Hennessy (LVMH), que gestiona todo tipo de experiencias sibaritas de los privilegiados del planeta (por ejemplo, el hotel de seis estrellas Copacabana Palace, en Río de Janeiro). Una extracción de las venas abiertas de América Latina que ni Eduardo Galeano habría imaginado.

La visita al yacimiento arqueológico inca, la quinta maravilla del mundo según una gran encuesta digital de la opinión pública mundial, por encima del Taj Mahal y el Cristo Redentor de Río, solía hacerse con guía y, pese a las colas, quedaba tiempo para hacerse abundantes selfis con el templo del sol y la montaña, alfombrada de un bosque nuboso detrás, imágenes muy cotizadas en Facebook. Contemplando las ruinas, me preguntaba si algún joven turista, quizá tras hojear un libro del indigenista José Carlos Mariátegui o del presidente Gonzalo de Sendero Luminoso, podría resistirse durante un par de minutos a hacer otra foto y pararse a reflexionar sobre el porqué del colapso de las civilizaciones precolombinas. Por sobrepoblación, quizás. Escasez de agua. Cambio del clima... Pero el guía pronto sacaría a nuestro joven turista de ese momento de introspección. «Ok guys, let's move on! No time to think!» Había que estar en la estación de Aguas Calientes a tiempo para el tren de vuelta y para disfrutar del baile indígena interpretado por el revisor del tren vestido de jaguar y el «banquete sudamericano de cuatro platos» ofrecido por Belmond. El menú incluía la trucha *pumahuanca* a la sal gorda, maíz del valle sagrado, caviar kiwicha, causa de patata con marisco y un pisco sour.

El viaje a Machu Picchu era una de aquellas experiencias seleccionadas por Belmond, que se definía como «el *connoisseur* y máximo experto para crear una experiencia inolvidable *world wide*». Pero, con temperaturas récord en la alta selva peruana, la experiencia aquel mes de octubre por poco se convertiría en una pesadilla. Un grupo de turistas, tras subir a uno de los excelentes miradores utilizados por los incas para estudiar las estrellas e intentar calcular el día exacto del siempre inminente apocalipsis, otearon el horizonte y advirtieron una densa humareda que se alzaba desde los bosques. El humo negro se fue extendiendo por la ladera de la montaña acercándose a la ciudad sagrada de los incas. De repente, una densa nube de cenizas negras cayó sobre los turistas. Hasta tuvo que organizarse una evacuación. Al final, todo quedó en un susto, una foto singular del humo gris avanzando hacia el altar sacrificial del cóndor. Pero al día siguiente, el subgerente de normativa y gestión ambiental de la provincia de Cuzco, Edwin Mansilla, advirtió en el diario *La República* de Perú que «debido a la sequía, al aumento de las temperaturas y a la mayor cantidad de material seco en los bosques» la cifra de incendios probablemente se incrementaría. En efecto, durante las semanas siguientes se producirían veinte incendios solo en la provincia de Cuzco. Los factores de fondo, explicó Mansilla, eran «el cambio climático y el fenómeno de El Niño».

Perú es el tercer país del mundo más vulnerable al cambio climático, según el Tyndall Centre, el centro británico dedicado al análisis del clima global. Aunque otros países andinos, sobre todo Ecuador y Bolivia, sufren los mismos riesgos ante la subida de las temperaturas. Históricamente, el deshielo de los dieciocho glaciares tropicales de la Cordillera Blanca de Perú, así como el Cotacachi en Ecuador o el Chacaltaya en Bolivia, habían proporcionado un suministro fiable de agua a los dos millones de habitantes de la cordillera. Ya no. El Cotacachi y el Chacaltaya habían desaparecido. Los glaciares que aún resistían estaban retrocediendo vertiginosamente. Desde 1975 habían perdido más del 30 % de su masa. Los que se situaban a menos de cinco mil metros de altitud desaparecerían antes de 2035. La causa era obvia. Las dos estaciones meteorológicas de Puno, en el altiplano de Perú, recopilaban datos desde hacía medio siglo. Las temperaturas de esa zona andina habían subido 0,6 grados en quince años, y se preveía que subirán entre 1,3 y 1,8 grados más antes de 2030. Sería un golpe existencial para los habitantes del altiplano, ya que el deshielo de los glaciares proporcionaba agua durante los meses de escasa pluviosidad. «Los glaciares almacenan agua para soltarla gradualmente a los páramos, la principal fuente de agua potable en los Andes», me explicó Miguel Saravia, del Consorcio para el Desarrollo Sostenible de la Ecorregión Andina en Lima. «Por el momento, el agua del deshielo ha llenado lagunas que abastecen a muchas comunidades», dijo Suyana Huamani, de la ONG Derecho, Ambiente y Recursos Naturales. «Dentro de veinte años se habrán secado». Mientras el tren Hiram Bingham cruzaba los Andes y los turistas terminaban el festín de los sentidos andinos protegidos en la cápsula de cristal que recorría a diario el altiplano, los campesinos de los alrededores se iban acostumbrando a una nueva realidad. Habían tenido que bajar desde los altos de la sierra debido a la escasez de agua. Fue una decisión sumamente difícil para esos agricultores. Hacía siglos que sus antepasados vivían en las alturas porque la patata, el alimento de subsistencia de los Andes desde hacía miles de años, desde mucho antes de la llegada de los españoles, se cultivaba mejor en el clima frío de la montaña alta, donde había menos riesgo de plagas. Ya había aparecido en alturas más bajas del altiplano el temido tizón tardío, el hongo que provocó la catastrófica hambruna en Irlanda a mediados del siglo XIX que mató a un millón de campesinos irlandeses. El tizón tardío jamás había llegado antes a los Andes. Las subidas de temperatura amenazaban la seguridad alimentaria, garantizada durante milenios por miles de variedades de patata y aquel deshidratado chuño que yo había echado de menos en el añorado caldo de gallina. «El chuño se cosecha tras las heladas para conservarlo durante meses, incluso años, cuando hay escasez de otros alimentos», me explicó Zenón Choquehuanca, coordinador de la Asociación de Servicios Educativos Rurales en Puno. «Si no hay heladas, no habrá chuño».

*

A veces, en mis viajes por América Latina, encerrado en solitarias habitaciones de hoteles tropicales con ventiladores rotos y cucarachas debajo del minibar, he sentido una profunda empatía por la tragedia de los grandes héroes adictos de la literatura británica en México. Pero, a diferencia del cónsul de Malcolm Lowry o del whisky *priest* de Graham Greene, mi vicio no eran ni el mezcal ni el coñac, sino la patata frita de bolsa, sabor queso y cebolla o ají picante. O unas Pringles en el mismísimo minibar. Como otros muchos británicos, tengo adicción a la *potato chip* o *crisp*. Consumimos en el Reino Unido unos seis mil millones de paquetes de patatas fritas al año, ciento cincuenta por persona, y aunque seamos, con los estadounidenses, líderes de la liga del *crisp*, el resto del mundo está cerrando la brecha.

Todo comenzó, como siempre ocurre, en la infancia. Me enganché a las *crisps* de sal al vinagre y de queso con cebolla a los diez u once años de edad. Si estos sabores eran mi heroína, el del *roast chicken* (que no se parecía ni remotamente al pollo *a l'ast* catalán que aprendí a disfrutar en el restaurante Caracol del barrio gótico de Barcelona) fue la cocaína de ese triste caso de «crispomanía». A los veinte años, el vicio había llegado a un estado crítico en el que me producía un placer sin límites extraer el sabor a las *crisps* con largos lametazos dejando la patata para después. Solo me salvó, o eso pensaba, la decisión de ir a vivir a España a los veinticinco años. Allí aprendí que la patata frita de la churrería, servida con boquerones o mejillones, maridada con un vermú en los chiringuitos del parque del Retiro en Madrid, podía ser un aperitivo delicioso, un precursor de un buen cocido o besugo, y no un *snack* compulsivo como en el Reino Unido. Pero tras las nuevas concesiones de los chiringuitos del Retiro, la vieja patata frita procedente de las fábricas locales, como La Zamorana de José Jiménez en Toledo, iba siendo sustituida por la marca multinacional Frito Lay, la filial más lucrativa de la gigante PepsiCo, cuyas patatas *chips* ya consolidaban su implacable conquista del mercado global en la estela espumosa de sus bebidas hiperazucaradas.

La llegada de Frito Lay al Retiro sería un evento simbólico, porque la multinacional estadounidense no tenía ningún interés en defender, ni tan siquiera rentabilizar, el tradicional aperitivo madrileño, sino en rematar la conversión de España a la costumbre neurótica que había transformado la cultura alimentaria británica, estadounidense y pronto del mundo entero: el *snacking*. «El *snacking* es comer en cualquier lugar y en cualquier momento, comer mecánicamente, sin pensar, sin disfrutar», me explicó Michael Moss, premio Pulitzer del *The New York Times* y autor de *Salt, sugar, fat* (2013), una crítica demoledora al papel de las grandes multinacionales de comida basura en la epidemia de obesidad que arrasa el mundo. «Ha sustituido a las comidas en Estados Unidos y los gigantes de la industria de alimentos procesados se mueven ya por el mundo para promocionar un modelo alimentario tipo estadounidense», añadió, en una entrevista que poco a poco se fue convirtiendo en el diagnóstico de una crisis de salud pública que ya avanzaba por América Latina a ritmo de vértigo.

Para megaempresas como PepsiCo, que necesitaban expandir constantemente sus ventas y sus beneficios bajo fuertes presiones de los inversores de Wall Street, la clave del *snacking*, decía Michael, era crear adicción. Como bien rezaba el famoso eslogan publicitario de las *chips* de Frito Lay: «*Betcha can't eat just one*» («Apostamos a que no puedes comer solo una»); se trataba de enganchar al mundo lo antes posible. Esta cualidad adictiva, garantía de ventas en ascenso permanente, interesaba mucho a los inversores de Wall Street. «Los mercados bursátiles quieren productos que seduzcan a los consumidores. Y estos son los que llevan grasa, sal, azúcar», me explicó Michael. Tras perder cuota de mercado frente a Coca-Cola y estancarse las acciones, PepsiCo dependía cada vez más de la venta de patatas *chips* en cada país del mundo.

¿Cómo se hace una patata *chip* hiperadictiva según los requisitos de Wall Street? La respuesta se encontraba en el laboratorio de Frito Lay en Dallas, en el estado de Texas, donde un centenar de científicos, psicólogos y expertos en marketing, con un presupuesto de treinta millones de dólares anuales, desarrollaban la fórmula más placentera de sal y grasa, que se entremezclaba de forma explosiva con el azúcar natural en el almidón de la patata. Existía una jerga científica para cada sensación. El momento exquisito en el cual la saliva se mezclaba con la sal de la patata se conocía como *saliva burst* (explosión) y la sensación de la grasa deshaciéndose era el *mouth effect* (efecto boca). Aunque el almidón no era dulce, el subidón de glucosa provocaba nuevos ataques de hambre casi de inmediato. De ahí, claro, el «*Betcha can't eat just one*». Según experimentos neurológicos, un subidón de glucosa encendía el encefalograma cerebral igual que un chute de cocaína.

En los laboratorios de Dallas se iba ampliando la gama de sabores adictivos: barbacoa mezquite, pepinillo *deli*, queso cheddar y nata, chile jalapeño. En una respuesta patriótica de la América de Donald Trump, Frito Lay estrenó «diez sabores de América», entre ellos cangrejo picante (Washington, Chesapeake Bay) chile con queso (California sur) y *fried pickles* (Medio Oeste). En el Reino Unido, los nuevos sabores incluían costillas barbacoa, filete y cebolla, y pavo relleno. Y en América Latina, pollo frito y barbacoa eran los sabores más corrientes junto con, por supuesto, chile, limón y, en el caso brasileño, *peito de peru* (pechuga de pavo), que al menos es una especie autóctona. También se empezaba a cambiar la estructura química de la sal usada en la fabricación de la patata frita para crear un polvo extremadamente fino que podía ser absorbido rápidamente por la lengua. Así, la adicción se optimizaría y, además, las patatas provocarían una sed inaguantable, complemento óptimo para los beneficios espectaculares de las bebidas azucaradas y gaseosas de PepsiCo.

Una sinergia excelente para ser destacada en las videoconferencias con los inversores. La patata *chip* en realidad era una mera plataforma, un instrumento para inyectar los sabores en las venas de los niños de los cuatro continentes. Había visitado un rancho al otro lado de la frontera de Dallas, en Nuevo León, en la Sierra Madre mexicana, que suministraba las patatas para las operaciones mexicanas de Frito Lay. Llamaba poderosamente la atención el control minucioso sobre la forma exacta de la patata con la que se fabricarían las *chips*. Ser proveedor de Frito Lay, me explicó el ranchero Paco Chapa Góngora mientras me enseñaba el campo de patatas recién sembrado con la semilla patentada por la multinacional estadounidense, era un privilegio porque la empresa ofrecía una garantía a largo plazo de demanda y de precio. «Trabajar con PepsiCo proporciona estabilidad, pero tenemos que usar una clase de patata creada por Frito Lay y no se permite irregularidad ninguna. Vienen inspectores para controlarlo», me explicó Paco. Todo con objeto de crear la oblea uniforme y estandarizada para trasportar a las glándulas esa capa de sabor intenso a pollo asado o barbacoa que engancharía para siempre al cliente de PepsiCo. Sin olvidar la textura. Paco tenía que cultivar una patata que, una vez frita, cumpliera con la meta corporativa de ser *crunchy* (crujiente). «Se sabe que, cuanto más ruidoso es el sonido del *crunch* de una patata *chip*, más se come», resumió Michael. Ya había reparado, a lo largo de mis años en España, en cómo la palabra *crujiente*, casi inexistente cuando llegué, se colaba cada vez más en las cartas de los restaurantes, y en los locales donde más se entendía por dónde iban los tiros del paladar local y global, ni se traducía del inglés y se ofrecían platos como ensalada verde *crunchy*. En América Latina también aparecían por todas partes cartas con la adictiva palabra *crocante*.

Moss calificaba la patata *chip* —supuestamente inventada en Saratoga Springs (estado de Nueva York) en 1853— como el «producto más icónico» de la estrategia de la industria de alimentos industriales, conocida como *big food*, de cargar sus productos con azúcar, sal y grasa en busca de la adicción masiva, de los beneficios en aumento constante y de las subidas de precios bursátiles. La estrategia coincidía con la explosión de obesidad en Estados Unidos. Casi el 40 % de los estadounidenses son obesos. Tras quebrar la salud pública en Estados Unidos, las patatas *chip* emprendieron la conquista del planeta, con el *snacking* como avanzadilla militar o misión jesuita o templo evangélico. Y América Latina, cuyo vibrante castellano aportó al inglés las palabras y los diminutivos hechos a la medida del *chip* irresistible, crujiente, picante, adictivo como la cocaína de Colombia, definitivamente latinos, los Doritos, los Fritos, los Tostitos, todos de Frito Lay, sería la tierra de la verdadera carne de cañón. Ya se extendía por todas las Américas, con fuertes epidemias de obesidad, diabetes y enfermedades coronarias provocadas por las dosis explosivas de sal y azúcar. «Solo tenemos calcetines para diabéticos, pero seguro que le servirán», me dijo la dependienta de una lencería en Ciudad Guatemala cuando perdí mi maleta y tuve que comprar lo esencial en la capital guatemalteca.

Los chicos de once años en México, Centroamérica, Brasil, Chile o Perú, pronto estarían tan enganchados a los fuertes sabores de Frito Lay como yo. Ya no hacían falta arcabuces españoles ni marines estadounidenses ni varicela ni alcohol para convencer a los nativos de que tenían que modernizarse. Bastaba una bolsa de Ruffles onduladas y crujientes, de Lays sabor barbacoa, o de aquellos Cheetos de queso que enganchaban rápido a los peruanitos una vez que los millones de dólares gastados en publicidad hubieran demostrado lo aburrida que es una papa rellena o un plato de frijoles.

Frito Lay era un maestro del marketing de responsabilidad corporativa. Su entonces consejera delegada Indra Nooyi, una mujer india seleccionada al inicio de la expansión internacional para combatir las acusaciones que inevitablemente llegarían, se convirtió en la maestra del *greenwashing* (propaganda verde). El catalán Ramón Laguarta, que sustituyó a Nooyi en 2018, mantendría la apuesta de PepsiCo de ser una empresa que, mientras enganchaba al mundo al azúcar y a la sal, haría todo lo posible para proteger al mundo del peligro de la obesidad, la diabetes, el cáncer, la tensión arterial y las enfermedades cardíacas. PepsiCo participaba en cientos de proyectos de apoyo a la salud pública latinoamericana. Hasta anunció una campaña con el Banco Interamericano de Desarrollo denominada Proyecto Cuchara para combatir la obesidad infantil en Guatemala, México, Colombia y Perú. «En PepsiCo creemos que desempeñamos un papel esencial en la creación de alianzas público-privadas para mejorar la salud y la alimentación de las comunidades», anunció Nooyi en una reunión con el presidente colombiano del BID, el colombiano Luis Alberto Moreno.

Pero según un estudio de la Universidad de Harvard de 2011, con la participación de ciento veinte mil personas a lo largo de veinte años, la patata *chip* había provocado mayor aumento de peso que ninguna otra clase de comida basura. Una ración de quince patatas al día se tradujo en un aumento de peso de 0,74 kg, mucho más que los dulces. «La patata *chip* es el producto que más engorda», resumió Moss. Tal vez la expansión vertiginosa del consumo de *snacks* explicaría que en 2017 en América Latina, una región en la que cuarenta y dos millones de ciudadanos aún sufrían hambre, el 56 % de la población padecía sobrepeso y el 23 % era obeso.

En cuanto al otro ingrediente adictivo, la sal, los 180 miligramos de sodio de una bolsa pequeña de patatas Frito Lay rebasan el máximo consumo diario de sodio recomendado. Mientras que los Gobiernos de países como México y Brasil legislaban para que los restaurantes dejasen de poner saleros en la mesa, las bolsas de Sabritos y Tostitos y demás *snacks* se amontonaban en los hipermercados de Carrefour y Wal-Mart en grandes pilas colocadas estratégicamente por donde pasaban los niños llorosos reclamando a sus padres. El consumo diario de sal en América Latina ya duplicaba los cinco gramos recomendados.

No se trataba solo de la salud del *Homo sapiens*, sino del planeta entero. Porque, al ser ya un negocio clave de la industria global del *big food*, la patata frita es también uno de los productos responsables de las emisiones de CO_2 que están liquidando los glaciares de los Andes. Según un estudio del fabricante de patatas británicas Walker (compañía que luego sería adquirida por PepsiCo y asimilada a la marca Frito Lay), una bolsa de *chips* que pesa 33,5 gramos genera nada menos que 75 gramos de CO_2. Más del doble.

Esta huella de carbono dos veces más grande que su propio peso de un producto tan innecesario y dañino como una bolsa de patatas se debía al proceso entero en el que una patata se convertía en una bolsa de *chips*. Primero, al cultivo del tubérculo con pesticidas y fertilizantes. Segundo, al proceso de manufactura conducido por combustibles fósiles y a la conservación de las patatas mediante inyecciones de nitrógeno. Luego, a la distribución en enormes camiones. Y finalmente, a un billón de bolsas de plástico y aluminio, responsables de la catastrófica contaminación de los océanos y de aquella isla de plástico flotando en el Pacífico, del mismo tamaño de México y Guatemala, que ya empezaba a envenenar el plato estrella peruano, el ceviche.

Sintiéndome víctima y cómplice de esta tragedia, decidí ahondar más en las raíces de mi adicción y aprovechar aquel viaje a Perú para buscar los verdaderos orígenes de aquella bolsa de patatas acartonadas, cuyo sabor explosionaba en la lengua, y también la respuesta a una pregunta literalmente existencial: ¿cómo podía la patata, un producto milagroso de la naturaleza y de la técnica agrícola precolombina, crucial para la seguridad alimentaria del altiplano primero, y de millones de habitantes a escala mundial después, convertirse en una oblea refrita de grasas saturadas que se consumía obsesivamente en todo el planeta? La patata, alimento esencial de los incas y de otras civilizaciones andinas, era uno de los cuatro cultivos que habían apoyado el ascenso de las grandes civilizaciones en la historia del *Homo sapiens*. Y fue del que más horriblemente se abusó con la llegada del *big food* en el siglo XX. El trigo, el alimento básico de los antiguos egipcios, sufrió por supuesto un grave revés cultural y alimentario cuando Kellog's creó el Shredded Wheat y el Weetabix, plataformas insípidas para el consumo de cantidades ingentes de azúcar en el desayuno que pronto sería internacional. El maíz, el dios y la subsistencia de los mayas en Mesoamérica, sin duda se convirtió en algo mucho menos etéreo cuando Frito Lay empezó a vender Doritos y Fritos. El arroz, el *sine qua non* de la gran civilización mandarina, cayó muy bajo cuando Quaker inventó el Popped Rice Crisp. Pero la transformación más aterradora de la cultura milenaria en adicción masiva, enfermedades epidémicas y pingües beneficios multinacionales fue la degradación de la patata.

 Decidí desplazarme a Puno, en el altiplano sur del Perú, y quedar con Edilesa Olvea, una líder aimara que trabajaba estrechamente con los campesinos cultivadores de la patata. Olvea había organizado visitas a Lima de campesinos cultivadores de patatas en un intento por conectarlos con los chefs *celebrity* de la nueva cocina peruana, y me acompañó en un recorrido por las comunidades de la región. Fue durante las fiestas de la Candelaria. Cuando los campos de patatas estaban en flor, grandes manchas de color lila se extendían delante de los picos negros de los Andes, donde las mujeres aimaras, dobladas en sus parcelas, sacaban la primera cosecha.

*

En los pueblos aimaras y quechuas de las orillas del lago Titicaca, a 3.800 metros sobre el nivel del mar, la patata había sido el alimento de subsistencia desde tiempos de los incas. «La papa es el único de los cuatro alimentos que sostuvieron las grandes civilizaciones que tiene todo lo necesario para vivir», explicó Alberto Salas, del Centro Internacional de la Papa (CIP) en Lima, un organismo vinculado a la Organización de las Naciones Unidas para la Alimentación y la Agricultura, más conocida como FAO por sus siglas en inglés. La patata poseía otra cualidad excepcional. Era el único de los cuatro grandes alimentos que crecía a alturas elevadas. El cimiento nutritivo para el imperio construido en las nubes de los incas en Machu Picchu y en Cuzco. La patata fue llevada desde los Andes del norte hasta la costa, donde Colón la encontró en uno de sus viajes. Llevó patatas de regreso a España como alimento para el viaje y como trofeo para los Reyes Católicos. Y de paso dejó decenas de variedades en Tenerife (de ahí las famosas papas arrugadas de Canarias). Existen documentos que dejan constancia de que un hospital en Sevilla a mediados del siglo XVI pidió patatas para sus enfermos debido a su valor nutritivo. La patata fue un regalo mucho más valioso para la humanidad que el oro saqueado de estas mismas montañas. Pero los pueblos andinos no solo tenían la materia prima, sino también la ciencia. Lograron desarrollar más de cuatro mil variedades de patata mediante selección natural y una suerte de ingería genética. Asimismo, elaboraron un proceso de conservación que garantizaba la subsistencia en tiempos de escasez, al deshidratar las patatas y convertirlas en chuño y tunta. Al concentrar por un factor de diez las extraordinarias propiedades de la patata, desde la vitamina C a las proteínas y los hidratos de carbono, el proceso de deshidratación se convirtió en un elemento clave de la seguridad alimentaria del altiplano. «La papa es el regalo de los Andes al mundo y la papa deshidratada es el invento que los Andes han regalado a la humanidad. Multiplica por diez las propiedades frente al peso; lo hacían hace diez mil años y siguen haciéndolo», me había explicado Salas en el campus del centro en las afueras de Lima, por donde pululaban expertos en alimentación de los cinco continentes. «Se suele hablar de la plata de Potosí, pero no habría sido posible sin los chuños transportados a la montaña gracias a su bajo peso que alimentaron a los mineros». En el mercado callejero de Juliaca, otra ciudad del Titicaca, las campesinas extendían telas en el suelo llenas de cientos de patatas deshidratadas del tamaño de una pelota de golf, el chuño grisáceo o negro, la tunta blanca como la luz andina. Igual que diez mil años atrás.

Aparte de sembrar el caos en el ciclo del cultivo de la patata, el cambio climático ha tenido dos efectos permanentes sobre el proceso de deshidratación y conservación de los aimaras, según los expertos del CIP. Primero, es cada vez más difícil elaborar chuño en altitudes más bajas. «Cada vez más tienes que ir a 4.200 metros para tener heladas suficientes», decía Salas. Con aires de detective a lo Hércules Poirot o Carvalho, investigaba la genética de la patata y el impacto de los cambios del clima como si se tratara de un análisis forense de un crimen atroz. En segundo lugar, las temperaturas más altas han elevado la probabilidad de plagas y parásitos. «Hay una polilla que ya hace estragos con el chuño cuando está siendo almacenado. Mis padres almacenaban chuño a 3.200 metros en Ayacucho, pero ahora en treinta días se llenan de polillas». Tampoco hay tanta agua corriente para la siguiente fase de la deshidratación.

«Cosechamos de mayo a julio, pero si guardamos la papa sin tratarla se malogra», me explicó Edgar Ramírez, uno de los líderes de las comunidades. «Utilizamos las heladas para transformar la papa en chuño y tunta, que duran años, pero es imposible saber ahora cuándo habrá heladas, aunque usamos el teléfono celular para llamar al servicio meteorológico», me explicó sentado en el suelo, en medio de los campos de patatas. Mientras hablaba se oían pequeñas explosiones que resonaban por el aire enrarecido del altiplano. Eran los petardos que los aimaras usaban para proteger el cultivo de las granizadas. «Si cae la granizada, aplasta las papas antes de la cosecha. Cuando sabemos que viene, botamos cohetes para deshacer la nube», explicó Ramírez. Pero todo ya es imprevisible, tanto las heladas necesarias para el chuño como las granizadas que estropean el cultivo. «Hace más calor aquí ya. A veces llueve mucho y a veces no llueve nunca. Y vienen heladas en los meses de enero y febrero después de la siembra que nos perjudican, pero cuando necesitamos las heladas para congelar el chuño no hay», explicó Nélida Virginia Peralta Escobar, una madre de la comunidad aimara de mirada vivaz y mejillas rojas que se desplazaba por los pueblos en motocicleta.

El proceso de deshidratación es complejo e ingenioso. Tras la cosecha se seleccionan las patatas que serán convertidas en chuño y tunta. Se extienden las patatas al aire libre durante la noche para que la helada las congele. Luego se colocan en canastas sumergidas en el agua de los ríos andinos, durante tres semanas en el caso de la tunta. En algunos casos se vuelven a congelar con otra helada. Finalmente se quitan las pieles. «Antes lo hacíamos aplastándolas con nuestras sandalias, pero ahora tenemos la última tecnología, máquinas peladoras», dijo con una sonrisa irónica Edgar Ramírez. Almacenados en sacos de yute, los chuños y tuntas pueden durar hasta veinte años sin perder sus propiedades nutritivas.

Esa tarde, una decena de familias —las mujeres vestidas de faldas anchas y sombreros de paja— comieron pollo hervido acompañado por los tubérculos deshidratados en un almuerzo colectivo delante de sus viviendas de adobe. Lejos del *snacking* adictivo, fue un largo encuentro social y cultural en el que una decena de familias que vivían en distintas casas unifamiliares se juntaron para celebrar la primera cosecha. A las patatas deshidratadas se sumaban muestras de cientos de variedades de patatas cultivadas en el altiplano, algunas de colores vivos —rojas, amarillas, azules—. «Esta en aimara se llama la joven negrita», dijo Nélida. Después todos irían al baile al aire libre donde las polleras volaban en círculos como abanicos de colores que se cerraban y abrían al son cadencioso del huaiño andino.

La gastronomía peruana, con el ceviche de pescado al frente, se ha convertido en la moda de los sibaritas globales y de chefs (hombres como Gastón Acurio). Las «papas huancaína», del pueblo andino de Huancayo, hervidas y untadas en una salsa de chile amarillo y queso, así como la causa limeña, un pastel de patata con marisco, son otras estrellas de la globalizada nueva cocina peruana. Pero la moda pasa de largo para el chuño y la tunta. El ceviche se suele comer con campote, la patata dulce de las tierras bajas y tropicales. En Puno los platos más ricos apenas han bajado de los solitarios picos de los Andes y los chefs son mujeres aimaras sin celebridad ni nombre. «Nosotras administramos, trabajamos en la chacra [granja, del quechua] y en la casa también. Y somos las cocineras», explicó Nélida, dejando claro que la división del trabajo por género no era tan equitativa como cabía esperar en una sociedad sin apenas propiedad privada ni clases sociales.

Las patatas deshidratadas se comen también en sopas, tal vez tras echar una salsa verde de uchu (chile) y de la hierbabuena andina huacatay, o con cilantro (oriundo de Asia). A veces se sancochan (hierven) y se gratinan con queso (en el libro *La cocina aimara* de Hernán Cornejo, se recomienda añadir una hoja de la menta andina muña y media cucharadita de café de anís). La tunta hasta puede servir de comida rápida para mujeres aimara muy ocupadas que se levantan a las tres de la madrugada y trabajan en el campo hasta el atardecer. «La podemos preparar rápido. El chuño hay que dejarlo en remojo durante un día o más, pero a la tunta solo hace falta dejarla unos minutos. Cuando llegamos cansadas de la chacra hacemos platitos de tunta», dijo la madre de otra familia en el almuerzo, Loyola Escobar. Cada variedad de patata, bien sea fresca o bien deshidratada, tiene un sabor y una textura distintos.

Mientras hablábamos sentados en el césped, se me ocurrió plantear una cuestión que habría fascinado tal vez a los científicos de sabores de Frito Lay en Dallas y a los creativos de marketing de la experiencia del tren temático de Belmond: «Ustedes son bilingües. ¿Tienen palabras en aimara para describir los sabores que no existen en español?». Las mujeres aimaras se miraron unos segundos y luego les salieron de manera espontánea y descontrolada una serie de adjetivos que no sabían traducir con exactitud, tal vez porque esos sabores no los conocía el paladar de los conquistadores, ni el de los turistas de Belmond, ni mucho menos el de quienes, como yo, nos habíamos viciado con el sabor salsa barbacoa y queso cheddar. «Sí. Tenemos *quiispiña, aco, quiia, mamora*... Son diferentes sabores: sabor a quinoa, a harina, a chuño». Las mujeres se rieron de mis intentos de pronunciar las palabras. Fuimos comiendo las patatas y los chuños y las tuntas, cuyos sabores, desde el amargo al dulce, no entraban en la gama de sabores salados y picantes del laboratorio Frito Lay en Dallas. Su textura, a veces pastosa, a veces más dura, no tenía nada del crujiente del «*Betcha can't eat just one*». Aunque lo *crunchy* y lo *crocante* habían conquistado España y gran parte de Lima, el altiplano parecía todavía territorio liberado del invasor. Al menos que yo supiera, no existía una palabra en aimara equivalente. Eso sí, los equipos lingüísticos del marketing de Frito Lay, autores del Dorito y del Tostito, habrían tomado apuntes en sus iPads cuando las mujeres aimaras soltaron, como poetas en un *stream of consciousness*, largas series de diminutivos para describir las masas de harina (de trigo y quinoa) que sus abuelos preparaban en cueros de oveja. «¡Y así hacían, tajaditas, rallititas, cucharaditas así, así!», exclamó Nélida, recordando su infancia. «Ya no; somos modernas», se rio. Tantas patatas consumidas a la vez secaban la boca y me imaginaba un vaso de chicha morada, la bebida precolombina de maíz. Pero los aimaras ya no elaboran chicha. Maridan su almuerzo con litros de Pepsi-Cola. «No todos los días tomamos Pepsi-Cola», explicó Loyola. «Hoy es fiesta; la Pepsi-Cola es un *cariño* de nuestras autoridades».

*

Tras conversar con Nélida, Edelisa, Loyola y Edgar sobre el futuro incierto de la patata, descubrí para mi horror que el otro tren andino, el que recorría la sierra desde Cuzco a Puno, ya se llamaba Andean Explorer y pertenecía a Belmond (LVMH) al igual que el Hiram Bingham de Machu Picchu. En ese otro tren de fantasías VIP y nostalgia privilegiada, los turistas podían disfrutar, mientras contemplaban el paisaje seco del altiplano y a las campesinas que recogían las patatas, «un festín de los sentidos, la tradición gastronómica andina reimaginada con creatividad», según decía el cursi folleto de la multinacional. Los pasajeros acudían al coche restaurante del tren *vintage* cuidadosamente restaurado para evocar los tiempos de indios silenciosos y europeos en busca de oro y plata. Ahí el chef Diego Muñoz ofrecía un «almuerzo gourmet, su propia versión de los platos clásicos de la región sacados de los productos abundantes de los Andes», que incluía versiones de autor de la papa huancaína. «Solo puedes pagar con dólares, así que nosotros no podemos ir en ese tren», me dijo Edelisa.

Pero no estaba todo perdido en el altiplano. Pese a todo, había motivos para pensar que la patata podría resistir el impacto del cambio climático, quizá resistiría incluso a los saqueadores sibaritas de Belmond. El arma de la resistencia sería precisamente esas cuatro mil variedades del tubérculo que existían en los Andes, merced a la ingeniería agrícola de las sociedades prehispánicas. «Hay tantas variedades que es muy probable que podamos elaborar semillas resistentes al cambio climático y las plagas», dijo Alberto Salas, con el gesto de un detective a punto de cerrar el caso. El CIP ya había almacenado en lugares estratégicos y secretos el germoplasma de más de cuatro mil variedades. En el llamado Parque de la Papa, cerca de Cuzco, otras mil seiscientas variedades se conservaban. Ya se habían podido evitar desastres en algunos pueblos de los Andes afectados por el cambio climático.

«Fuimos a apoyar a una comunidad de Cuzco en la que los campesinos se resisten a usar pesticidas y fertilizantes químicos. Habían evitado durante siglos el tizón tardío, pero en 2003 este hongo destruyó la cosecha entera», me explicó Manuel Castelo, ingeniero agrónomo del CIP especialista en estos hongos. «Teníamos una población de papas derivada de determinadas variedades antiguas con resistencia al tizón tardío. Ellos, al final, lograron no solo combatir el hongo, sino multiplicar el rendimiento por cuatro, sin pesticidas ni fertilizantes». El cambio climático «va a ser un desastre, pero gracias a la diversidad de patatas dejada por los andinos, al menos no será una catástrofe», resumió Salas. Los técnicos del centro habían desarrollado, a partir del legado genético de los científicos precolombinos, clases de patata con más hierro para combatir la anemia.

Parecía un final relativamente feliz para la historia de la patata. Pero luego los científicos del CIP me dieron una noticia estremecedora para mi pequeña batallita contra el *snacking*. Además de ayudar a los pueblos aimaras y quechuas del altiplano a hacer frente al cambio climático y combatir la anemia, el centro estaba aprovechando las múltiples variedades de patata heredadas de los incas para prestar apoyo a las grandes marcas de patatas fritas. Porque el cambio climático había levantado ampollas no solamente en las chacras del altiplano, sino también en los consejos de las multinacionales. Las temperaturas más altas elevarían el contenido de azúcar del almidón, a la vez que ennegrecerían la patata, violando así esas exigentes normas de color, tamaño y textura de la patata frita de Frito Lay y otras empresas. «Estamos creando variedades que cumplan con los requisitos de la industria», dijo Castelo. «¿Pero por qué queréis ayudar a empresas como Frito Lay a luchar contra el cambio climático cuando ellos, y otros como ellos, son los responsables del cambio climático y la obesidad?», pregunté incrédulo. La respuesta fue lapidaria: «Porque son los que pagan más a los productores; por lo general los precios son tan bajos que es imposible seguir produciendo». Resultaba que Frito Lay, que compraba veintitrés mil toneladas de patatas al año a productores peruanos, el cliente más grande del país, era un comprador muy apreciado por los productores de la patata en los Andes. Garantizaba, al igual que hacía para Paco en su rancho en el norte de México, precios razonables y una demanda previsible. Según explicó el gerente general de PepsiCo en Lima, Mirko Astudillo, «nuestros socios, los agricultores, trabajan el campo con dedicación y a cambio de ello no solamente les pagamos un precio justo, sino que también los capacitamos tecnológicamente». En su deseo incansable de disfrazarse de ONG de la comida basura, Frito Lay hasta había incorporado una línea de Lays fabricadas a partir de algunas de esas cuatro mil variedades de patata originaria, que incluían *Illa pilpintu*, *Puma chaqui*, *Paq'ariy t'ika*, *Inka tipana*, *Kusi sonq'o*. (Aunque pronto quedó claro que eso, al igual que tantos actos de filantropía de las grandes empresas, fue solo otro golpe de efecto del departamento de responsabilidad corporativa y pronto se dejó de comercializar). Solo la Pepsi-Cola y el ondulado crujiente sabor a pollo frito podría salvar la cultura milenaria de la patata en los Andes. Fue lógico, pero perverso. Aún más cuando Alberto Salas, como el detective que descubre el cadáver, puso una postdata al final de nuestra entrevista que no le sentó nada bien a un adicto como yo: «La patata es un alimento extraordinario, eso lo supieron los incas, pero tienes que incluir en tu reportaje algo muy importante. La industria no lo quiere reconocer, pero nosotros ya sabemos con absoluta seguridad que la patata frita es cancerígena».

11

AGUACATE
(MICHOACÁN, MÉXICO)
EL *HOT DOG* CON GUACAMOLE

Los aguacates ya empezaban a extenderse en otro sofocante monocultivo que tapizaba de arbustos las montañas alrededor del sagrado lago de Pátzcuaro. Aquí la gran civilización de los purépechas había cultivado maíz, amaranto, frijol, calabaza, cacao, algodón, tomate, decenas de clases de chile y mucho más antes de la llegada de los primeros emisarios de Hernán Cortés. Ahora el «oro verde» aguacatero se extendía por todo el estado de Michoacán. Contemplando el paisaje ya en vías de uniformización según las pautas del *agribusiness* internacional, resultaba chocante pensar que el responsable era la Superbowl, el partido más importante de la liga de fútbol americano (NFL). La fiesta nacional para la precaria identidad estadounidense en tiempos de Donald Trump, más hispana que nunca, pero también más xenófoba que nunca, necesitaba tal vez el pegamento de guacamole para aglutinarse definitivamente, junto con el kétchup y la mostaza, en el perrito caliente. Unos días antes de la Superbowl, cuya audiencia ascendía a 110 millones de telespectadores, circulaban por las redes sociales recetas de Martha Stewart, la ya excarcelada diva doméstica de la América media, y de la estrella de Hollywood Gwyneth Paltrow para un guacamole con nachos perfectamente adaptado al paladar del hincha de los Patriots de

New England. Se habían vendido 278 millones de aguacates en los días anteriores al megaevento deportivo y patriótico, en un país que mantenía una relación francamente esquizofrénica con sus 30 millones de indocumentados mexicanos. El aguacate se había convertido en la estrella de la huerta mexicana de los tiempos del Tratado de Libre Comercio (TLC o NAFTA). Lideraba la explosión de ventas de hortalizas mexicanas en Estados Unidos, de tres mil a veinte mil millones de dólares, desde 1994. El 60 % de los aguacates consumidos en Estados Unidos provenían ya de México, cuyos productores vendían dieciséis veces más aguacates que los anteriormente dominantes aguacateros californianos. La fruta hasta podía considerarse un símbolo de la integración cultural, o al menos gastronómica. Quien conducía por la América interior, donde la diáspora hispana llegaba hasta las montañas de Montana y los pantanos de Mississippi, entendía que la taquería y su aperitivo de guacamole con cilantro y cebolla era el único restaurante de carretera en Estados Unidos que no llevaba la marca corporativa del *fast food* globalizado. El aguacate se consideraba, además, un alimento milagroso lleno de grasas nutritivas que no amenazaban la salud coronaria, sino que la mejoraban. Contiene vitaminas B, C, E y K, esta última crucial para prevenir la osteoporosis. Pese a estar compuesto principalmente de grasas, contiene un elevado nivel de fibra, estatinas naturales y beta-sitosterol, que bajaban los niveles de colesterol. La presencia de zeaxantina es buena para la salud ocular. El guacamole ayuda a prevenir el cáncer de colon, de estómago y de páncreas. Por si todo esto fuera poco, el aguacate, según los últimos estudios, mitiga el riesgo de depresión. Constituye una materia prima hecha a la medida de un momento histórico en el que la gente busca formas de minimizar el daño que provocaba la agroindustria globalizada. Las ventas no solo se disparan en Estados Unidos, sino también en Europa y Asia.

No siempre había sido así. En los años cincuenta (reconstruidos con elevadas dosis de nostalgia por Donald Trump en su campaña electoral), el aguacate se conocía sin cariño en Estados Unidos como la «pera del cocodrilo», por su cáscara áspera y arrugada. Nada que ver con la tarta de manzanas de la auténtica familia blanca. Las importaciones de México fueron prohibidas hasta 1997 debido a un supuesto peligro de gusanillos, parásitos del temido sur. A nadie se le habría ocurrido en aquellos años comprar un aguacate para celebrar una fiesta deportiva nacional como la final de la liga de fútbol americano (NFL). Pero tras una inspirada campaña de marketing en la que los jugadores más queridos de la NFL proponían diferentes recetas para el guacamole, los estadounidenses aprendieron a amar la *crocodile pear*. Ante esa oportunidad, cada vez más productores del estado mexicano de Michoacán lograron pasar las inspecciones sanitarias que darían acceso al anhelado mercado del gigante del Norte. Cuando la liberalización total se anunció en 2007, Michoacán representaría una competencia imbatible para los productores de California. Se había especializado en la variedad Haas, más carnosa que el aguacate que los purépechas habían comido a lo largo de los siglos y con una cáscara gruesa que los protegía en los camiones refrigerados que salían para El Paso y Tijuana a dos mil kilómetros de distancia y luego a los centros de consumo en Estados Unidos. Con su resistente envase natural, el nuevo aguacate se convertiría en el producto hecho a la medida del mercado globalizado de alimentos milagrosos. Michoacán, un estado de lagos cristalinos cuyo nombre significa en el idioma autóctono tarasco «tierra de peces», jamás volvería a ser igual.

Veinte años después, el 80 % de los aguacates consumidos en Estados Unidos venían de Michoacán y ya podían verse en el reino de los purépechas las señales inconfundibles de otra fiebre saqueadora. Al igual que la que había traído a los españoles a Michoacán poco después de la destrucción de la magnífica ciudad azteca de Tenochtitlan, trescientos kilómetros más al este, devastada en nombre de Jesucristo y del excremento del sol (el oro). Ahora, en el siglo XXI, en los alrededores de Uruapan, la frenética capital del aguacate, la nueva economía del *agribusiness* se plasmaba en un paisaje de miles de tupidos árboles verdes, fluorescentes bajo el sol. Más al oeste, a orillas del lago de Pátzcuaro, el monocultivo aún no se había apoderado del paisaje, pero el avance aguacatero parecía ya inevitable. «Prácticamente todo el mundo quiere ya un cultivo de aguacate. Uno lo hizo y le fue bien; y otros dijeron ¡yo también lo hago! Y otros lo ven y hacen lo mismo», me explicó Francisco Flores Bautista, de cincuenta y cuatro años, integrante de la comunidad indígena de Jarácuaro en la ribera del lago. Bautista había regresado después de trabajar cuarenta años en la construcción en la capital, Ciudad de México, y quedó horrorizado por el deterioro medioambiental del lago y sus alrededores. «Sacan el agua del lago con bombas para regar las huertas y, poco a poco, se va acabando. Es un saqueo. ¡Mira el lago! Antes llegaba hasta la carretera, pero ya no sube más; solo baja», exclamaba mientras inspeccionaba la orilla. La caída del nivel del agua, así como la introducción de la depredadora tilapia, había acabado con casi todas las especies autóctonas de peces. De la abundancia pesquera que había abastecido a las metrópolis de los purépechas, solo quedaba el pececito charal. Pasaba lo mismo en los otros lagos de Michoacán. Solo el lago Zirahuén, doscientos kilómetros más al sur, se había salvado de la contaminación y de la bajada del nivel del agua. Los indígenas de las orillas de ese lago de belleza pasmosa ya se preparaban para la llegada del aguacate, como sus antepasados esperaron a los hombres de Cortés. Entonces muchos se ahogaron en el lago. Francisco optaba por otra salida. Había montado una microempresa para purificar agua de pozo con filtros de arena y grava y la vendía a una comunidad cada vez más preocupada por la calidad del agua del lago de Pátzcuaro.

El avance imparable del aguacate en Michoacán parecía el capítulo no escrito de la *Relación de Michoacán*, el extraordinario relato sobre el fin de la civilización purépecha escrito con tanta tristeza como ternura por fray Jerónimo de Alcalá en 1540, que había llegado a México justo a tiempo para vislumbrar fugazmente cómo se vivía todavía en la tierra de las pirámides en la orilla de los lagos. En las sociedades precolombinas, politeístas, cautivas de una profunda religiosidad que anulaba la división de la realidad exterior y el mito interior, las plantas y los animales se fusionaban de forma mágica o cósmica con seres humanos en una mitología que era la vida real, sueños fantásticos de seres híbridos con cabezas de jaguares y cuerpos de calabaza. Los purépechas habitaban un mundo de biodiversidad infinita que, a su vez, alimentaba una imaginación desbordada. Existía una mayor diversidad de plantas cultivadas en la sociedad precolombina que en ninguna otra civilización contemporánea, salvo la china. Michoacán, con su tierra volcánica y fecunda y su agua abundante, era una de las regiones con mayor oferta de ricos frutos de la naturaleza. Con altitudes que variaban entre los trescientos y los tres mil metros, contaba con una amplia gama de microclimas, cada uno con sus cultivos. El aguacate (el testículo de los dioses), para los aztecas, o *kupanda*, para los purépechas, fue un elemento más de esa riqueza y de la fantasía de la naturaleza mesoamericana. Aunque, a juzgar por los documentos históricos, no debió de ser un alimento esencial ni muchísimo menos «milagroso» para los purépechas. Teresa Rojas Rabiela ni lo menciona en su exhaustivo estudio de la agricultura precolombina y los alimentos indígenas del siglo XVI, *Las siembras de ayer*.

Medio milenio después, el aguacate era el único cultivo que importaba. La diversidad se aniquilaba con cada nueva plantación hecha a la medida de los supermercados de Texas. «¿Para qué quieren este oro? Débenlo de comer estos dioses, por eso lo quieren tanto», había declarado el *cazonci*, el rey divino de los purépechas cuando llegó el conquistador Francisco de Montaño en 1522. Quinientos años después, el oro verde del siglo XXI sí se comía. Mejor dicho, se devoraba. El aguacate avanzaba implacablemente en el entorno del lago contaminado, mientras que los grandes aguacateros y las mafias del crimen organizado amasaban sus fortunas. «Destruyen los pinos, destruyen todo, pero ningún periodista aquí lo va a contar», me susurró al oído, paranoico, Osmar, el camarero de la mezcalería El Carajo en una calle céntrica de Pátzcuaro, tras citarme en un lugar secreto escondido detrás de la catedral.

Los padres de Francisco, campesinos purépechas, vestidos con sombreros de paja y ponchos de lana sobre los hombros, regresaban de la huerta bajo una lluvia intensa cargados de mazorcas de maíz. Los recogimos en el coche. Hablaban en tarasco, una lengua en vías de extinción porque «a los jóvenes les da vergüenza hablarlo y no se enseña en la escuela», explicó la madre. También se estaba perdiendo la costumbre de hacer las tortillas de maíz en casa, en lugar de comprarlas hechas. Al oír las sibilantes frases de la lengua autóctona, decidí hacer otra prueba lingüística de los sabores, como la que había hecho con los cultivadores aimaras de la patata en el altiplano peruano. ¿Hay palabras en tarasco para describir sabores que no existen en español? La madre respondió: «*Churipu* es el sabor del caldo del pescado; *jawas* el sabor a chile». ¿Y el sabor a aguacate? «*Chamahuelhatipuan*», respondió, o al menos así lo apunté. Y luego añadió en español: «El aguacate está acabando con el agua». Aunque el aguacate era una planta autóctona de mesoamérica, una fruta silvestre disfrutada durante milenios, se hablaba de ella ya en las comunidades purépechas como si fuera una amenaza. Jamás pudieron imaginarse que acabaría por monopolizar el paladar del mundo una sola fruta silvestre de las tantísimas que crecían en las huertas indígenas —*equaros* los llamaban— antes y después de la conquista, mezclándose lo originario con lo andaluz, la guayaba con la granada y la piña con la uva. Curiosamente, pese a los profundos conocimientos que aún mantenían los purépechas sobre su entorno natural, no parecían estar muy interesados en las milagrosas propiedades saludables del aguacate, repetidas hasta la saciedad en las revistas dominicales, desde Nueva York a Barcelona. A los grandes aguacateros que residían en las casas ostentosas y *kitsch* al otro lado del lago de Pátzcuaro sí les interesaba. Mucho. Y a otros ricachones en Michoacán menos fáciles de identificar. Los narcotraficantes, que ya entraban de lleno en el negocio del oro verde.

A la vez que el aguacate se convertía en materia para acompañar a millones de *hot dogs* en Estados Unidos, el *boom* aguacatero de Michoacán se convirtió en uno de los blancos de la nueva delincuencia desorganizada que ya competía con los viejos cárteles del narcotráfico en México. Grupos delincuentes con nombres tan sugerentes como Los Caballeros Templarios o Los Viagras, compinchados con sucesivos gobernadores del estado de Michoacán, probaron su suerte en el negocio del aguacate, que sería un complemento de sus actividades en el tráfico de cocaína, heroína, marihuana y metanfetaminas. Pronto aplicarían sus métodos de extorsión, secuestro, tortura y asesinato a la industria global del guacamole. Los aguacateros tradicionales de Uruapan empezaron a caer víctimas de los secuestros y las presiones chantajistas para que vendiesen sus huertas a precio de saldo. «Te ponían una pistola en la cabeza y firmabas la escritura ante el notario. Así se hacía la transferencia», me explicó Guillermo Vargas, un sociólogo de la Universidad de Morelia mientras caminábamos por los alrededores de la espectacular catedral barroca de la capital de Michoacán, antes un destino turístico y ahora territorio comanche. Así mismo, Los Caballeros Templarios y Los Viagras exigían una mordida por cada hectárea o cada kilogramo exportado. Quien no pagaba podía acabar como uno de los siete trabajadores de una huerta aguacatera encontrados muertos con una bala en la nuca al lado de una huerta de árboles cargados de aguacates. El aguacate se codiciaba tanto que las pandillas robaban una media de cuatro camiones al día. Algunos aguacateros decidieron financiar las autodefensas creadas en los años noventa por el médico Juan Manuel Mireles para intentar expulsar a los delincuentes.

Mientras tanto, los grandes brókeres y exportadoras —algunos de ellos de marca internacional como Del Monte— rentabilizaban el negocio lucrativo de comprar a los productores a precios bajos y revender a las cadenas de supermercados en Estados Unidos a precios muy razonables. «Pagan el kilo de aguacate a un dólar y lo venden a ocho en el Wal-Mart de Minnesota», me explicó Vargas. Para no perder esta fuente tan abundante de beneficios, «las empresas transnacionales, al igual que las compañías mineras canadienses en Zacatecas, pagan el *impuesto* a los grupos delincuentes». Michoacán, el estado del mítico presidente Lázaro Cárdenas, con sus espectaculares edificios coloniales y murales de la era de la Revolución, se convertía en un narco-estado de violencia endémica. Un narco-estado o un guacamole-estado. No era casualidad que la primera fosa común descubierta cuando se empezó a buscar los restos de más de 37.000 desaparecidos en México fuera encontrada en Uruapan, la capital mundial del aguacate. Tampoco fueron ajenos a la fiebre aguacatera los nueve cadáveres colgados de un puente en Uruapan en el verano de 2019, junto a un cartel que anunciaba: «Querida gente, siga con sus rutinas diarias». Ni los otros diez cuerpos encontrados el mismo día desmembrados y en bolsas de plástico, al parecer una muestra de fuerza de otro cártel de narcos, Nueva Generación Jalisco, que había cruzado la frontera del estado vecino para entrar en el lucrativo negocio del oro verde michoacano.

*

La carretera desde Pátzcuaro a Uruapan es una bajada pronunciada y peligrosa en la que se ha tomado la precaución de abrir una serie de salidas solo para permitir que paren sin accidentes los camiones de aguacates cuando fallan los frenos. «Ceda el paso a los vehículos sin frenos», anuncian enigmáticamente las señales. Parece un eslogan hecho a la medida del *boom* del aguacate, la plasmación de una fiebre inversora, imparable ya y que difícilmente no terminará en desastre. Un camión que cargaba colmenas de miel proporciona otra metáfora. Ha volcado y una nube de abejas flota en el aire en un zumbido infernal. En el paisaje ondulado de los alrededores de la ciudad, miles de hileras geométricas de arbustos de aguacate cruzan cada montículo como un ejército en marcha. Hay viveros de plantas de aguacate y anuncios de terrenos en venta que pueden ser comprados a treinta y seis meses sin intereses. Hay una cárcel en la entrada, de hormigón gris. La ciudad es un desfile de comida rápida Super Pollo y marisquerías, un restaurante de tacos llamado Taquería El Infierno y moteles de los que alquilan las habitaciones por horas. Pero lo más importante de Uruapan es la sede de la Asociación de Productores y Empacadores Exportadores de Aguacate de Michoacán (APEEAM), y los tres brókeres estadounidenses que rentabilizan la brecha entre los precios pagados al productor y al intermediario. Según Carlos Paniagua, economista de la Universidad de Michoacán, los exportadores y envasadores se quedan con el 35 % de los ingresos generados en la cadena de suministro del aguacate, frente al 20 % para el productor, la mayor parte para los grandes aguacateros. «El que asume todo el riesgo es el que menos recibe», dice.

Las primeras parcelas de cultivo de aguacate que aparecieron en los años sesenta se concentraron en las viejas zonas agrícolas en la llanura en torno a Uruapan. Pero, primero debido a la liberalización del suelo bajo el segundo presidente neoliberal Carlos Salinas de Gortari, y luego a la liberalización del comercio con Estados Unidos en 1994, la oferta y la demanda se dispararon. Los aguacates escalaron las montañas hacia el volcán de Tancítaro, de 3.800 metros de altura, y se extendieron hacia el oeste. El número de hectáreas dedicadas al cultivo de aguacate subió de 3.000 en los años sesenta hasta 180.000 cincuenta años después. Solo las zonas frías de las montañas más altas, nevadas en invierno, parecían inalcanzables para la mancha aguacatera que se extendía por el estado. Pero hasta la montaña en la meseta tarasca con su precioso volcán empezaría a ser colonizada por los aguacateros gracias a la subida de las temperaturas que llegaban con el cambio climático. Un cambio que empezaba a desertificar el norte de México y desestabilizar las lluvias en estados como Michoacán.

Mientras, la demanda de Estados Unidos crecía como la espuma incentivando la expansión imparable del aguacate. En 2000 el habitante medio estadounidense consumía un kilo de aguacate al año. En 2018, había subido un 150 %, hasta los dos kilos y medio, y se espera duplicar esta cantidad en los próximos cinco años. En parte esto era reflejo de la ya enorme población mexicana en Estados Unidos —el consumo anual en México era de diez kilos por habitante—, pero millones de anglosajones se habían aficionado también al testículo de los dioses ayudados por las campañas de publicidad financiadas por la APEEAM y las grandes empresas estadounidenses de exportación y envasado. Se alcanzaba la apoteosis de creatividad publicitaria cada año en el anuncio más caro de todos (un millón de dólares), el de la Superbowl, normalmente protagonizado por un actor de Hollywood, que solía ganar, por su humor mexicano, a los otros *superspots* de BMW, Budweiser, Coca-Cola, Dove, Mercedes-Benz, Snickers y Victoria's Secret. «¿Tu vida es simplemente terrible?», pregunta en el anuncio de 2019 el actor cómico Chris Elliott, estrella de *Scary Movie 2* y *Scary Movie 4*. «¡Te mereces más! ¡Extiende el aguacate encima de todo!», proclama ante un fondo de imágenes de pizzas, hamburguesas y sándwiches de pollo y beicon, todos con su correspondiente capa de guacamole. Las ventas se dispararon conforme Europa y Asia se sumaron a los estadounidenses en la fiesta aguacatera. Michoacán, como el principal productor, parecía contar con un futuro feliz. Se esperaba que el aguacate fuese un motor de desarrollo en un estado lastrado por la pobreza rural. «Tengo sentimientos encontrados con el aguacate porque, pese a los problemas, da mucho empleo y muchos pequeños productores podrán salir de la pobreza gracias a sus huertas de aguacate», me explicó la bióloga Mayra Elena Gavita en su despacho de la Universidad Nacional (UNAM). Y puesto que el desempleo era la cantera de los sicarios, y la pobreza endémica, el caldo de cultivo de la violencia, tal vez el testículo de los dioses podría ser la solución, además del problema. Gavita planteaba también que, si se volvía a la vieja práctica de compaginar las huertas de aguacate con otros cultivos, podría ser menos destructivo que otros monocultivos, como el del maíz. «El aguacate no tiene que ser un monocultivo», insistió. Todo dependía de si se adoptaría un modelo sostenible de producción, en lugar de la desenfrenada expansión de la fiebre del oro verde. Pero no había muchas señales de que la industria aguacatera, desde las multinacionales con sede en California a las mafias de Michoacán o Jalisco, estuviera dispuesta a cambiar de rumbo. Como temían Francisco y su familia purépecha, la bajada del lago Pátzcuaro era el síntoma de una catástrofe medioambiental en ciernes.

*

Quedé con Alberto Gómez Tagle, un veterano experto en medio ambiente que llevaba diez años estudiando el impacto del *boom* del aguacate sobre el abastecimiento de agua. Quizá para advertirme de lo que se avecinaba en Michoacán, Alberto me citó en las afueras anodinas de Morelia, en un Vips, una franquicia de la cadena multinacional aliada con Starbucks, Burger King y Domino's Pizza cuyo guacamole recién sacado del frigorífico y carente de sabor alguno ya llegaba al paladar global. Al lado había un Wal-Mart, el gran almacén de descuento propiedad de los Walton de Arkansas, la familia más rica de Estados Unidos, tan orgullosos de ser el ejemplo paradigmático de la economía de bajos salarios que habían cruzado la frontera para rentabilizar los sueldos aún más bajos en México, donde el salario mínimo no llegaba a ocho dólares diarios. Especializado en la ecología del agua, Alberto me explicó cómo había realizado un seguimiento del caudal de un manantial en los alrededores de Uruapan muy importante conocido como La Rodilla del Diablo. En los años sesenta la cantidad de agua que brotaba de ese manantial era de 4.224 litros por minuto. En 2015 había bajado a 724 litros. Alberto mandó a un equipo de técnicos a investigar las posibles causas y descubrieron que la más probable era la proliferación vertiginosa de las huertas de aguacate y de los pozos de extracción de agua en el área del manantial.

Por si fuera poco, la expansión del aguacate suponía el derribo de bosques enteros de pinos autóctonos de Michoacán. Puesto que el aguacate consumía cien metros cúbicos de agua al mes por hectárea, once veces más que el pino, eso no era un buen augurio para los acuíferos y los lagos de la tierra de los peces. Por si eso fuera poco, el aguacate transpiraba (perdía agua por evaporación) ocho veces más que el pino. «El pino es un embudo perfecto para transportar el agua de la lluvia hasta el suelo, pero ahora tienes miles de hectáreas de aguacates chupando agua y evaporándola», se lamentó Alberto. Al mismo tiempo, la deforestación dejaba pequeños bosques aislados que eran más vulnerables a insectos y plagas. Mientras contemplábamos a una familia de michoacanos gorditos en la mesa de al lado devorar el auténtico desayuno estadounidense (*pancakes* con nata y jarabe de arce), Alberto expuso la cruda realidad: «Nos estamos enfrentando a una fuerza de destrucción terrible y no solo en Michoacán, porque el aguacate se dirige a Jalisco y no parará allí». Ni tan siquiera se detendrá en la frontera mexicana. Colombia había anunciado planes de tener sesenta y dos millones de hectáreas de aguacate. Chile iba expandiendo su propia producción. Así era la fuerza de la demanda estadounidense. Y mientras el marketing de la Superbowl elevaba el consumo de aguacate en Estados Unidos hasta niveles antes inimaginables, en Michoacán se veía la otra cara de la moneda. «Cada vez más indígenas hacen las compras en Wal-Mart», comentó Alberto mientras salíamos del Vips. Y efectivamente, allí estaban, familias de purépechas salían de la gran superficie al otro lado de la calle con bolsas de tortillas prefabricadas, seguramente con trigo estadounidense. Probablemente no llevaran aguacates, porque en México ya tenían un precio prohibitivo.

*

Un rayo partió el cielo detrás de la pirámide principal de Ihuatzio, la tercera ciudad de los purépechas a orillas del lago Pátzcuaro, un centro ceremonial de entrenamiento militar. En el horizonte aparecieron nubarrones tan cargados que un purépecha habría visto tal vez a una diosa embarazada a punto de dar a luz a una rana gigante. «Ese es el rayo y ahora viene el agua», vaticinó José Socorro Castillo, el guía del recinto que, silueteado en el muro de la pirámide, parecía el profeta. Los ojos risueños, la cara arrugada, la boca sin dientes. Miles de grillos cubrían el césped como una alfombra viva extendida sobre lo que había sido la gran plaza donde los guerreros purépechas se entrenaban para sus batallas teatrales jugando a pelota con palos al estilo del hockey y una bola, a veces prendida en llamas. «Los grillos los comían los purépechas, pero ya no los comemos, aquí no. Solo los comen en el estado de México y los chapulines [nativos de la ciudad de México] también. ¡Allí no dejan nada! Aquí lo que nos sobra, se lo regalamos», exclamó echándose a reír a carcajadas mientras sonaban los primeros truenos. Los peldaños de la pirámide eran tan altos que no parecían hechos para seres humanos. Y menos para los purépechas de entonces, que eran de estatura baja y seguían siéndolo. «Los purépechas eran más avanzados que nosotros; eran astrónomos; entendían su cosmos. Ahora, en cambio, toda la tecnología viene de Japón y llega contaminada por las bombas», deliraba José. La lluvia empezó a caer, como una cortina de agua caliente, y corrimos hacia la salida del recinto. «Para los purépechas todo lo que comían eran dioses. ¿El aguacate?, claro que también, adoraban hasta al coyote», prosiguió el profeta. «Comían serpientes, armadillos, se comían a los humanos que sacrificaban. ¡Sabroso!», remató y otra carcajada resonó a través de las ruinas.

    Aquella visita un tanto apocalíptica a la ciudad perdida de los purépechas con José Socorro parecía el escenario perfecto para terminar el reportaje del aguacate de Michoacán. Antes de la llegada de los españoles, los pueblos de los lagos hablaron de las extrañas visiones que habían tenido en sus sueños, presagios de que se acercaba el fin de su reino, según la relación de fray Jerónimo. Los árboles jóvenes se doblaron bajo el peso de los frutos antes de haber crecido lo suficiente para soportarlo; las chicas se quedaron embarazadas antes de haber llegado a la pubertad; las ancianas parieron cuchillos hechos de sílex con los colores de las cuatro partes del mundo. Ya en Michoacán, en las orillas de los lagos carentes de peces, el presentimiento del desastre que se avecinaba se repetía entrevista tras entrevista... «Los purépechas, como todas las sociedades mesoamericanas antes de la llegada de los castellanos, habían elaborado un sistema sostenible que no perjudicaba la calidad del suelo tan fértil de las tierras volcánicas de Michoacán», me explicó Guillermo Vargas tras nuestro paseo por el centro barroco de Morelia y durante una cena de gastronomía precolombina turística en el hotel, frente a la catedral. El llamado *altepetl* (el cerro de agua) fue la unidad fundamental de la geografía de los purépechas, me explicó. Mantener el equilibrio entre la tierra alta, los lagos y los acuíferos bajo la tierra era el objetivo de su filosofía de vida. «Lograron mantener este equilibrio en esas condiciones durante siete mil años. Incluso después de la llegada de los cultivos y la trashumancia de los castellanos, pero en el contexto actual el horizonte de tiempo se reduce al próximo semestre. Ya no existe una cosmovisión mágica de la naturaleza y los *altepetl* se están destruyendo. Vamos a alcanzar un pico de producción de aguacate y luego, sin agua, todo se irá a la debacle». Y como si estuviera hablando el fantasma de Eduardo Galeano, Guillermo añadió: «Luego los estadounidenses dirán de repente ¡adiós!, y se marcharán a otro lugar».

12

PLÁTANOS
(HONDURAS)
LA REPÚBLICA BANANERA VERSIÓN SIGLO XXI

Iris Munguía, trabajadora de una plantación bananera de la multinacional Chiquita y delegada de la central sindical Cosibah en la ciudad hondureña de San Pedro Sula, recordaba ese día con añoranza. «Hubo alegría, sobre todo en las fincas nacionales». El motivo de este momento de efímera felicidad en uno de los países más pobres y violentos del mundo fue el anuncio del presidente Manuel *Mel* Zelaya a finales de 2007 de un aumento del 60 % del salario mínimo. En las fincas de las empresas hondureñas, los trabajadores cobraban el entonces mínimo estatal de 3.400 lempiras mensuales (unos 170 dólares) por recoger plátanos doce horas al día a temperaturas de treinta grados centígrados, a veces rociados de pesticidas tóxicos. Así que la subida hasta trescientos dólares mensuales no vendría nada mal. En las plantaciones de Chiquita —más conocida por los estudiosos de los golpes de Estado como la United Fruit Company— la noticia fue aplaudida también, pese a que, tras años de luchas, trabajadoras como Iris ya contaban con un convenio colectivo y salarios superiores al mínimo legal.

Pero en la sede en Tegucigalpa del Consejo Hondureño de la Empresa Privada (COHEP), que agrupaba a la patronal de empresas nacionales e internacionales, el anuncio de Zelaya se recibió con caras de póquer y ceños fruncidos. «No debe extrañar que muchas empresas se vayan a El Salvador o a Nicaragua», advirtió su presidente, Amílcar Bulnes. Una cierta zozobra se extendía entre la oligarquía hondureña desde que Zelaya tomara la decisión de incorporar a Honduras al grupo de países integrantes del proyecto regional de Hugo Chávez (ALBA) y beneficiarse así de la atrevida apuesta venezolana de disputarle a Washington la hegemonía en Centroamérica y el Caribe, el histórico «patio trasero». El diario de Tegucigalpa, *El Heraldo*, informó de que Chiquita y Dole —antes la Standard Fruit— habían comunicado a la COHEP su disgusto por el aumento del salario mínimo. «Estamos presentes en varios países del mundo, si suben los salarios nos iremos a otros países a producir. Dependerá del coste; así de simple», advirtió el portavoz de Dole en Honduras. Los grandes conglomerados fruteros ya habían tenido suficientes problemas en Honduras con los huracanes que llegaron a la costa caribeña con el nuevo siglo de la mano del cambio climático, empezando por el gran ciclón Mitch en 1998, que destruyó el 50 % del cultivo bananero. Chiquita y Dole fueron cambiando su modelo de negocio para externalizar el riesgo. Abandonaron sus propias plantaciones para comprar directamente a los pequeños productores que no estaban sindicalizados y solo pagaban el salario mínimo.

Aunque, naturalmente, nadie podía borrar del todo las conquistas de la época de los famosos enclaves plataneros en San Pedro Sula, a principios del siglo XX, cuando la United Fruit Company convirtió Honduras en el prototipo de lo que se llamaría en adelante una «República bananera», según el término acuñado en la novela *Cabbages and Kings* por William Sydney Porter (O. Henry) en 1904. En 1910 Honduras se convirtió en la *Banana Republic* por antonomasia cuando el magnate frutero oriundo de Alabama Samuel Zemurray, rival de la United Fruit, se desplazó a Tegucigalpa con dos gánsteres —Lee Christmas y Guy *Machine Gun* Molony— para derrocar al presidente Miguel Dávila, que le había negado derechos de explotación bananera. El Gobierno cayó sin necesidad de disparar. «Porque puedo comprar el Congreso hondureño por menos de un burro», explicó Zemurray. Ya consolidada la República bananera, las economías de enclave de la United y la Standard Fruit «se apoderaron de los ferrocarriles y crearon otros exclusivamente para transportar la banana desde las plantaciones al puerto, al tiempo que implantaron el monopolio de los servicios de luz eléctrica, correos, telégrafos, teléfonos y servicio público; y no menos importante, el monopolio de la política», como explica Eduardo Galeano en *Las venas abiertas de América Latina*. En realidad, los enclaves de los conglomerados fruteros dejaron de ser parte del Estado hondureño propiamente dicho, se convirtieron en una jurisdicción casi independiente que atendía casi en exclusiva a los intereses de las dos compañías gigantes estadounidenses. «Los enclaves bananeros eran unidades militar-policiales en donde nadie podía competir con United y Standard», me explicó durante una asamblea del Fondo Monetario Internacional Beth Geglia, antropóloga de la American University en Washington. Dicho de otra manera, como resume O. Henry en su sarcástica novela: «Las pequeñas naciones de opereta jugaban a ser gobiernos hasta que, en algún momento, llegaba silenciosamente un enorme buque armado y les advertía de que no rompiesen los juguetes». El modelo enclave se extendió por toda la región, y cualquier Gobierno que osaba hablar de soberanía o de derechos laborales tendría los días contados. En Guatemala, en 1953, la CIA organizó un golpe de Estado contra el presidente Jacobo Árbenz, cuyo único crimen —según explica Greg Grandin, historiador de la Universidad de Nueva York, en su libro *Empire's workshop*— fue «expropiar con plena indemnización la United Fruit Company». A los lectores de *Cien años de soledad*, de Gabriel García Márquez, les resultará familiar el asesinato de setenta y cinco trabajadores de la United Fruit en Magdalena (Colombia) en 1928. Por todo ello, no resultó demasiado sorprendente que, cuando en la madrugada del 28 de junio de 2009 Zelaya fue secuestrado en pijama por un grupo de militares y trasladado en avión a Costa Rica, el COHEP aplaudiera esta «prueba de que las instituciones de nuestro orden democrático funcionan de acuerdo con la ley». Esa lectura, cuando menos original, de lo ocurrido la aceptaría Hillary Clinton, que pronto daría el beneplácito de Washington al nuevo presidente, jefe de la privatizable empresa estatal de telecomunicaciones, Roberto Micheletti. Según los defensores del repentino cambio de régimen, Zelaya había deslegitimado su presidencia al proponer cambiar la Constitución para permitir su reelección y crear una asamblea constituyente al estilo venezolano. Ocho rifles apuntando al pecho de Zelaya habían restablecido el orden constitucional, o eso aseguraban los titulares de los diarios en Tegucigalpa, Washington y Madrid. Iris Munguía y los trabajadores de las plantaciones bananeras, sin embargo, preferían otro término para describir lo ocurrido: golpe de Estado.

El golpe contra Zelaya pasó sin provocar grandes controversias o dilemas morales en los medios de comunicación del mundo rico, donde Zelaya había sido tachado, al igual que Chávez, de dictador, pese a haber sido elegido en las elecciones democráticas de 2006. Pocos se dieron cuenta en Estados Unidos o en Europa, pero creció rápidamente una tenaz resistencia civil en un pueblo que entendía que Zelaya, pese a sus propios lazos con grandes terratenientes, había sido lo mejorcito tras un siglo de Gobiernos bananeros y oligárquicos. A fin de cuentas, la nueva relación con Venezuela resultaba mucho más interesante para aquel 60 % de hondureños que vivían en la pobreza con menos de 3,4 dólares al día que la que Honduras había mantenido históricamente con Washington, la United Fruit, y Guy *Machine Gun* Molony. Desde que Zelaya firmó el acuerdo con Chávez, Honduras (número dos en el ranking latinoamericano de pobreza tras Haití y con el mayor nivel de desigualdad de Centroamérica) había recibido veinte mil barriles de crudo venezolano al día sin coste inmediato y créditos al desarrollo por un montante de treinta millones de dólares del BANADES, el banco público venezolano. Fue la primera vez en la historia que los hondureños contaban con un hombro sobre el que llorar que no fuese el del huesudo Tío Sam. «Con el proyecto estadounidense, la idea se reduce a dar acceso a las multinacionales privadas en todas partes. Nosotros tenemos otra visión de la soberanía», me explicó en una entrevista mantenida por esas fechas el entonces embajador venezolano en Washington, Bernardo Álvarez, el expresidente del banco del ALBA.

Cuando llegué a Honduras en septiembre de 2009, tres meses después del golpe, enormes manifestaciones recorrían las avenidas en el centro de San Pedro Sula. Las trabajadoras de Chiquita —algunas fumando puros al estilo de Fidel Castro— se unieron a la protesta con pancartas que rezaban: «¡Abajo los gorilas; queremos a Mel!». Las escenas recordaban Caracas en 2002, cuando los vecinos del barrio popular de Catia bajaron desde los ranchos para exigir el regreso de Chávez, entonces secuestrado por los militares rebeldes afines al presidente de la patronal y efímero presidente de Gobierno Pedro Carmona. Chávez regresaría al poder en menos de cuarenta y ocho horas con el apoyo de las Fuerzas Armadas. Pero en Honduras no existían militares con simpatías bolivarianas. Pronto las manifestaciones antigolpe serían aplastadas. Se daría la temida noticia de cientos de muertos y desaparecidos, el recuerdo del terror del pasado que siempre servía en Centroamérica para devolver a la gente a sus casas y a su resignación. En Tegucigalpa, el ejército controlaba las calles y había tanquetas aparcadas en una fila de simbolismo estremecedor delante de mi hotel, el Intercontintental. Quedaba un solo foco de resistencia, el Instituto Nacional Agrario en la Colonia Alameda, ocupada por las organizaciones campesinas el día después del golpe de Estado. Decenas de campesinos esperaban dentro, armados solo con tirachinas cargados con una canica, a los que llamaban *chilinchates*. Era el arma que los indígenas hondureños habían usado en defensa propia a lo largo de los siglos. «Lo hacemos de palo duro, de naranjo o guayabo. Es el arma que usamos para cazar aves o para protegernos en el campo», me explicó, mientras estiraba la goma del *chilinchate*, Santos Ventura Colindre, campesino de cincuenta y ocho años que llevaba un machete colgado de su cinturón. Los campesinos me invitaron a compartir la sopa *sancocho* que preparaban en el patio del edificio. Pero, fuera, en las calles, esperaban coches blindados y soldados armados con ametralladoras y entrenados con la ayuda de asesores estadounidenses. Aquel último baluarte de la resistencia no duraría ni dos semanas.

Escribí un reportaje sobre el *chilinchate* del Instituto Nacional Agrario, añadiendo pinceladas de color local y referencias irónicas a David y Goliat y al contraste de la resistencia numantina de los campesinos con los McDonald's de centro de Tegucigalpa. Pero pronto me ocurrió lo que a Joan Didion cuando describió aquel *mall* de compras en San Salvador durante las guerras sucias de los años ochenta: «Todos los días aparecía un cuerpo o un trozo de un cuerpo. Tomé apuntes de color en el centro comercial, el tipo de color que yo sabía interpretar», escribe en su fantástica crónica *Salvador*. «Pero luego me di cuenta de que esa era una historia que no se iluminaría con este tipo de detalles, quizá no sería iluminada por ningún detalle de color, tal vez no sería una *historia* de ninguna clase, sino una larga noche oscura», prosigue.

Nada más derrocado Zelaya y recuperado el «monopolio de la política» por los poderes de siempre, se empezaron a publicar los primeros croquis de una nueva configuración de la República bananera del siglo XXI, diseñada en los laboratorios libertarios de Estados Unidos y adaptada al capitalismo ya globalizado y neoliberal. Mientras crecía la lista de presos políticos y de cadáveres en la morgue de Tegucigalpa y mientras la persecución de activistas medioambientales como Berta Cáceres entraba en una nueva fase letal, el nuevo presidente, *Pepe* Lobo, anunció el proyecto de las llamadas zonas de empleo y desarrollo económico (ZEDE), uno de los experimentos más radicales de cesión de soberanía nacional a las empresas extranjeras desde las economías de los enclaves de la United Fruit.

La idea de crear nuevas jurisdicciones, fuera del control del Gobierno nacional, gobernadas por comités de empresarios y expertos técnicos, la mayoría extranjeros, había salido del laboratorio del economista estadounidense Paul Romer, entonces jefe de análisis económico del Banco Mundial. Romer, que ganaría el premio Nobel antes de ser defenestrado del enorme banco multilateral por provocar una rebelión interna debido a su obsesiva microgestión (insistió en que el *staff* del banco no utilizara demasiadas veces la palabra *and* en sus informes y que escribieran con menos sustantivos y más verbos), estaba convencido de que podía mejorar el mundo pobre con las últimas innovaciones de las ciencias económicas liberales. Planteó que Honduras, un Estado fallido de violencia endémica y cuyas instituciones públicas estaban infiltradas por el narcotráfico, sería un buen lugar para realizar el experimento de las llamadas «ciudades modelo» que él mismo había ideado unos años antes en la facultad de la Stern School of Business de Nueva York. El número de homicidios en Honduras ya ascendía a 43 por cada 100.000 habitantes (en España es menor del 0,6 por 100.000) y San Pedro Sula se había convertido en una de las ciudades más violentas del mundo, territorio de la Mara Salvatrucha y de diversos grupos de narcotraficantes. Para Romer, las ZEDE podrían ser el cordón sanitario que excluiría a los delincuentes y a los violentos, pequeños oasis de legitimidad *made in USA* protegidos de la maldad de estas tierras tropicales. Aconsejó elegir territorios escasamente poblados y sacarlos del sistema de legislación y regulación existente. Serían islas del buen gobierno, libres de corrupción y de violencia, con un entorno muy atractivo para los inversores extranjeros. Es más, permitirían crear polos de desarrollo liberados de las diez o doce familias oligárquicas que mantenían desde siempre el poder absoluto en Honduras. «La clave es dar la opción a la gente de venir a participar en el proyecto o no. Es decir, que sea un territorio sin muchos habitantes al inicio. Y al mismo tiempo, aunque haya bastante poder ejecutivo, es imprescindible que exista la opción de elegir a las autoridades democráticamente», me explicó en una entrevista que le hice en la sede del Banco Mundial en Washington. Quedó bastante claro durante la entrevista que Romer era un soñador de los que acaban fabricando pesadillas.

El nuevo presidente, Juan Orlando Hernández, que sustituyó a Porfirio *Pepe* Lobo cuando este cayó debido a un escándalo de corrupción, elaboró un plan de crear unidades ZEDE en decenas de localidades. La idea consistía en atraer capital a proyectos como la modernización de los puertos de Amapala, en el Pacífico, y Puerto Cortés, a media hora de San Pedro Sula, en el Caribe, conectados por una carretera rápida. «Vamos a hacernos con el 5 % de la mercancía que pasa por el canal de Panamá», insistió Hernández en un discurso en Nueva York. Se crearían otras ZEDE para proyectos de minería, agroindustria y turismo. Al principio, los defensores de las ZEDE defendían el proyecto como una alternativa a la emigración masiva del país. «Yo, al principio, pensaba que sí. ¿Por qué no ofrecerles a los hondureños la oportunidad de quedarse en su país en vez de emigrar creando un territorio con reglas y normas semejantes a las de Estados Unidos?», me explicó, casi para disculparse, durante una entrevista en Tegucigalpa, Julio Raudales, exministro de Planificación con Lobo, que había discutido el proyecto con Romer. Pronto Julio —y también Romer— se daría cuenta de que empezar de cero nunca ha sido fácil. Asesorado por el neoconservador estadounidense Mark Klugmann, quien escribía los discursos de Ronald Reagan, Orlando Hernández implementó un plan mucho menos transparente que el de Romer. El consejo gestor de las ZEDE estaba integrado por veintiuna personas, nueve de ellas estadounidenses de ideología libertaria y solo cuatro hondureños. Los estadounidenses incluían a Klugmann, a Michael Reagan, hijo del expresidente conservador, a Grover Norquist, otro reaganista involucrado en la financiación de la Contra en Nicaragua, y a Newt Gingrich, aliado de Trump en el Congreso. Entre los tres europeos estaba Barbara Kolm, la economista hayekiana vinculada al ultraderechista Partido de la Libertad austriaco. El Seasteading Institute de California, cuyas fantasías libertarias se centraban en la creación de islas flotantes sin impuestos, reglamentos laborales o sindicatos, también se interesó a través de su director, el hijo de Milton Friedman, el tótem y factótum del monetarismo pinochetista.

Estos serían los gobernantes de decenas de nuevos municipios, algunos bastante poblados ya, en los que la Constitución hondureña, con sus garantías de derechos de libre asociación, libre expresión, libertad de movimientos y muchos más, ya no tendría vigencia. Un atractivo adicional para los hayekianos de las islas flotantes y los enclaves libres de papeleo y corrupción era, claro, que tampoco habría sindicatos como Cosibah ni líderes como Iris Munguía. Ni, por supuesto, salario mínimo. Cuando el Tribunal Supremo falló que el plan ZEDE violaba la Constitución, Hernández expulsó a los cuatro jueces disidentes. Esto reportó otra ventaja para el presidente. Le sirvió para lograr el apoyo del tribunal para su plan de reelección, imposible según la Constitución, tal y como habían insistido quienes aplaudieron el golpe contra

Zelaya. Consciente de que había dado a luz en su laboratorio a un Frankenstein, Romer se desentendió de las ZEDE. «Los hondureños han creado zonas especiales bajo el control de una entidad que jamás será sometida a control democrático —me explicó—. Es una especie de club de aristócratas». En Trujillo, en la costa caribeña, se temía que la ZEDE sería un pretexto para expulsar a miles de pescadores y campesinos de la comunidad afrohondureña de Garifuna aprovechando la ausencia de títulos de propiedad. «Las expropiaciones ya son una realidad», me advirtió Félix Omar Valentín, activista de la organización campesina Ofraneh. En ellas se plantarían palmitos, el nuevo *cash crop*, ya más rentable que el plátano, que se había extendido implacablemente por la costa caribeña de Honduras bajo el control de Miguel Facussé, el ya fallecido magnate de los biocombustibles. Los activistas y líderes campesinos fueron perseguidos y, en el caso de Cáceres y otros, asesinados.

Las expropiaciones se sumaban al problema del cambio climático que ya padecían los campesinos. Concretamente, las sequías y el acortamiento de la temporada de lluvias, que había forzado a miles a abandonar la tierra y, en muchos casos, dirigirse al norte, cruzar México y luego intentar saltar el muro de Donald Trump. Hacía cinco años que las lluvias de primavera no llegaban. Todd Miller, en su libro *Storming the Wall*, explica cómo la migración masiva de hondureños se debe, en gran parte, a las consecuencias del cambio climático, ya fueran huracanes como el Mitch, ya fuera la falta de lluvias en mayo, cruciales para la siembra de abril de más de dos millones de campesinos en Honduras, Guatemala y El Salvador que dependían del autoconsumo. La migración cruza «la frontera de la era del antropoceno; jóvenes campesinos sin armas contra regímenes fronterizos de armas y prisiones», escribe Miller.

Por si fuera poco, la subida de temperatura había azotado el campo provocando plagas en los cultivos de café. Muchos de los campesinos más pobres migraban en la temporada de la cosecha del café y la banana a trabajar de jornaleros en las grandes plantaciones. Esto se había visto agravado por los precios del café, dictados, como siempre, por un mercado internacional amañado en contra de los países productores. A su vez, la destrucción de la sociedad campesina había creado un terreno abonado para las actividades de las temidas pandillas como la Mara Salvatrucha (MS-13). Por miles abandonaban las comunidades rurales para buscar trabajo en ciudades como San Pedro Sula y en muchos casos más allá, en México y Estados Unidos. Salarios de cincuenta dólares a la semana en un momento de subidas del precio del petróleo no ofrecían otra alternativa para quienes abandonaban sus parcelas. Esta situación límite se puso de manifiesto en las decenas de entrevistas que mantuve con inmigrantes hondureños en la frontera de México y Guatemala. «Muchos de los que estamos aquí somos campesinos. No hay manera de vivir ya de la tierra», me dijo Jorge Ramírez, uno de los cinco mil inmigrantes, la mayoría hondureños, que habían partido en la caravana que cruzó Guatemala y México desde San Pedro Sula en otoño de 2018, provocando el pánico y las amenazas de Trump, que llegó a movilizar a cinco mil soldados en la frontera para intimidar a aquel ejército de miserables tras su periplo de dos mil kilómetros. Hablaba en un campo de fútbol en Ciudad de México reconvertido en refugio, donde los inmigrantes habían parado a descansar durante cuarenta y ocho horas, antes de seguir hacia Tijuana y la frontera con Estados Unidos. Muchos de ellos eran inmigrantes del cambio climático, pero muchos más huían del régimen de Orlando Hernández.

La reelección anticonstitucional de Hernández frente al candidato de Zelaya, Salvador Nasralla, se logró mediante el clásico truco de la caída del sistema informático. Cuando cayó, Nasralla iba ganando, cuando los técnicos arreglaron el fallo, ganaba Hernández. Fue otro golpe de Estado que contaba con el apoyo estadounidense, esta vez de la administración de Donald Trump. Otra vez la gente salió a la calle y los policías antidisturbios también. La presidencia perpetuada dio otro impulso a los proyectos ZEDE. A la vez que privatizaba, se agravaba la crisis social, el salario real se desplomó en un brote de inflación y el hartazgo de millones de hondureños llegó al límite. Miles de personas abandonaron sus pueblos para dirigirse al norte no tanto en busca del sueño americano, cuanto para escapar de la pesadilla hondureña. Negados sus derechos democráticos, decidieron votar con los pies. De los cientos de hondureños hacinados en un polideportivo en las afueras de Tijuana, en la frontera entre Estados Unidos y México, todos con los que hablé afirmaron que su decisión de sumarse a la caravana tenía que ver con lo que calificaban de un segundo golpe de Estado y con la represión, además de la violencia, la pobreza y la sequía. «Después de las elecciones, con el fraude que hubo, murió mucha gente. Trataron a la gente humilde como si fueran animales. No se puede hacer una marcha pacífica y reivindicativa de derechos en Honduras porque el presidente manda a los policías a tirar balas vivas contra las personas; no viene con palos, sino con balas vivas; tenemos una dictadura; y los norteamericanos lo apoyaron», dijo José Reyes, que se protegía del sol bajo una pequeña carpa, con un grupo de amigos y familiares. José llevaba una tienda de tortillas en San Pedro Sula, y tres meses antes la mara había matado a su padre de sesenta y dos años. «Me hubieran matado a mí también, y a mi hermano; tuvimos que salir corriendo del país». Mientras hablaba, una voluntaria mexicana cantaba «Amor eterno», de Rocío Durcal, con el acompañamiento de un altavoz de karaoke —«la misma soledad que tu sepulcro»— y los hondureños gritaban como mariachis. Habían viajado durante un mes a través del territorio más violento de América Latina, un territorio en el que cerca de treinta mil centroamericanos habían desaparecido a lo largo de los años, antes de llegar a la frontera de Estados Unidos. Reyes resumió la historia desde el inicio: «Sacaron a Zelaya porque era amigo de Hugo Chávez, porque Chávez nos ayudaba bastante, nos daba tractores para los cultivos y la energía era barata, pero hicieron el golpe de Estado; y vendieron los tractores que Chávez nos había dado».

En la Honduras de Orlando Hernández, los lazos con Estados Unidos jamás habían sido tan estrechos. En las calles se podía ver a policías armados hondureños que llevaban en sus uniformes el escudo (estrella y alas) de la policía fronteriza estadounidense, especializada en la detención de inmigrantes antes de que emprendan su marcha a Estados Unidos. «He acompañado a las unidades de la policía hondureña y lo que se comprueba es la externalización de la seguridad de la frontera desde Estados Unidos hasta el interior de Honduras», me explicó Miller. Al mismo tiempo, existía una colaboración sin precedentes entre el Pentágono y las nuevas tropas de élite hondureñas, formadas por expertos estadounidenses para la guerra contra los narcos. «Me siento más orgulloso de Honduras que de ningún otro país», dijo el entonces general John Kelly, excomandante del Comando Sur —el centro de operaciones militares de Estados Unidos en América Latina— y ahora jefe de Gabinete y hombre fuerte en seguridad de la administración Trump. En verano, Hernández y Kelly pactaron más apoyo militar en una cumbre, junto con los presidentes de Guatemala y El Salvador, celebrada en el cuartel general del Comando Sur en Miami. Honduras parecía estar convirtiéndose en una nueva economía enclave con sus «unidades militar-policiales y los «silenciosos buques de guerra» de O. Henry.

Aunque las multinacionales bananeras ya habían trasladado gran parte de su producción a otros países, las oligarquías que controlaban el Gobierno de Orlando Hernández se parecían mucho a las que mandaban en los tiempos de *Cabbages and Kings*. Se suponía que las ZEDE darían la oportunidad de crear islas de buen gobierno en Honduras, pero Romer y Raudales ya sabían que la realidad era otra: «Las ZEDE ahora se perciben como una forma de buscar dinero fácil para los inversores de aquí. Y son las mismas empresas que han secuestrado al Gobierno», me explicó Julio en un hotel en Tegucigalpa. Las actividades que más se barajaban para las nuevas ZEDE eran precisamente el *agribusiness*, centrado en sectores como el palmito, la minería o el nuevo turismo de lujo. «Es el experimento más radical de todos, Honduras es el caso piloto y se espera que el modelo se extienda en múltiples polos de inversión en una nueva *race to the bottom* [carrera hacia el fondo de salarios bajos, ausencia de impuestos y regulación cero] en América Latina», me explicó Beth Geglia, que había realizado su tesis doctoral sobre la reaparición de la economía de los enclaves en Honduras. Pero en Centroamérica las mejores ideas de los economistas más inteligentes siempre topaban contra los planes de gente aún más lista que ellos. Según Beth, ya se temía que otra materia prima, la más lucrativa de todas, podría beneficiarse de territorios desacoplados del Estado. Había indicios de que las ZEDE, lejos de ser santuarios libres de violencia, acabarían siendo «territorios liberados» del anticuado Estado nacional para el disfrute de los narcos.

13

SOJA
(PARÁ, BAHÍA, BRASIL)
CARGILL Y LA GUERRA DEL FIN DEL MUNDO

Apretaba el calor en la ciudad amazónica de Santarém y ni siquiera bajando al cruce del Amazonas y del Tapajós, que al confluir parecían el mismísimo océano, había aire suficiente para combatir el bochorno. Los *ferry boats* zarpaban rumbo a Manaos o Belém, con los pasajeros locales ya medio dormidos en las hamacas colgadas sobre la cubierta y los turistas fantaseando sobre Werner Herzog y su periplo fitzcarraldiano.

Pero la nueva realidad de la Amazonia se perfilaba detrás. El buque *Jaguar Max*, de bandera de Bahamas, cargaba toneladas de soja desde la monstruosa terminal granero en el puerto privado de la multinacional estadounidense Cargill. Zarparía esa tarde con destino al sur de Europa y luego Egipto, donde la soja sería transformada en pienso para cerdos y pollos con certificado de sostenibilidad medioambiental de la Unión Europea. La soja se trasportaba del silo al barco mediante una cadena de cintas mecánicas que cruzaba un puente elevado a treinta metros del suelo. Largos tubos verticales depositaban la «*commodity* milagro» en las bodegas del barco. En su interior, una montaña de granos de soja llegaba ya al techo como una gigantesca duna de arena. Echándole un poco de imaginación febril, la terminal de Cargill, construida en 2003 sin el correspondiente estudio de impacto medioambiental, parecía un invasor extraterrestre como los de la guerra de los mundos de H. G. Wells y Steven Spielberg. En Santarém se libraba la guerra por el planeta. Con una capacidad de almacenamiento de 114.000 toneladas de soja o maíz, la terminal había transformado la logística del negocio de la soja en el Amazonas. Daría acceso, por el Tapajós —y por la carretera BR163 una vez acabaran los trabajos de asfaltado—, a cinco millones de toneladas de soja procedentes de la nueva frontera del agronegocio, dos mil kilómetros río abajo, en Mato Grosso. Allí la soja se extendía hasta el horizonte como en un cuadro de Rothko —alternando verde y gris—, un triste monocultivo donde antes bullía la mayor biodiversidad del planeta. Cargill compraba millones de toneladas tras cada cosecha de los productores sojeros en Mato Grosso y los cargaba en enormes barcazas reconocibles como propiedad de Cargill por el color verdiblanco, en Porto Velho, otro punto estratégico de la nueva infraestructura extractivista de la Amazonia. En Santarém era trasladada a buques de carga de larga distancia y trasportada hasta Belém, cien kilómetros río abajo, y luego al Atlántico.

Otros barcos con capacidad para 55.000 toneladas de soja se conectaron al sistema de grúas, cintas y tubos para llenar sus bodegas de la *commodity* más estrechamente identificada con la globalización de la industria alimentaria, el cereal que, según repetían una y otra vez los maltusianos relaciones públicas de Cargill, evitaría la hambruna global. Cruzarían el Atlántico tal vez hasta el puerto de Liverpool, ya equipado con una planta de procesamiento de los granos de soja, como en los viejos tiempos de las venas abiertas. Siglo y medio antes, el azúcar, el café y minerales como el estaño llegaban desde Brasil a los austeros almacenes victorianos del puerto del Imperio británico. Los esclavos comprados en el oeste de África y enviados al Nuevo Mundo completaban el comercio triangular. Ahora, la soja de Santarém ayudaba a resucitar Liverpool tras un siglo de declive.

El imperio que mandaba ya en la Amazonia brasileña era el de Cargill, la compañía no cotizada más grande del mundo, con 170.000 empleados. Su sede en Minnesota, una réplica incongruente de un *château* parisino rodeado de campos de maíz y soja, había sido el cuartel general de la primera fase del *agribusiness*, que convirtió el medio oeste estadounidense en el granero del mundo. Ahora Cargill, bróker global de las *commodities*, se ponía al frente de la segunda ola, la de América Latina. Brasil, Argentina y sus vecinos se habían convertido en los principales productores de soja del mundo con casi el 60 % de las exportaciones, y Cargill no desaprovecharía la oportunidad. Ya facturaba por el procesado y la exportación de la soja y otras materias primas unos astronómicos 110.000 millones de dólares al año, casi el doble que su principal competidor, Archer Daniels Midland (ADM), con sede en Chicago, la ciudad donde los «futuros» de la soja, el trigo, el maíz y los *pork bellies* se comerciaban en el mercado financiero, en una orgía de especulación diaria con los alimentos de primera necesidad de millones de pobres asiáticos, latinoamericanos y africanos que lidiaban con el hambre. Estos dos gigantes estadounidenses dominaban la industria global de cereales junto con otros dos brókeres, la francesa Louis Dreyfus y Bunge, cuya propia terminal de carga se encontraba cien kilómetros río abajo, en Itaituba, un caótico *boom town* de extractivismo selvático. La soja era el más importante de los llamados cultivos *flexi*. Servía de alimento para los seres humanos, de pienso para los animales, de combustible para los vehículos diésel y hasta como materia prima industrial. Henry Ford fabricaba plástico a partir de la soja y quiso «cultivar» los componentes de sus automóviles en una granja de soja de Michigan. Si bien las ruinas de Fordlandia, el delirante proyecto del magnate del automóvil de construir la réplica de un pueblo del Medio Oeste en la orilla del Tapajós, a ochenta kilómetros de Santarém, sería una advertencia para quienes quisieran fundir naturaleza e industria. Para Cargill ser el rey de la soja ayudaba también a competir en el negocio mundial del pollo, la «plataforma de proteína» más cotizada por la industria alimentaria global del siglo XXI. Asimismo, buscaba aumentar su presencia en la producción de carne de cerdo y compaginar sinérgicamente —así se expresaban los directivos en Minnesota— su posición dominante en la industria de carne bovina en Estados Unidos. Porque lo cierto es que solo el 6 % de la producción de la elogiada *flexi commodity* sirve para alimentar directamente a los seres humanos. El resto se utiliza para engordar a miles de millones de animales en su corto viaje del lote de engorde hasta el matadero industrial. La soja es el primer eslabón de una destructiva cadena de producción que acaba en el plato del consumidor global en forma de alitas de pollo, beicon crujiente o hamburguesas *supersize*. Claro que se trata de un negocio incompatible con los objetivos de reducción de emisiones de dióxido de carbono, esencial para salvaguardar la salud del planeta, pero el reto del cambio climático es un asunto secundario para Cargill. Su prioridad es seguir inflando unos beneficios globales que han subido el 47 %, hasta 3.200 millones de dólares, en 2018.

Cargill gestionaba fábricas de crianza de un millón y medio de pollos en el Reino Unido y Francia y la misma soja que salía desde Santarém sería prensada en la planta de Liverpool y convertida en pienso en la planta de Sun Valley, en Hereford, de procesamiento de pollos criados —los expertos utilizan el verbo *cultivar*, como si el pollo se hubiera revertido a la soja que lo alimentaba— en enormes mataderos. Allí se fabricaban los *chicken McNuggets* de McDonald's, bombas de grasa y sal que habían enganchado a niños en los cuatro continentes como si de una droga se tratara. En España, mientras tanto, los piensos de soja de Cargill, procedentes de la terminal de Santarém y procesados en otra planta en Barcelona, alimentaban a millones de cerdos que se transformarían en ese jamón york de textura resbaladiza como el cuero mojado y envasado en plástico que se vendería a un millón de madres españolas en los supermercados de Carrefour o de Aldi. Cargill dominaba la cadena transcontinental a lo largo de 10.000 kilómetros, desde el grano de soja en Mato Grosso a la loncha grasienta de beicon insertado en las hamburguesas de la comida rápida global.

Por supuesto, el principal mercado de la soja brasileña era Asia, aunque las exportaciones a China no pasaban por Santarém, sino por los grandes puertos de Santos y Paranaguá, al sur de Brasil. Más que salvar al mundo del hambre, la soja satisfacía la creciente demanda de carne de Asia —la única región del mundo en vías de desarrollo que había logrado reducir la brecha de la renta per cápita con Europa y Estados Unidos—. Brasil ya era el segundo productor de soja del mundo y, merced a la demanda china, parecía lógico pensar que pronto alcanzaría el primer puesto. Los ingresos del *boom* sojero en la primera década del nuevo siglo, junto con otros ingresos procedentes del gran ciclo de las materias primas, habían financiado las políticas de redistribución de los Gobiernos de Lula. Aunque, como ya vimos en el caso del hierro, basar el proyecto de transformación social en las rentas obtenidas por la exportación de las *commodities* alimentarias, incluso en el caso de la milagrosa soja, no era en absoluto aconsejable. La subida de ocho a diecisiete dólares el bushel de 2004 a 2012 no era de fiar. Siete años después, tras la desaceleración de la economía china en la segunda fase de la crisis global, el precio regresaría a los nueve dólares. Sin embargo, la producción brasileña de la soja seguía al alza.

Consciente de los grandes beneficios que podía sacar de la apuesta brasileña, Cargill dio la espalda a los adustos granjeros de Iowa y apostó por la «tropicalización» de la soja. Una política de adaptación del cereal al clima y a las tierras del norte ecuatoriano de Brasil. Aprovechó los avances científicos en materia de fertilizantes, pesticidas y herbicidas, cruciales para todos los monocultivos, en la versión brasileña de la revolución verde. Un regalo de la agencia estatal Embrapa, principal vehículo de la política agraria brasileña, que, junto con el banco público más grande del mundo, el BNDES, impulsaba el emergente agronegocio brasileño. Pronto Brasil lideraría el ranking mundial de uso de sustancias tóxicas en la agroindustria y daría la bienvenida a la soja transgénica y, de rebote, al pesticida cancerígeno glifosato, que ya se detectaba en la leche de las madres de Mato Grosso. Cargill aprendería a amar tanto los espacios abiertos y desarbolados de Mato Grosso como las *Great Plains* del Medio Oeste.

Pero había un problema para el gigante de Minnesota. La soja ya amenazaba los logros del primer Gobierno de Lula en la lucha contra la deforestación. Aunque solo el 10 % de la soja brasileña se cultivaba en la Amazonia, casi toda en Mato Grosso, Greenpeace advertía en un informe pionero, publicado en el 2006, titulado *Comiendo el Amazonas*: «Un nuevo factor se suma a la frontera de la destrucción de la Amazonia: la industria de la soja». Animó a los consumidores a boicotear los alimentos elaborados con soja cultivada a partir de deforestación. La lucha contra el cambio climático ya movilizaba a millones de personas en Europa y Estados Unidos, muchos de ellos consumidores de productos derivados de la soja y además integrantes del segmento demográfico más importante para una marca de consumo, los jóvenes. Esto se convertiría en un verdadero quebradero de cabeza para la imagen corporativa de los principales clientes de los grandes brókeres de las *commodities*, desde franquicias de comida rápida como McDonald's hasta grandes superficies como Wal-Mart o Lidl. Hacer sostenibles las cadenas de suministro se convirtió en una exigencia del departamento corporativo social de estos mastodontes multinacionales. Greenpeace y otras ONG no tardaron en darse cuenta de que mediante protestas dirigidas contra las grandes marcas de consumo podrían llegar a Cargill, el delincuente a la sombra que poseía un largo historial de atropellos contra los derechos laborales, humanos y medioambientales. Santarém fue un excelente escaparate para la campaña contra la soja. En 2005, un equipo de activistas escaló las grúas y puentes de la terminal de soja para colocar pancartas que rezaban: «*Fora Cargill*» y «*Stop deforestation*». Denunciaron que el puerto privado de Cargill no solo incentivaba la deforestación en la frontera de la soja en Mato Grosso, desde donde llegaba el 80 % de la soja hasta la terminal de Cargill, sino también en los alrededores más cercanos a Santarém, en el corazón de la selva amazónica. Al año de la construcción de la terminal, la tasa de deforestación en el norte y oeste del estado de Pará casi se duplicó, de 15.000 a 28.000 hectáreas.

En general, la instalación de la terminal coincidió con los dos peores años en cuanto a deforestación de toda la región amazónica desde el récord de 1995, con la destrucción de un área equivalente a cincuenta mil campos de fútbol. Con la garantía de tener un comprador para su soja y, en muchos casos, créditos facilitados por el departamento financiero de Cargill, miles de hacendados del sur brasileño llegaron a la zona de Santarém para plantar soja. Raissa Macedo Lacerda, experta en desarrollo sostenible de la Universidad de Brasilia, entrevistó a productores de soja en el norte y concluyó en una tesis doctoral: «Las actuaciones de Cargill en la región fueron el principal factor que influyó en los productores para migrar y establecerse en el oeste de Pará». Por «migrar y establecerse» se podía entender también, por supuesto, deforestar.

El impacto no solo se produjo en las áreas arrasadas de la selva, sino en la explosión demográfica de Santarém, cuya población se disparó de 63.000 habitantes, en 2001, a casi 350.000 diez años después. La migración masiva vació el campo de personas, además de árboles. Veinte mil pobres sin vivienda ni tierra levantaron chabolas en los alrededores de la ciudad, todos ellos campesinos desplazados por la soja. «Hace quince años, en los alrededores de Santarém, la agricultura era principalmente familiar y muy diversificada. Producían de todo, arroz, frijoles, café, batata, tomate, cacao, achiote», me explicó Ib Sales, un activista del medio ambiente. «Pero llegaron Cargill y Bunge; muchos agricultores vendieron sus tierras a las grandes sojeras y por poco dinero. Miles de ellos han venido a la ciudad; es un caos», prosiguió. Estos campesinos desplazados, muchos de ellos «colonos» que llegaron desde otras partes de Brasil en los años setenta y ochenta tras la construcción de la carretera transamazónica, eran, tal vez más aún que los indígenas, los olvidados de la economía global de la soja. «El campo se vacía y la ciudad se llena», me explicó el padre franciscano Edilberto Sena, cuyo comentario sobre la presencia de «soja, soja y más soja», el lector recordará de la introducción de este libro. «¿Qué sabe hacer el que viene del campo? Pues plantar, cosechar, pescar... Y si viene a la ciudad, ¿qué va a hacer? Pues, una mierda; vender caramelos o cobrar Bolsa Familia», añadió el procaz pero agudísimo padre en referencia al subsidio antipobreza que había sido un elemento esencial de las políticas sociales de Lula. Viejo militante de la izquierda campesina, Sena era un crítico acérrimo del modelo de extractivismo y transferencias sociales elegido por el PT. «Destruyen la economía de los campesinos y luego pagan un subsidio a las víctimas».

La imagen corporativa de Cargill —ya dañada por una serie de casos de intoxicación de sus productos de carne en Estados Unidos— cayó por los suelos. McDonald's, que en un drástico reciclaje de su propia imagen había cambiado sus carteles y logotipos corporativos de rojo a verde, empezó a presionar a su principal proveedor de soja para que eliminara la deforestación de la Amazonia de su cadena de suministro. Otras marcas globales siguieron el ejemplo. En 2006, Cargill y los otros brókeres firmaron la moratoria sobre la soja de la Amazonia, que vetaba su producción en áreas deforestadas. El resultado fue espectacular: la deforestación provocada por la entrada de soja cayó del 30 % al 1 % entre 2006 y 2008. Diez años después, había eliminado por completo la deforestación causada por la industria sojera, según un estudio de la Universidad de Wisconsin. La noticia era aún más alentadora para Cargill y sus rivales, pues la producción de soja subía de forma espectacular, a pesar de la moratoria, gracias a mejoras de productividad y al uso de suelo ya deforestado. «Hay millones de hectáreas ya deforestadas donde se puede plantar soja sin perjudicar los ingresos de los productores. Esto lo demostró la moratoria», explicó Glen Horowitz, consejero delegado de la ONG Mighty Earth. Eso sí, haría falta incorporar a las multinacionales de la carne para combatir el otro frente de la deforestación, tal y como veremos en el siguiente capítulo. Pero nadie dudaba que la moratoria de la soja fue un acuerdo histórico para la protección de la Amazonia. Y la ironía era que el monstruo metálico de tubos y cintas transportadoras de Cargill en Santarém había sido el desencadenante de la solución.

*

Tras la moratoria, la industria de la soja (Cargill en particular) fue perdonada y exculpada de la implacable deforestación que arrasaba la Amazonia. Los destructores de la selva no eran ya los sojeros, sino los ganaderos, los madereros y los mineros *garimpeiros*. Un golazo digno de Neymar marcado por los departamentos de responsabilidad social y marketing de Cargill. Pero en el bioma del Cerrado —mucho menos comentado que la Amazonia en los documentales de *National Geographic* pese a su pasmosa biodiversidad—, la *commodity* milagro ya impulsaba una deforestación dantesca. Un enorme ecosistema mesetario que se extiende por más de dos millones de kilómetros cuadrados al sur y sureste de la Amazonia, el Cerrado desapareció a ritmo de vértigo. Se habían destruido más de medio millón de hectáreas en el Cerrado en solo cuatro años (entre 2011 y 2015) —el 40 % de todos los bosques— para allanar el camino a la soja. Increíblemente, aquella deforestación era legal. Según el código forestal brasileño, solo el 20 % de los latifundios en la Amazonia podía ser deforestado. En el Cerrado, en cambio, que albergaba el 5 % de las especies del planeta, 4.800 de ellas únicas, los grandes latifundistas y propietarios podían destruir la vegetación autóctona en nada menos que el 80 % de sus fincas.

En un viaje por el oeste del estado de Bahía, a mediados de 2019, recorrí un paisaje similar al Mato Grosso, con extensas llanuras de soja y algodón. Aunque, en Bahía, la exuberante vegetación arriba, en las mesetas, todavía recordaba la existencia de una alternativa al monocultivo de tierra abajo. En los bosques del Cerrado no se veían los enormes troncos y copas de las ceibas o heveas de la selva amazónica, sino arbustos y árboles más chatos, los byrsonimas o los perobas. Las raíces se hundían en la tierra hasta llegar a los gigantescos acuíferos subterráneos que abastecían algunos de los ríos más grandes del mundo.

En esos momentos, sin embargo, la superficie ardía. Columnas de humo se elevaban de las pequeñas islas de bosque que aún permanecían en pie en medio de las haciendas sojeras. Tras una subida del 200 % de los incendios registrados en Brasil en los siete meses transcurridos desde que Jair Bolsonaro llegara a la presidencia, millones de los compactos arbustos del Cerrado ya eran grotescos esqueletos negruzcos.

Largos convoyes de camiones cargados de soja sorteaban las llamas en su camino hacia las plantas procesadoras de Cargill y Bunge cerca de la capital de la soja, Barreiras. En medio del paisaje calcinado, un mamífero, tal vez un jaguar o un lobo melenudo, vagaba perdido como un superviviente solitario del apocalipsis.

Cargill y los demás brókeres multinacionales se felicitaban por el éxito de la moratoria de la soja en Amazonia, pero se negaron rotundamente a aplicarla al Cerrado. «Cargill está comprometida con el objetivo de eliminar las deforestaciones en su cadena de suministros», me repuso el responsable de comunicación de la empresa estadounidense en São Paulo. «Pero sacar a suministradores de la cadena de suministro en el Cerrado no resolvería el problema, sino que lo trasladaría a otras compañías», añadió. Claro, un portavoz de Bunge diría exactamente lo mismo. Y los demás brókeres también.

Obviamente, el secreto del éxito de la moratoria en Amazonia fue que todos firmaron el acuerdo. Los clientes de los brókeres de la soja que habían apoyado aquella moratoria tampoco presionaron mucho en defensa de los bosques del Cerrado. Burger King fue blanco de un informe de Mighty Earth que localizó haciendas, en los alrededores de Barreiras, que habían deforestado para producir soja que luego alimentaría los cerdos y los pollos para el sándwich King Bacon o el Crispy Chicken Junior. Mientras que McDonald's anunció un plan para eliminar la deforestación de su cadena de suministros también en el Cerrado, Burger King se mostró indiferente. Cuando finalmente se comprometió a actuar, puso 2030 como fecha para eliminar la deforestación. Algo tarde, dada la bomba de relojería del cambio climático. La falta de interés de Burger King por el futuro del Cerrado tal vez tuviera que ver con que su principal accionista era el grupo de inversores brasileños 3G Capital, liderado por Paulo Lemann, el hombre más rico de Brasil, que solía comentar que su fórmula para el éxito en las finanzas la aprendió practicando surf sobre las olas más grandes de la playa de Leblon, en Río de Janeiro. En general, nadie en ese mundo empresarial se atrevió a tomar la iniciativa para detener la deforestación en una región que proporcionaba más del 50% de la soja de Brasil. En el pequeño aeropuerto de Barreiras se apreciaba enseguida lo que estaba en juego en la expansión del agronegocio en el Cerrado. Decenas de especies de pájaros —fugaces pinceladas de color brillante, desde el verde fluorescente de los periquitos a las cabezas carmesíes de los cardenales— voltearon en torno a una higuera al salir del edificio. Pero en los alrededores se extendían inmensos campos de soja, gris como el hormigón, justo después de la cosecha. El denominado programa Matopiba, que garantizaba apoyo federal para el agronegocio en cuatro estados colindantes con la Amazonia (Maranhão, Tocantins, Piauí y Bahía), incentivaba la deforestación y luego el uso intensivo de fertilizantes químicos para combatir la acidez de la tierra en el Cerrado. Asimismo, se concentró la producción en la parte del oeste donde había más agua, pese al riesgo para los acuíferos de un monocultivo como el de la soja. Con la burbuja de las *commodities*, la soja cotizó al alza y el Cerrado se convirtió en un imán para los inversores de los centros financieros de São Paulo y Wall Street. Los latifundistas ya no eran solo los viejos barones de la soja que sabían rentabilizar el sistema político clientelar, como Blairo Maggi, que amasó una fortuna superior a los mil millones de dólares con la soja y fue elegido gobernador de Mato Grosso y ministro de Agricultura en el Gobierno de Michel Temer, tras la destitución de Dilma. Llegaban también al oeste de Bahía los gestores de los grandes fondos de inversiones estadounidenses como BlackRock, especializado en sacar pingües beneficios de los desahucios y la destrucción, desde Barcelona a Barreiras, y el fondo que gestionaba las dotaciones presupuestarias de la Universidad de Harvard. Todos poseían haciendas en el oeste de Bahía y todos habían dado luz verde a la deforestación. «Para el agronegocio de la soja, el Cerrado es una zona privilegiada: clima sin extremos, grandes llanuras, tierra barata, bien regada», me comentó el padre Martin Mayr, un pastor austriaco residente en Barreiras desde hacía treinta años que había ayudado a organizarse a las comunidades campesinas contra los latifundistas. «Pero para nosotros es una región privilegiada porque es un depósito de agua que debe ser conservado. Es una diferencia abismal de visión». Martin, al igual que el padre Edilberto Sena de Santarém, era un sacerdote que entendía bien la diferencia entre los pecadillos contra la naturaleza y los pecados. Durante nuestra entrevista, fumaba sin parar y pidió dos cervezas, como yo. Al igual que Sena, desconfiaba de los argumentos del *lobby* sojero —compartidos por el desarrollismo extractivista de Lula y Dilma— de que la producción agropecuaria a gran escala sería la solución para eliminar el hambre mundial. «Yo estoy de acuerdo con Amartya Sen en que el problema no es la cantidad de comida que hay, sino cómo se distribuye», resumió refiriéndose al economista indio y premio Nobel.

No fueron solo los árboles del Cerrado los que cayeron ante el implacable avance de la soja. En Barreiras, conocí a André Guedes y a Fernando Ferreira, dos jóvenes campesinos de una de las seis comunidades que tuvieron la mala suerte de encontrarse dentro del perímetro del gigantesco latifundio sojero Fazenda Estrondo, de unas doscientas mil hectáreas. Uno de los más grandes al oeste del estado. Eran la prueba viviente de que en la conquista de la soja lo primero que se derribaba eran los árboles. Luego, a las personas. Primero, hacía falta una motosierra. Luego, una pistola. «Íbamos montados yo en una mula y Fernando en un caballo para recoger nuestras vacas. Era una zona donde antes podíamos pasear», explicó André Guedes de Souza, de veintitrés años, que había venido con su amigo Fernando a Barreiras para denunciar lo ocurrido a la fiscalía del estado. «Se acercó un todoterreno de la empresa de seguridad Estrela Guia con dos vigilantes armados, empleados de la hacienda. Nos dijeron que enseñásemos nuestra documentación, que estaba prohibido andar por ahí y que no podríamos volver. Así que discutimos. Luego, el guardia sacó una pistola. Salimos de allí corriendo, pero el tiro alcanzó a Fernando». Fernando, un año más joven, y más callado, levantó su pantalón y nos mostró la herida de bala en el muslo derecho. Fue la segunda vez en seis meses que un campesino residente de las tierras apropiadas por Estrondo había sido blanco de los disparos de la policía privada que guardaba la hacienda.

La Fazenda Estrondo se ubicaba en el entorno del pequeño municipio de Formosa do Rio Preto, en el oeste de Bahía, colindante a Tocantins, una de las zonas de expansión vertiginosa de la soja en Brasil. Con las cabeceras de varios afluentes del gran río San Francisco, era una región del Cerrado de enorme valor medioambiental. Cien kilómetros más al norte, las piscinas turquesas de agua cristalina que manaba de un fondo arenoso en el Parque Nacional de Jalapão habían atraído a miles de excursionistas equipados con cámaras *water proof* para hacerse selfis en el agua y reconstruir las escenas de la telenovela *Al otro lado del paraíso*, que fue rodada en el parque. Unas cien mil hectáreas (el 50 % de la superficie de la enorme Fazenda Estrondo) habían sido deforestadas entre 1993 y 2004 y sustituidas principalmente por soja con ayuda de la petroquímica. El fertilizante era cada año más necesario y en mayor cantidad conforme el monocultivo aniquilaba los nutrientes en la tierra. Como se acercaba al límite permitido, la dirección de la hacienda solicitó autorización para destruir veinticinco mil hectáreas más. Pero surgió un molesto obstáculo para el puñado de inversores multimillonarios que se habían apropiado de las tierras treinta años antes, liderados por el conocido financiero de Río de Janeiro Ronald Guimarães Levinsohn, cuyo Banco Delfin había estafado a miles de ahorradores veinte años antes. Enfrentadas a la *commodity* milagro en la Fazenda Estrondo estaban las siete comunidades de los llamados *geraizeiros*, solo cuarenta y siete familias, pero con raíces en las tierras del oeste de Bahía tan profundas como los arbustos del Cerrado.

No era de extrañar la tenacidad de los *geraizeiros*, en su mayoría afrobrasileños. Habían llegado al oeste de Bahía a finales del siglo XIX tras participar en la resistencia numantina de Canudos en 1896. Como bien sabrán los lectores de la apasionante novela de Mario Vargas Llosa *La guerra del fin del mundo*, Canudos se convirtió en un símbolo del heroísmo trágico y la fe mesiánica del pueblo del nordeste de Brasil. Tras rebelarse bajo el liderazgo del profeta apocalíptico conocido como el Consejero, un pueblo integrado por campesinos blancos, esclavos fugitivos e indígenas resistió durante dos años el asedio y los cañonazos de las tropas federales. Al final, no quedaba casi nada. Vargas Llosa describe así la escena final, tras caer la resistencia: «Solo tras montar la cuesta pedregosa [...] y encontrarse a sus pies con lo que había dejado de ser Canudos, comprendieron que ese ruido eran los aletazos y los picotazos de millares de urubúes [...]. Lo que no había sido pulverizado ni por la dinamita ni por las balas ni por los incendios; esos miembros, extremidades, cabezas, vértebras, vísceras [...], esos animales ávidos ahora trituraban, despedazaban, tragaban, deglutían [...] el final que Canudos merecía».

Pero no todos fueron devorados por los buitres. Los bisabuelos de los habitantes mayores de las cinco comunidades en la Fazenda Estrondo huyeron al oeste tras la caída definitiva de Canudos en 1897 y establecieron sus comunidades campesinas en Formosa do Rio Preto, a orillas del río homónimo, afluente del enorme San Francisco. Autosuficientes, se dedicaron a la pequeña ganadería y al cultivo de alimentos históricos como los frijoles y la yuca, así como a la famosa artesanía de la región, el *capim dourado*. Estas actividades campesinas eran perfectamente compatibles con la conservación de los bosques del Cerrado. En los años noventa, Levinsohn se apropió del terreno de forma fraudulenta, según el instituto responsable de la reforma agraria en Brasil, con la ayuda de los notorios *grileiros* brasileños, que falsificaron los títulos de propiedad. Los campesinos, que según la ley brasileña tenían derecho de propiedad por haber vivido en la zona un siglo, reclamaban 43.000 hectáreas de tierra que usaban principalmente de pastoreo para su ganado. Eso no suponía la destrucción del bosque del Cerrado, como en el caso del ganado de los grandes hacendados, pues el pasto de las vacas de los descendientes de Canudos es de plantas autóctonas.

Los latifundistas sojeros intentaron primero la estrategia de la zanahoria. «Llegaron y organizaron fiestas en el pueblo para divertirnos. Pusieron fuegos artificiales, pero nadie vendió nada», contó André. Luego, tras una serie de decisiones contradictorias en los tribunales, llegó el palo. Levantaron vallas de alambre de espino, cavaron trincheras de tres metros de profundidad, así como una serie de garitas con torres de vigilancia ocupadas por la policía privada de la Estrela Guia. Los caminos de tierra que los campesinos usaban para ir de una comunidad a otra fueron bloqueados. «Prácticamente estamos cercados. La soja ha traído muchos problemas, veneno que entra en el río cuando llueve; y ha traído las garitas», explica André en un vídeo que grabé con mi teléfono móvil en el jardín de un centro de acogida de la agencia católica de Barreiras. Tras el acorralamiento, la política de acosos entró en una nueva fase. Los guardias comenzaron a disparar. Cuando Fernando, finalmente, empezó a hablar después de permanecer un largo rato en silencio, seguramente por miedo, el comentario fue gráfico. Se acercó a la cámara con su muleta y soltó: «Estamos conviviendo con pistoleros. Quieren echarnos, estamos esperando que lleguen los tractores para derruir nuestras casas».

Los gerentes de la Fazenda Estrondo respondieron que todo lo que hacían estaba dentro de la ley. «Ninguna carretera pública ha sido bloqueada y las garitas son necesarias porque hay muchos robos y los campesinos destruyen las garitas», dijo el administrador de la hacienda, Daniel Ferraz, en una entrevista mantenida en Río de Janeiro. La paradoja de crear más garitas con guardias armados porque los *geraizeiros* atacaban las garitas no parecía haber entrado en su cabeza. Los guardias que dispararon contra los jóvenes campesinos dijeron que estos también iban armados, lo que Guedes y Ferreira desmintieron. Ante las acusaciones de que se había realizado deforestación ilegal en Estrondo, Ferraz respondió que se había cumplido con el requisito legal de preservar el 20 % de tierra protegida. Pero ese argumento tenía truco, dijo el padre Martin. «Tenemos una especie de *desahucio verde*, porque quieren echar a los campesinos para poder incluir sus tierras en el 20 % de la reserva protegida».

Por supuesto, Cargill no era ajena a los incidentes de la Fazenda Estrondo. A las afueras de la hacienda, se encontraba un almacén de la exportadora estadounidense y otro de Bunge. Los camiones que salían de Estrondo iban a las plantas de procesamiento de Cargill, una al norte, otra al sur. Obviamente, sin contar con la infraestructura de procesado y exportación proporcionados por Cargill y Bunge, Estrondo difícilmente habría podido seguir operando. Una mínima presión desde Cargill sobre Levinsohn y los demás terratenientes ausentes habría bastado para garantizar los derechos de los *geraizeiros*. Pero en la sede de Cargill en São Paulo y en Minnesota la respuesta era de indiferencia. «Cargill no tiene ninguna relación con los conflictos», afirmó el portavoz.

14

CARNE
(PARÁ, BRASIL)
LA CAPITAL DEL BUEY

La feria agropecuaria de Xinguara se celebraba todos los meses de septiembre en la Amazonia suroriental brasileña, antes una selva densa en vegetación poblada por jaguares, perezosos y monos araña, y ahora centro regional de producción de carne bovina con varios millones de cabezas de ganado y tres mataderos industriales. «Xinguara, bienvenido a la capital del buey», anunciaba el letrero en la entrada de la pequeña ciudad. Había sido el peor año de incendios forestales de la última década, y no parecían ajenos al desastre los nueve meses que Jair Bolsonaro llevaba en la presidencia. Grandes humaredas grises flotaban sobre lo que quedaba de selva en los alrededores de la pequeña ciudad, donde los bueyes, puntos blancos sobre el paisaje ennegrecido, buscaban algún brote verde. A este rincón de la degradada Amazonia llegaban para participar en la fiesta los grandes latifundistas, dueños de enormes haciendas en el Amazonas, aunque la mayoría residía en los distritos de alto *standing* de São Paulo, Río de Janeiro, Brasilia o Belo Horizonte.

Se esperaba a los hermanos Quaglioti, de São Paulo, propietarios de la gigantesca Hacienda Rio Vermelho, donde pastaban más de 150.000 bueyes. Los Quaglioti habían comprado sus tierras en Xinguara al Gobierno militar (1964-1984) por un precio irrisorio. En eso consistía el proyecto de colonización de la Amazonia conocido como «Tierra sin hombres para hombres sin tierra», un lema que no solo delataba el desprecio de los generales por las trescientas etnias indígenas que habitaban la selva, sino por todas las mujeres del planeta.

Para los hombres de uniforme, el ganado sería el mejor vehículo para conquistar la naturaleza y afianzar de ese modo las fronteras de la Amazonia brasileña, el 60 % de la totalidad del bioma amazónico, una superficie equivalente a la de la Unión Europea (algo más de cuatro millones de kilómetros cuadrados).

Pese a las denuncias que llegaban de vez en cuando por practicar la deforestación ilegal en su hacienda o por el uso de mano de obra esclava, los Quaglioti ya eran los ganaderos más importantes de Brasil (y del mundo entero. Tras incrementar el número de cabezas de ganado en la Amazonia de 47 a 85 millones en lo que iba de siglo XXI, Brasil había rebasado a Estados Unidos y Australia como primer productor de carne bovina de la historia).

Acudiría también a la gran feria del buey algún representante de la familia de Daniel Dantas, banquero y presidente de la empresa Agro Santa Bárbara Xinguara, residente en Río de Janeiro y cuyas haciendas se extendían a lo ancho de 25.000 hectáreas alrededor de Xinguara. Dantas era uno de los hombres de finanzas más polémicos de Brasil. Enriquecido con las privatizaciones de empresas públicas llevadas a cabo durante las presidencias de Fernando Henrique Cardoso en los años noventa, fue efímeramente encarcelado en 2008 por su supuesta participación en una red de sobornos. Pese a ello, su patrimonio alcanzó los 1.500 millones de dólares gracias a la lucrativa industria de la carne, en la que su fondo de inversión Opportunity Fund había entrado con fuerza al adquirir medio millón de hectáreas de tierras en Brasil, la mayor parte de ellas en la Amazonia. Durante los preparativos para la feria de Xinguara, Dantas se encontraba bajo investigación por vender vacas procedentes de áreas de selva deforestadas ilegalmente a los mataderos de la multinacional cárnica JBS, una empresa que rivalizaba con la constructora Odebrecht en su predisposición a sobornar a políticos brasileños, entre ellos al expresidente Michel Temer.

Los grandes terratenientes asistieron a las vistosas cabalgatas y al desfile de bueyes jorobados de la raza india cebú que integraban las manadas más grandes de Brasil, concentradas en el sur del estado de Pará y en expansión imparable hacia el oeste, conforme la deforestación les abría camino. Hubo rodeos, subastas, barbacoas de churrasco y *picanha* y conciertos de música *sertanejo*, la versión brasileña del *country* norteamericano con letra sentimental y estribillos que todo el mundo se sabía de memoria. Se organizó un concurso de belleza vaquera y Rissy Rais, luciendo una camisa a cuadros atada sobre el ombligo, se anunciaba como candidata estrella. Se mostraron los nuevos sistemas de hacinamiento de bueyes en lotes de engorde y una gama de tractores útiles para abrir camino en el bosque para el pasto. Los organizadores habían invitado a los más destacados biólogos del sector cárnico para explicar las últimas técnicas genéticas de cruce de razas antes de realizar las transacciones de semen de los mejores ejemplares. Se palpaba la expectación en la ciudad. «Es el evento del año. Habrá mucha borrachera, mucha música y probablemente habrá tiros», me explicó una joven universitaria que paseaba delante de la iglesia, por el centro.

No por nada Xinguara celebraba con tanta pasión la feria del buey. La explosión ganadera había transformado un pueblo en el bosque en un centro urbano de 45.000 habitantes que ya contaba con un restaurante de categoría en la gasolinera de Petrobras, un *shopping* de compras y un hotel de cuatro estrellas, lleno a rebosar durante la feria, aunque los latifundistas y sus invitados se alojaban en sus propias haciendas. Además, la carne era un negocio en alza a escala planetaria.

Según la FAO, la organización de las Naciones Unidas especializada en seguridad alimentaria, el consumo mundial de carne subiría hasta situarse en 2050 un 76 % por encima del nivel de 2018. La carne de vaca tiene excelentes expectativas de crecimiento, con un aumento previsto del 69 %. Brasil está bien posicionado para rentabilizar el creciente apetito de las clases medias emergentes en el sur global, sobre todo en Asia, por el chuletón *T-Bone Steak*, el churrasco y, por supuesto, el Big Mac. Pero los ganaderos de Xinguara ya sabían que tenían que internacionalizar su mercado. El 80 % de la carne brasileña se consumía dentro del país.

Claro que la globalización de la carne de Xinguara no era tarea fácil. Aquellas molestas ONG internacionales —con la ayuda del presidente francés Emmanuel Macron, que había denunciado al Gobierno de Jair Bolsonaro por negligencia ante la deforestación— complicaban sobremanera las políticas de promoción internacional. Tampoco ayudaba el consenso científico de que, debido a la enorme huella de carbono y el consumo de agua de la industria cárnica, se debía reducir, y no aumentar, la producción cárnica para evitar una catástrofe medioambiental. Otros estudios resultaron aún más molestos al relacionar las enfermedades cardíacas y el cáncer con el consumo excesivo de carne roja. Las nuevas empresas de nanotecnología de Silicon Valley, como Beyond Meat, especializadas en fabricar carne artificial constituían otro peligro. Hasta Burger King —la cadena más políticamente incorrecta de *fast food*— acababa de anunciar la Impossible Whopper, una hamburguesa vegetariana que no solo sabía a carne, sino que «sangraba» igual que un Whopper original gracias a un compuesto de soja añadido a la masa. Todo eso levantaba ampollas en Xinguara y también en Brasilia, donde el excéntrico canciller Ernesto Araújo —un discípulo de Olavo de Carvalho, el gurú de ultraderecha y astrólogo al que conocimos en el esotérico mundo del niobio— había denunciado una conspiración del «marxismo cultural» con el fin de «criminalizar la carne roja brasileña».

Los grandes ganaderos aprovecharon la feria para convocar de urgencia reuniones a puerta cerrada, para pactar estrategias políticas ante la crisis de imagen provocada por la noticia de que se habían registrado más de treinta mil focos de fuego en la Amazonia en el mes de junio, un aumento del 60 % con respecto al mismo mes de 2018. Los medios destacaban la probable relación entre estos fuegos y las subidas de hasta el 200 % de la deforestación en los seis primeros meses de la presidencia de Bolsonaro, siempre según los datos del respetado instituto INPE, cuyo director, dicho sea de paso, fue cesado de forma fulminante por Bolsonaro tras la publicación del informe. Esos datos habían desatado la indignación en Europa y Bolsonaro no ayudó a calmar las aguas cuando echó la culpa primero a las ONG, que supuestamente prendían los fuegos para luego denunciarlos, y luego a los indígenas. «Estamos en el ojo del huracán. Bolsonaro cometió un error de retórica», se lamentó Joel Lobato, presidente del sindicato de ganaderos en Xinguara, en una entrevista mantenida en la flamante sede de la patronal ganadera de la región. Sede que albergaba también un bufete de abogados que se anunciaba con un letrero en la puerta: «Palmeira & Lobato, advogados». Lobato se mostraba especialmente preocupado por las declaraciones de Macron. «Es injusto. Si ahora voy a tomar un café a los Campos Elíseos me van a lanzar piedras; pero nadie en el mundo tiene que proteger sus tierras sin remuneración», se lamentó. Como otros integrantes de las élites brasileñas, antiguas o emergentes, la idea de ser despreciado en París atemorizaba a Lobato, cuya oficina estaba adornada con candelabros, esculturas metálicas de cabezas de caballo, una mesa incrustada en diferentes clases de madera y una reproducción del cuadro *Napoleón I en su trono,* de Ingres. «Si quieren pagarme por no producir como hacen con los ganaderos europeos, venderé todos los bueyes, plantaré árboles autóctonos, los regaré cada día y mataré las hormigas», dijo, sarcástico. «Solo pediría 87.000 euros al año», añadió.

Según la National Wildlife Federation, una ONG estadounidense especializada en la relación entre la industria de la carne bovina y la deforestación en el Amazonas, dos terceras partes de la destrucción forestal del Amazonas, en su mayoría ilegal, se realizaba para allanar el terreno a los cebúes, que, por sus orígenes indios, soportaban mejor que otras razas el calor tropical. Ya quedaba muy poco bosque en el sureste de Pará —un estado inmenso, cuya superficie rebasa la de Francia, España y Portugal juntos—. En Xinguara, el paisaje recordaba ya más a los pastos del sur brasileño, tierra de vaqueros gauchos desde el siglo XIX, que a la Amazonia. Solo en los montes que rodeaban la ciudad quedaba selva arbolada y allí los incendios arrasaban. Más al oeste, la deforestación avanzaba a ritmo de vértigo a través de la selva tupida y milenaria, pese a que el código forestal brasileño obligaba a los terratenientes en el bioma amazónico a conservar el 80 % de la vegetación autóctona. Un estudio elaborado por la plataforma Trase.Earth resaltó el papel determinante de la carne en la deforestación. Entre 2015 y 2017 se habían destruido 580.000 hectáreas de selva tropical en Brasil, la mayor parte en la Amazonia, para facilitar la entrada de ganado. Lo que equivalía a 1.600 campos de fútbol cada día.

Uno de cada tres incendios forestales registrados en 2019 en Amazonia había ocurrido en haciendas privadas en Brasil, con toda probabilidad para despejar áreas ya deforestadas para la entrada de ganado. Expertos como el premio Nobel Carlos Nobre advertían de que, de mantener ese ritmo de deforestación y degradación del bosque en la próxima década, la húmeda vegetación amazónica se convertiría en arbustos, como los del bioma del Cerrado, antes de 2035. Bolsonaro achacó la oleada de fuegos a la sequía y a las elevadas temperaturas de aquel año, pero el Instituto de Investigación Ambiental en la Amazonia (IPAM), con sede en Belém, utilizó imágenes satélite para demostrar que eran principalmente el resultado de la destrucción de bosques. «Los incendios están estrechamente relacionados con la deforestación. Talan los árboles y luego queman los rastrojos para el ganado», me dijo Ane Alencar, una de esas expertas. «Todos los incendios están íntimamente relacionados con las políticas y las declaraciones de Bolsonaro», añadió. El presidente de ultraderecha —tan manipulado por el *lobby* agroindustrial y su bancada ruralista del Congreso— había arremetido repetidamente contra un supuesto exceso de restricciones sobre actividades comerciales en la Amazonia y contra la «industria de las multas».

Asimismo, el libertario ministro de Medio Ambiente de Bolsonaro, Ricardo Salles, causó estupor cuando declaró en medio de la polémica por los incendios que para combatir la deforestación ilegal hacía falta legalizarla. «Las leyes son demasiado restrictivas, así que la gente se las salta. Hacen falta soluciones capitalistas», dijo a la BBC. Y unos días después añadió en el *Financial Times*: «Hay que monetizar el Amazonas para salvarlo». La concurrencia en el Gobierno de neoliberales a ultranza como Salles, neoconservadores a ultranza como Araújo y De Carvalho, militares de la época dictatorial como Augusto Heleno deseosos de «hacer brasileños a los indios» y los hijos fascistoides de Bolsonaro no auguraba nada bueno para el futuro de la selva y del planeta.

La Amazonia ya no podía llamarse el pulmón del planeta, advirtieron Salles y sus portavoces. En un intento de replicar a Macron, que había usado ese término en uno de sus tuits contra la deforestación, los medios afines a Bolsonaro, y algunos otros, advertían que en realidad el Amazonas no producía oxígeno como un pulmón. Y era verdad. Pero la costumbre de calificar la selva amazónica de pulmón del planeta se refería a la asombrosa capacidad de la vegetación autóctona de absorber CO_2 —una cuarta parte de los 2,4 billones de toneladas métricas de este gas, causante del efecto invernadero, absorbidos por los árboles a escala mundial—. Eso sí, era un pulmón casi al borde del colapso. La deforestación ya había reducido de forma drástica la importancia del Amazonas como sumidero de carbono.

En Xinguara, los ganaderos insistían en que todo se hacía de acuerdo con la ley. Pero lo cierto era que la destrucción de los bosques en el sureste de Pará ya era un hecho consumado.

«Hace treinta años había ciento cincuenta tractores arrancando árboles en las fincas de los Quaglioti y teníamos veintidós aserraderos en Xinguara», me explicó Ana de Souza, directora de la oficina en Xinguara de la Comisión Pastoral de la Tierra, una organización católica que velaba por los derechos humanos y laborales en el campo. «Esto ya ocurre en el oeste del estado. Si no se controla, en diez años el oeste será igual que Xinguara». Pero no había indicio alguno de que se hubiera aprendido de la lección de Xinguara. Más bien, con Bolsonaro ya en la presidencia, los ganaderos y otros interesados en despejar la selva parecían gozar de total impunidad. Incluso un grupo de alcaldes publicó una convocatoria en un diario local en el oeste de Xinguara invitando a la gente a salir y quemar la selva para «demostrar al presidente que queremos trabajar». La nueva frontera del fuego y la motosierra era la selva al sur de Itaituba, donde los territorios mundurukus ya estaban sometidos a fuertes presiones de los extractivistas. Primero los madereros, luego los ganaderos y finalmente la soja. Uno de los puntos más débiles de la moratoria de la soja en la Amazonia era que la expansión del cereal se producía en tierras deforestadas para el ganado que no entraban en el acuerdo.

Frenar la destrucción no era imposible. Entre 2003 y 2011, la deforestación en la Amazonia brasileña cayó el 80 % gracias a los programas de vigilancia adoptados por el Gobierno de Lula, en tándem con las nuevas tecnologías vía satélite que permitían seguir en tiempo real el ritmo de la deforestación. La moratoria sobre la soja indicaba que, si las grandes marcas de consumo, desde Carrefour a McDonald's, presionaban a sus suministradores en la industria de la carne al igual que en la de la soja, se podría eliminar la deforestación causada por el sector cárnico. Sin embargo, pactar una solución con los amos de los bueyes no resultaba tan fácil. Greenpeace había intentado negociar una moratoria de la carne procedente de áreas deforestadas con JBS y Marfrig, ya líderes globales en el sector cárnico. Pero, pese a dar su apoyo en público, los mataderos gestionados por los dos gigantes cárnicos brasileños habían comprado bueyes que pastaban en tierra deforestada, parte de ella en la hacienda de Daniel Dantas. Además, los recortes del presupuesto de las entidades federales responsables de combatir la deforestación, así como las repetidas declaraciones de Bolsonaro contra la protección de la selva y los territorios indígenas, «han creado una sensación de impunidad total», me explicó De Souza. Y en la Amazonia, al igual que en el Cerrado, primero caían los árboles y luego caían los campesinos. «Nunca ha habido tantos intentos simultáneos de expulsar a los asentados», prosiguió De Souza en referencia a los campesinos sin tierra que habían establecido sus comunidades en áreas improductivas de las grandes haciendas ganaderas, tal y como era su derecho constitucional. «El método para concentrar la propiedad de la tierra siempre ha sido el uso de la violencia; localizar a los líderes y elegir el blanco de los pistoleros», añadió.

La violencia en la frontera de la deforestación se hizo evidente cuando me desplacé al oeste de Xinguara por una carretera agujereada como por minas explosivas. En la entrada del pueblo de Ourilândia do Norte, un cartel pintado a mano anunciaba «Fazenda 1200: local vigilado 24 horas. No entrar». Era el latifundio del ganadero multimillonario Eutimio Lippaus, de ochenta y dos años, oriundo de Espíritu Santo, en la costa, que se había apropiado de cinco mil hectáreas de selva, mil quinientas de las cuales eran originariamente propiedad del Estado. En esa área, un centenar de familias de campesinos sin tierra se habían asentado con el apoyo del Incra, la agencia federal que gestionaba la tímida reforma agraria en la Amazonia, puesta en marcha en los años ochenta, que indemnizaba a los terratenientes. Tras colaborar con el Incra y reconocer los asentamientos, Lippaus aprovechó la victoria de Bolsonaro para intentar expulsar a los asentados. Dos pistoleros entraron en la comunidad de madrugada y, tras efectuar varios disparos, prendieron fuego a dos casas. Paulinho da Silva, uno de los organizadores de la ocupación, vivía bajo amenaza de muerte. «Todos los días, en la calle, alguien me grita: "¡Chaval! El dueño te quiere matar. ¡Paga 50.000 reales!", me explicaba Da Silva. Ourilândia, a solo doscientos kilómetros de la gran mina de Carajás, no solo era la frontera del ganado. Entraba en el área de expansión minera de la empresa Vale, cuya mina de níquel había sido denunciada por los indígenas xikrines tras una serie de derrames que contaminaron el río Catete en su territorio. ¿Quiénes son los responsables de los ataques contra las comunidades?, le pregunté. «Con certeza, pistoleros bajo el mando del hacendado», respondió. «Él lo niega, pero tiene que ser él». ¿Y por qué ahora? «Porque tiene el respaldo del presidente», resumió.

Más al oeste, en el municipio de São Félix do Xingú, los xikrines habían tomado las armas para hacer frente a los llamados *grileiros*, especuladores que, envalentonados por las declaraciones de Bolsonaro y sus ministros, intentaban cambiar los títulos de propiedad de la reserva indígena para dar luz verde a los madereros y ganaderos. A orillas del río Xingú, donde trescientos kilómetros más al norte la presa hidroeléctrica de Belo Monte había desatado la fiebre del extractivismo en los alrededores de Altamira, São Félix era el cuarto municipio de la Amazonia en deforestación. Y no casualmente contaba con la mayor población de bueyes de todo Brasil, más de dos millones de cabezas de ganado, muchos de ellos pastando en las gigantescas haciendas de Daniel Dantas. El multimillonario presidente de Opportunity Fund había optado por no asistir a la feria de Xinguara y quedarse en Río. Tal vez debido a la publicidad negativa generada por el escándalo de JBS. O tal vez porque, al igual que su rival en el turbio mundo financiero de Río de Janeiro, Paulo Lemann, principal accionista de Burger King, Dantas había dejado de comer carne.

TERCERA PARTE
ENERGÍA

15

PETRÓLEO
(VENEZUELA, BRASIL, MÉXICO)
PETROSOCIALISMO Y CONTRAATAQUE EN PDVSA, PETROBRAS Y PEMEX

VENEZUELA

Bajo tierra yacía El Dorado negro. Casi trecientos mil millones de barriles de petróleo, las reservas de crudo más grandes del mundo. Pero, en la superficie, a lo largo de la faja petrolífera del río Orinoco, se extendía un paisaje de desabastecimiento, trapicheo y hartazgo.

En el complejo petroquímico de José, en las afueras de la ciudad caribeña de Barcelona, apenas se distinguía una llama anaranjada que parpadeaba al atardecer, frente a las siluetas de las chimeneas metálicas de las viejas «mejoradoras» de Exxon y otras compañías ahora ausentes del Big Oil, necesarias para refinar el crudo de la región. Habían quedado en agua de borrajas los planes de inversión en plantas que, con capital chino, coreano, ruso o europeo, abrirían la puerta a una nueva fase del petrosocialismo, impulsado por un crudo tan espeso como la melaza que sustituiría la producción de los viejos campos en el lago de Maracaibo. La utopía del socialismo del siglo XXI se esfumó en un par de años. El precio del petróleo se desplomó en 2014 de ciento veinte a treinta dólares el barril. Y la entrada de divisas, esenciales para comprar bienes de primera necesidad como alimentos y medicamentos, se frenó en seco. La producción petrolera se desplomó de 3,3 millones de barriles diarios a medio millón (una caída del 75 %) y desencadenó una depresión que aniquiló el 60 % del PIB en seis años. Un colapso económico jamás visto en un país que no hubiera padecido ninguna guerra. Venezuela, el país más rico de la región, se convirtió en una tierra baldía, donde, según datos de las Naciones Unidas, siete millones de personas necesitaban ayuda humanitaria. Tras los logros del chavismo durante la primera década del siglo XXI, la pobreza se disparaba otra vez hasta alcanzar al 80 % de la población. El círculo vicioso se cerró con la imposibilidad de financiar las inversiones necesarias para mantener la infraestructura petrolera, y aún menos construir, como se había planificado, seis nuevas mejoradoras en el complejo de José y en el colindante de Puerto la Cruz. Ese fue el precio de la dependencia petrolera.

Por supuesto, Nicolás Maduro tenía gran parte de culpa al mantener el gasto público en niveles incompatibles con los nuevos precios petroleros por los suelos. Casi todo el mundo en Caracas, hasta los chavistas más leales, cuestionaba la competencia del equipo económico del Gobierno. Por si fuera poco, la dirección de PDVSA (Petróleos de Venezuela, Sociedad Anónima) durante la presidencia de Raúl Ramírez, que gestionó la bonanza anterior y amasó una fortuna personal en circunstancias sumamente sospechosas, había cometido otro error. Bajo presión de China, se dio prioridad a la costosa extracción del crudo pesado del Orinoco, en lugar de los viejos campos de petróleo convencional de Oriente, lo que forzó a importar cada vez más petróleo para satisfacer la demanda en un país en que las subvenciones a la gasolina permitían llenar el depósito por menos de un dólar. Paradójicamente, en el país del oro negro las importaciones de crudo se dispararon en cinco años de 70.000 millones de barriles al día a 250.000 millones, comprados con divisas ya escasas y forzando todavía más recortes en la adquisición de alimentos y medicamentos.

En la faja del Orinoco todo era como un esperpento. Joel, el gerente de una gasolinera en Ciudad Guayana, con su estremecedor *skyline* de plantas siderúrgicas abandonadas, se ofreció a comprarme dólares. Quedamos en mi hotel, con vistas al magnífico y caudaloso río Orinoco, aunque la enorme central hidroeléctrica de Guri, cien kilómetros al sur, ya operaba a medio gas por falta de mantenimiento. Joel sacó tres grandes bolsas de plástico de supermercado, que podrían contener la compra de toda una semana. Estaban llenas de billetes. Sentado en el bar del hotel, sin preocuparse demasiado por si alguien lo veía, contaba billetes con la destreza de un viejo cajero de un banco ya desaparecido. Le di dos billetes de veinte dólares. El cambio alcanzaba aquel día a cuatro mil bolívares por dólar, casi el doble que la semana anterior, conforme la inflación se acercaba al 500.000 % (en los próximos meses llegaría a un millón porcentual). Había recibido algunos de los nuevos billetes de 500 bolívares que guardaba en un fajo más delgado. Pero la mayor parte de los 16.000 bolívares me los dio en enormes fajos de los viejos billetes de cien. Lo más esperpéntico, sin embargo, era lo que contaba de su gasolinera. Ya convencido de migrar a Estados Unidos, había decidido meterse en el mercado ilícito de divisas porque vender gasolina no salía a cuenta. «La gasolina es casi gratuita en Venezuela. A mí me paga el Gobierno por venderla, pero no es suficiente para vivir». Aquel día, un litro de gasolina costaba 0,02 euros.

La inflación se convirtió en hiperinflación, una consecuencia perversa de las múltiples tasas de cambio, un sistema de supuestos controles creado por el Gobierno para proteger el poder adquisitivo del pueblo y los negocios nacionales. En medio del caos, un portal de internet conocido como Dolar Today, con sede en Miami, había logrado llevar la voz cantante al establecer una referencia diaria para quienes, como Joel, cambiaban dinero en el mercado negro. Solo que Dolar Today no era un referente neutral. Gestionado por un grupo de radicales de la oposición, expatriados en Florida, luchadores *by any means necessary* contra el socialismo del siglo XXI, el portal tenía una obvia agenda política. Cada mañana anunciaba tasas de cambio disparatadas, que duplicaban o triplicaban el precio de la divisa extranjera del día anterior, impulsando aún más la vertiginosa hiperinflación. Dolar Today no escondía su deseo de hundir al Gobierno de Maduro. Sus «estimaciones» cambiarias se complementaban cada día con histéricos artículos de denuncia del «castrochavismo» y los homenajes a los representantes más ultras de la oposición. Durante una visita a Cúcuta, en la frontera colombiana, donde meses después Richard Branson, Alejandro Sanz y el Comando Sur de las Fuerzas Armadas estadounidenses organizarían su concierto humanitario-publicitario-militar Venezuela Aid Live, hablé con Julio Vélez, uno de los cambistas colombianos de los alrededores del Parque Santander. Veterano de las decenas de oficinas de cambio en Cúcuta, Vélez no era ni mucho menos un acólito de la Revolución bolivariana. Despreciaba a Maduro y defendía políticas de mercado para sacar a Venezuela del pozo. Pero arremetió contra «la siniestra página de internet Dolar Today, que hace tanto daño a nuestros hermanos venezolanos. La gente cree que lo que dice es lo que vale realmente el bolívar, pero es mentira, quieren desestabilizar la economía venezolana». Prueba de ello, como destacaba la economista venezolana Pasqualina Curcio, era el hecho de que los picos de depreciación más descontrolada ocurrieron precisamente en épocas electorales. Por ejemplo, en octubre de 2012, cuando Chávez ganó sus últimas elecciones presidenciales y el bolívar se desplomó día tras día, y luego a finales de 2013, cuando Maduro se presentó por primera vez a las elecciones. En cambio, cuando la oposición ganó las elecciones a la Asamblea Nacional, en 2015, milagrosamente la depreciación se ralentizó. Fue un sabotaje, como el de los *hackers* que dieron el golpe de gracia a la central de Guri para provocar los grandes apagones en la primavera de 2019 (provocaron la muerte de pacientes en hospitales sin luz y desataron el caos en ciudades como Maracaibo, que se quedaron sin agua). Los brókeres-activistas de Dolar Today recordaban también a los *guarimberos* (luchadores callejeros de la oposición) que, durante la operación humanitaria que intentó forzar la entrada en Venezuela de cantidades simbólicas de ayuda estadounidense, quemaron un camión cargado de alimentos y medicamentos con un cóctel molotov en el puente de Santander de Cúcuta, y luego echaron la culpa al Gobierno de Nicolás Maduro. Pero las llamas de la hiperinflación provocada por el portal financiero de Miami hicieron mucho más daño. Los billetes de bolívares perdieron su valor en cuestión de días. Durante mi viaje a la Faja, el Gobierno de Venezuela anunció que estaba investigando el hallazgo de unas treinta toneladas de billetes en Paraguay, probablemente usados para blanquear dinero de la venta ilegal de armas. La policía brasileña acababa de encontrar cuarenta millones en billetes de cien bolívares en una favela en Río de Janeiro. «Por la calidad del papel, el billete de cien es perfecto para falsificar los de veinte dólares que están inundando el mercado», me explicó otro cambista en Cúcuta. El *souvenir* más vendido durante el festival de Venezuela Aid Live fueron las pequeñas esculturas de pájaros hechas con billetes de cien bolívares.

El control de precios sobre bienes esenciales importados, como arroz, pasta, pan, detergente, medicamentos, entre otros, había creado un caldo de cultivo para los llamados *bachaqueros* (contrabandistas o, como se los llamaba en la posguerra española, estraperlistas). Retenían productos del mercado oficial para luego venderlos a precios disparados en el mercado negro. En las largas colas frente a los supermercados y farmacias, unos tipos desconocidos en el barrio con cara de pocos amigos ocupaban los primeros puestos. Eran *bachaqueros*. Consciente de que Dolar Today agravaba la hiperinflación y de que los contrabandistas agudizaban el problema de escasez, Maduro fue eliminando los controles sobre los precios regulados y, en 2019, se homologaron el cambio oficial y el del mercado. Pronto el efectivo casi desapareció de la economía y la gente compraba todo lo que podía con sus tarjetas bancarias, como si tratara de la economía más avanzada del mundo. Pero el problema ya no era solo la escasez, sino los precios prohibitivos. Un kilo de carne costaba un salario mínimo. Solo un producto estaba protegido de la hiperinflación. Incluso para un Gobierno dispuesto a movilizar a los antidisturbios para aplastar la disidencia, quitar la subvención petrolera no era políticamente recomendable en tiempos de rebeliones callejeras orquestadas por la oposición.

En las ciudades a la orilla del Orinoco se veían colas por todas partes. En las panaderías. En los supermercados. En una farmacia, cerca de Barcelona, vi a dos mujeres pelearse en silencio hasta que la más joven empezó a sangrar al golpearse la cabeza contra el asfalto. En el hospital Antonio Patricia de Alcalá, en Cumaná, en la costa del Caribe, faltaba de todo, desde guantes de goma hasta jeringuillas, desde toallas a luz eléctrica, por no mencionar gran parte de los medicamentos básicos. «Si quieren ver algo fuerte, váyanse a ver la morgue, detrás de emergencias. No hay aire acondicionado y los cadáveres a veces se hinchan y revientan», me explicó un técnico de laboratorio treintañero que esperaba en un chiringuito donde vendían arepas y jeringuillas.

Pero, como siempre ocurre, también surgían sorpresas imprevistas en medio de la miseria. Una familia de unos treinta miembros (nueve hijos y una veintena de yernos, cuñadas, nietos y sobrinos) había acampado detrás del hospital, mientras la abuela se recuperaba de una neumonía. Algunos dormitaban en hamacas colgadas de un árbol. Otros preparaban arepas en la camioneta. «Vamos a tener que buscar los antibióticos para mi madre y la *inyectadora* también», me dijo una de las hijas, Melia Morao, de cuarenta años. Y luego aclaró, por si la había malentendido: «Nosotros somos chavistas al cien por cien, toda la familia. Yo se lo debo todo al Gobierno: mi comida, mi trabajo, mi casa». Eran de Barbacoa, un barrio humilde a media hora de Cumaná por carretera, en cuya entrada se anunciaba con piedras colocadas en la ladera de la montaña: «Somos Chávez».

En la carretera a Brasil, donde los indios pemones luchaban contra el ejército y las bandas de delincuentes por el control de las minas de oro y coltán, también había colas en las gasolineras. ¿Por qué, si la gasolina es lo único que abunda en esta rota petroeconomía? «Mucha gente aquí vive del contrabando de gasolina. Ganas más vendiendo un depósito lleno de gasolina por reales brasileños que en una semana de trabajo si te pagan en bolívares. Otros revenden la gasolina en los pueblos mineros», me explicó Nelson, socio de una empresa que organizaba viajes de cirugía estética a Ciudad Guayana para mujeres brasileñas. Conforme la crisis se agravó, el desabastecimiento de gasolina se generalizó por todo el país.

Ante la operación de sabotaje *made in Miami* (y también hecho en Altamira, el distrito de alto *standing* de Caracas), Maduro fue estrangulando su propia economía. Para no suspender pagos por la enorme deuda de la petrolera estatal PDVSA, el Gobierno había reducido drásticamente las importaciones de bienes esenciales, la raíz de la crisis de desabastecimiento que azotaba el país. ¿Por qué había dado prioridad la Revolución bolivariana a los tenedores de bonos de Wall Street? Porque sabía que si Venezuela suspendía pagos, la exportación de petróleo y los activos de la PDVSA en Estados Unidos serían embargados. El activo más importante en juego era la red de gasolineras CITGO, que Maduro acababa de vender a la petrolera rusa Rosneft. Ante el peligro de perder sus gasolineras, Rosneft había negociado cambiarlas por unos campos petrolíferos en la faja del Orinoco. Esta era la maldición de Venezuela: bajo la amenaza de embargo en Washington, se veía forzada a vender sus reservas a Moscú. Las únicas inversiones en el sector petrolero habían sido rusas y chinas y facilitaron grandes paquetes de créditos al Gobierno a cambio de activos petroleros. China había otorgado créditos por nada menos que 50.000 millones de dólares a Venezuela a cambio de asegurar una fuente de suministro de crudo a largo plazo y su propia participación en las obras de infraestructura. Atar el futuro de Venezuela a Moscú y a Pekín fue un recurso desesperado que perturbaría el sueño eterno del libertador Simón Bolívar. Sin embargo, se dieron algunas señales de que podía revertirse el colapso de la producción petrolera cuando los precios se recuperaron. Una *joint venture* entre la petrolera china CNPC y PDVSA fue determinante para duplicar la producción petrolera venezolana en 2018.

Y, como en el caso de Brasil, fueron las crecientes tensiones geopolíticas las que resultaron determinantes para que la administración de Donald Trump decidiera buscar a un joven líder opositor como Juan Guaidó —adiestrado en sus días estudiantiles por la agencia de cooperación USAID— como cabeza visible de otro golpe de Estado. La posibilidad de que Maduro, con la ayuda de Moscú y Pekín, pudiera empezar a darle la vuelta a la crisis y a aumentar la producción petrolera fue decisiva para que Washington apoyase el intento de golpe anunciado con la autoproclamación de Guaidó en enero de 2019. Pese a sus insistentes muestras de solidaridad con el castigado pueblo venezolano, lo que preocupaba a Trump —y a Guaidó— no era que Venezuela siguiera hundiéndose en el pozo, sino que empezara a salir de él. Cuando, a principios de 2018, Maduro intentó vender más activos petroleros a Rosneft, la oposición liberal del aún desconocido Guaidó, con mayoría en el Parlamento, bloqueó la venta. Y lo hizo pese a que sus asesores económicos defendían secretamente la privatización de PDVSA. Privatizar sí, pero siempre que los compradores fueran Shell, Exxon o cualquier otra compañía del Big Oil occidental. La negativa a la venta a Rosneft fue uno de los motivos de la suspensión provisional de la Asamblea en abril por parte de Maduro, que desató la última ola de protestas violentas contra el Gobierno y el asalto al poder de Guaidó.

Si los venezolanos creían haber llegado al fondo del pozo, lo peor todavía estaba por venir. La producción petrolera pronto caería aún más bajo, golpeada por las sanciones anunciadas por la administración Trump en 2017. Al imposibilitar el acceso de la petrolera PDVSA a los mercados internacionales, donde había financiado su abultada deuda, las medidas estadounidenses convirtieron un problema gordo en una crisis grave. Incluso cuando los precios del petróleo subieron a finales de 2017, la producción venezolana siguió desplomándose. Maduro aceleró el colapso al colocar en la dirección de PDVSA a cientos de burócratas leales y militares sin conocimientos del sector petrolero. Pronto Trump fue aún más lejos y respaldó el intento de golpe de Guaidó, con un embargo total sobre las ventas del petróleo venezolano a Estados Unidos, hasta entonces el mercado de casi el 40 % de las exportaciones del crudo venezolano. La medida provocó otro colapso de la producción petrolera, agravado ahora por los apagones. El país entero pasó una semana sin luz en marzo de 2019, y solo Caracas logró después recuperar un suministro fiable.

Por si fuera poco, el apagón forzó el cierre de muchas de las mejoradoras en la Faja del Orinoco. Menos exportaciones de petróleo se tradujo en menos divisas para comprar bienes esenciales. Es más, el embargo dificultaba la importación del diluyente necesario para refinar el pesado crudo del Orinoco. Francisco Rodríguez, excelente economista venezolano afincado en Nueva York y asesor de Henry Falcón, el candidato de la oposición que participó en las elecciones presidenciales de 2018 boicoteadas por Guaidó, advirtió que extrapolando el impacto humanitario de las primeras sanciones, «será muy difícil que no haya hambruna en Venezuela».

Una previsión que pude corroborar repetidamente en las entrevistas que mantuve con los venezolanos que cruzaban los puentes a Cúcuta, procedentes de Maracaibo, Maracay, Valencia, Barquisimeto y otras ciudades más afectadas por los apagones que Caracas. «Antes solo faltaban alimentos y medicamentos. Ahora faltan también electricidad y agua», me explicó una mujer de gesto hastiado procedente de San Cristóbal de Táchira mientras hacía cola en la oficina de inmigración colombiana con su hija para unirse a los más de cuatro millones de venezolanos (de un país con treinta millones de habitantes) que huían del desabastecimiento. Fuera, en medio del caos donde cientos de jóvenes venezolanos peleaban por cargar las maletas de los inmigrantes o llevar a los viejos y a los enfermos en sillas de ruedas a través del puente, dos inmigrantes venezolanas esperaban. Como Fantine en *Los miserables* de Victor Hugo, iban a vender su pelo, cincuenta centímetros de melena, por cinco mil bolívares (poco más de un dólar).

Incluso aquella llamarada anaranjada del gas ardiendo que se desvanecía en el aire espeso de Barcelona, una humedad tropical coagulada de vapores petroleros, delataba el esperpento de la crisis y el fracaso garrafal de la gestión de PDVSA. «Estamos quemando el gas y el gas es lo que más vale», me comentó mi amigo David Parvasini durante una cena de arroz y róbalo en el restaurante vasco Urrutia de Caracas, atestado aquel día pese al desabastecimiento de alimentos básicos y al coste de cincuenta dólares por barba. Pero las reservas de gas también podrían salvar a Nicolás Maduro, añadió. Ahí estaba la clave del enfrentamiento geopolítico que se desarrollaba en Venezuela. «Es por el gas, mucho más que por el petróleo. Estados Unidos quiere hacerse con el poder en Venezuela, pero Rusia no lo permitirá porque perdería su monopolio de suministro de gas a Europa». Aunque Washington y Houston tampoco dirían que no a un plan de cambio de régimen que les entregara el tesoro petrolero de la Faja del Orinoco. Trump lo había dicho en una reunión confidencial, según escribió el exagente del FBI Andrew McCabe: Venezuela «es el país con el que deberíamos tener una guerra; tiene mucho petróleo y está justo en nuestra puerta trasera».

La dependencia venezolana de las exportaciones de petróleo, que generaban casi todos sus ingresos de divisas, la hizo extremadamente vulnerable a los planes golpistas urdidos con el apoyo de Washington desde hacía años, desde la primera victoria electoral de Hugo Chávez en 1999. Pese a ser consciente del peligro, Chávez jamás logró diversificar la economía. Como todos los Gobiernos de la historia venezolana que intentaron adoptar políticas de industrialización para combatir el rentismo petrolero que tanto distorsionaba la economía, Chávez anunció estrategia tras estrategia para crear nuevas industrias agropecuarias, de manufacturas, de producción farmacéutica, etcétera. Pero en lugar de disminuir, la dependencia de las exportaciones petroleras (el 95 % del total) fue agudizándose y la cultura del rentismo, que había corrompido a las élites venezolanas desde que empezara a extraerse petróleo a principios del siglo XX, se mantuvo. El chavismo fue víctima de su propio éxito. Tras lograr subir el precio del crudo gracias a su diplomacia petrolera en la OPEP, en 2000 y 2001, forzó a las multinacionales a pagar mayores *royalties* al Estado venezolano y garantizó que PDVSA tuviera el 60 % del capital en la explotación de la Faja del Orinoco. Funcionó de maravilla durante un decenio. Exxon —que había construido la primera mejoradora en la Faja— se negó a pagar y se marchó por orden de su consejero delegado, Rex Tillerson, que sería con el tiempo un efímero secretario de Estado de Trump. Pero el resto —Chevron, Total, BP— se quedaron y pronto se sumaron las compañías europeas, chinas y rusas. Chávez apostaba a que los estadounidenses, sobre todo las grandes refinerías de crudo de la costa de Luisiana y Texas, necesitarían tanto el petróleo venezolano que jamás impondrían un embargo a Venezuela, pese a apoyar los sucesivos intentos de golpe. Con tal de que Venezuela no suspendiera pagos sobre su deuda, las exportaciones petroleras a Estados Unidos (un 40% del total) estaban a salvo. Pero en 2019 el entorno geopolítico había cambiado. El embargo tal vez permitiría lograr uno de los objetivos de la nueva política exterior norteamericana en América Latina: advertir a China y a Rusia de que América Latina volvía a ser una esfera de influencia estadounidense. No sería de extrañar semejante giro en la política respecto a Venezuela, dado el nuevo protagonismo de los viejos halcones de la primera Guerra Fría, como el asesor de seguridad John Bolton, empecinado en que Estados Unidos debía bombardear Teherán y lograr un cambio de régimen en Caracas, o Elliott Abrams, coordinador de la guerra sucia en Centroamérica en los años ochenta. Bolton hablaba sin reparos de una nueva doctrina Monroe, la estrategia decimonónica de Washington de no permitir que sus rivales coloniales intervinieran en América Latina. «Bolton siempre ve América Latina por la lente de la Guerra Fría», me explicó Alex Main, del Centro de Política Económica e Investigación (CEPR), en Washington.

Durante la cumbre de Lima, en 2018, un informe publicado con anterioridad por el conservador Centro de Estudios Estratégicos Internacionales de Washington advirtió que China y Rusia en América Latina «apoyan a regímenes corruptos y antidemocráticos. China es una fuerza emergente en la región y está sujetando a un narcorégimen en Venezuela».

Esta línea dura parecía ser ya la estrategia oficial de Washington. En México, que junto con Uruguay y Bolivia y los países del Caribe se había resistido a las presiones para reconocer a Guaidó, la tesis de que Venezuela era un *proxy war* en la confrontación de las dos potencias parecía bastante razonable. «Dada su importancia estratégica en materias primas y petróleo, la administración Trump seguramente va a usar a Venezuela como un "ejemplo" de los costes que supone acercarse a China», resumió Enrique Dussel, director del Centro China-México, cuando lo visité en el campus de la UNAM en Ciudad de México.

Por supuesto, la nueva doctrina Monroe de Trump no era solo de índole geopolítica. Había sido pactada en reuniones en las sedes petroleras de Houston. Bolton hablaba abiertamente de que «si las compañías petroleras estadounidenses pudieran invertir y producir, la capacidad petrolífera de Venezuela tendría un gran impacto económico en Estados Unidos». Y, efectivamente, cuando acudí a una de las primeras comparecencias de Guaidó en la Universidad Central de Caracas, días después de su autoproclamación, el joven líder de la oposición hizo hincapié en la necesidad de atraer inversiones privadas por miles de millones de dólares para revertir el colapso de la producción de petróleo. El equipo energético de Guaidó entendía que el petróleo sería la clave del llamado Plan País de reconstrucción nacional. «Necesitamos 30.000 millones de dólares de inversión por año, durante siete años», afirmó José Toro, autor del capítulo sobre el petróleo del llamado Plan País de Guaidó. «Este capital está disponible, pero no lo tiene el Estado; será privado», añadió. Consciente de que no ayudaría a Guaidó a combatir la impresión de que era un títere de Washington, Toro negó que el plan fuese privatizar PDVSA. Pero leyendo entre líneas el Plan País, pocos podían dudar de que ese era el objetivo, aunque fuera una privatización paulatina y encubierta como la que el presidente mexicano Enrique Peña Nieto había intentado llevar a cabo con Pemex. Comprobado definitivamente el peligro de depender de las exportaciones de petróleo (y mucho más cuando el cliente es el país que ha apoyado una decena de golpes de Estado contra tu Gobierno), muchos chavistas hicieron hincapié en la necesidad urgente de diversificar e industrializar la economía, tal y como había querido Chávez desde el principio. El Gobierno anunció un plan de producción nacional que reduciría la necesidad de importar. «Venezuela avanza en un proceso de liberación económica que nos convertirá en una gran potencia productiva y autosostenible», tuiteó Maduro. Pero ya era tarde. En medio de una crisis económica tan profunda, la transformación productiva fue una fantasía. La única posible salida de la catástrofe económica sería mediante una recuperación de la producción petrolera. Eso lo supo Luis Salas, economista y exministro de Chávez que había sido uno de los defensores de la diversificación de la economía en los tiempos de vacas gordas. Quedé con Luis durante la primavera de 2019, tras el fracaso de un nuevo intento de golpe. Pese a las falsas noticias en tuits del equipo de Trump y titulares en los grandes medios internacionales, no había apenas fisuras en la lealtad de las fuerzas armadas. Trump reconoció que Maduro era un *tough cookie* (un hueso duro de roer). Pero la tenacidad del presidente no escondía el problema de fondo. Venezuela dependía del crudo y el cerco del embargo petrolero se endurecía cada mes, así como las presiones sobre terceros países que aún compraban petróleo venezolano, como la India. Era imposible diversificar la economía para que fuera autosuficiente. «Los planes que el Gobierno tiene para una economía productiva no son viables. Para que las empresas del sector privado venezolano y las exportaciones no petroleras sean la punta de lanza de la recuperación, se necesitaría elevar más de 350 veces la capacidad productiva actual», explicó Salas. Es más, tras años de dejadez en las centrales eléctricas, rematada por el sabotaje de la oposición, no habría energía suficiente para abastecer de luz a las empresas nacionales. «Llegamos al postrentismo petrolero», sentenció Salas. «No tenemos nada tangible a medio plazo para sustituir los ingresos del petróleo».

BRASIL

La primera vez que me encontré con Sergio Gabrielli, habíamos quedado en una sala privada de su hotel en la estación de esquí de Davos durante la reunión anual de 2010 del Foro Económico Mundial. Cita obligada para la élite empresarial global, por la nieve alpina de Davos pululaban los consejeros delegados de cientos de compañías multinacionales y bancos de inversión de Wall Street. Los *Davos men* de aquel año aún mostraban síntomas de estrés postraumático tras la gran crisis de 2008 y el colapso del modelo de globalización neoliberal. Pero Brasil, al igual que las otras grandes economías emergentes, despertaba la admiración general. Había salido sano y salvo de la tormenta. O eso parecía.

Barbudo y con una mirada más cálida, menos mesiánica, que la mayoría de los participantes, Gabrielli no era un consejero delegado del montón. Encabezaba Petrobras, la petrolera del Estado brasileño, cuya espectacular rentabilidad estimulaba las glándulas salivales de los gestores de fondos de inversiones en mercados emergentes todavía más que los *schnitzel* en los restaurantes en la montaña del Schatzalp. Tras el descubrimiento de las reservas de petróleo presal, a cuatro mil metros por debajo de la superficie del Atlántico, Petrobras —con solo la mitad de sus acciones cotizadas en bolsa— era la tercera petrolera del mundo por capitalización bursátil. Su facturación rebasaba los 300.000 millones de reales. Mucho dinero en un momento en el que el dólar valía solo un real y medio. Entre los años 2009 y 2014 invirtió la misma cantidad en actividades de exploración y explotación del petróleo presal. Todo eso supuso una fuerte acumulación de deuda, pero Brasil estaba de moda en los mercados mundiales y Gabrielli había aprovechado el momento. Acababa de gestionar la emisión de bonos por un valor astronómico de 40.000 millones de dólares, financiado principalmente por el gigantesco banco público brasileño BNDES y el banco de desarrollo chino. También los inversores privados presentes en Davos parecían encantados y aportaron 6.500 millones. Tras la emisión, la deuda de Petrobras rebasaría los 100.000 millones de dólares.

Petrobras empezaba a cumplir el sueño del icónico presidente desarrollista Getúlio Vargas, creador de la petrolera estatal en 1953, un año antes de suicidarse en circunstancias nunca esclarecidas del todo. Vargas deseaba que Petrobras fuese el paradigma de la integración vertical, una petrolera del *«poço a posto»* (del pozo de exploración al puesto de gasolina). Gabrielli tenía la misma idea. Ahora la empresa se extendía desde el pozo del crudo «presal» en alta mar, a cuatro mil metros bajo la superficie del Atlántico, hasta los millones de surtidores de gasolina con el inconfundible logotipo verde de Petrobras, desde la megalópolis de São Paulo hasta los pueblos más remotos de la Amazonia. Se había iniciado la construcción de dos nuevas refinerías, una en Río de Janeiro y otra en la costa del nordeste. Grandes oleoductos y gasoductos serpenteaban a lo largo y ancho del enorme país. Incluso se había empezado a invertir en renovables, en biocombustibles (la mayoría de coches brasileños repostaba con una mezcla de gasolina y etanol) y también en fertilizantes para ayudar a la otra pata de la economía brasileña de las materias primas: el agronegocio. La empresa daba empleo a casi 150.000 personas. Es más, las normas de contenido nacional para los pedidos billonarios de Petrobras, bien fueran las nuevas refinerías o bien las plataformas que se construían en Río de Janeiro, servían como una política industrial, la locomotora estatal de la nueva heterodoxia económica de la izquierda latinoamericana. Ayudaría a las empresas nacionales de ingeniería e infraestructuras a competir pese a la sobrevaloración de la tasa de cambio. «Damos preferencia a empresas de tecnología brasileñas para evitar el problema del mal holandés», me explicó Gabrielli, que veía el futuro con optimismo y seguridad. Vaticinó un crecimiento anual medio para la economía brasileña del 4 % hasta el 2020 y describió un círculo virtuoso en el cual Petrobras, centrada en suministrar energía al mercado brasileño, en lugar de exportar el crudo, satisfaría una demanda interna que seguiría creciendo gracias a los programas antipobreza, el crédito subvencionado y las subidas del salario mínimo legisladas por los Gobiernos de Lula. «Dos millones de hogares de gente pobre van a ser conectados a la red eléctrica. Eso creará demanda de un millón de televisores y refrigeradores, lo que generará más demanda energética para nosotros», me aseguraba entonces en una cumbre en la que el modelo Davos de globalización neoliberal parecía estar en retirada, mientras que la «marea roja» de la izquierda latinoamericana entraba con fuerza.

Andando por los pasillos de Davos con Gabrielli y su equipo, noté las miradas de admiración, de envidia tal vez, de los *Davos men*. No dejaba de ser curioso porque Sergio era un viejo militante del Partido de los Trabajadores, un estrecho aliado de Lula durante la larga marcha del PT hacia el poder. Aunque él en esa cumbre no quiso hablar de la izquierda brasileña. Fue aquel momento en el que Lula parecía demostrar que era posible dar con una mano a la favela y con la otra al fondo de inversión especializado en mercados emergentes. Los ingenieros de Petrobras se consideraban ya los líderes mundiales en exploración en aguas profundas. Habían descubierto el petróleo presal, mientras que, durante años, las multinacionales extranjeras no habían logrado encontrar ni una gota de oro negro debajo de la capa de sal a dos mil metros de la superficie del mar, cuyo grosor añadía otros dos mil metros al reto de la explotación. Las plataformas flotantes de Petrobras (algunas con estructuras de hasta diez plantas) fueron equipadas con sistemas de GPS para mantener vertical el taladro de cinco kilómetros. En lugar de un ancla convencional, Petrobras había innovado un sistema de torpedos empalmados a una cuerda de poliéster para amarrar la plataforma con mayor flexibilidad. Usaba robots submarinos cuyo diseño estaba inspirado en el sistema de propulsión de los renacuajos. Una de cada tres plataformas de exploración había encontrado petróleo en el área de presal, un grado de acierto calificado de asombroso en un artículo de *The Wall Street Journal* titulado: «Cómo un gigante petrolero dormilón se ha convertido en un jugador internacional».

La segunda entrevista que le hice a Sergio fue en enero de 2017, en su ciudad de nacimiento, Salvador da Bahía, en la costa del Atlántico del nordeste brasileño. Gabrielli se encontraba bajo investigación judicial y mediática, acusado, sin prueba alguna, de ser cómplice de una gigantesca red de corrupción centrada en Petrobras. Investigaban, con una agresividad nunca vista en Brasil, los intrépidos fiscales del caso «Lava jato» (lavado de coches). Diversos directores de la petrolera habían sido juzgados y encarcelados por participar en una red de sobornos que se extendía por todas las estructuras del poder empresarial y político, en muchos casos a través de la constructora Odebrecht, que sobrefacturaba obras para Petrobras para pagar sobornos. Las acusaciones contra Sergio caerían en saco roto, pero Lula estaba a punto de ser sentenciado por supuestos delitos de corrupción y blanqueo de dinero —sin muchas pruebas— y acabaría siendo encarcelado un año después. Lejos de crecer al 4 % anual, tal y como Sergio había previsto, la economía brasileña había pasado por la recesión más profunda de su historia y no había señales de recuperación. La acción de Petrobras se desplomó en parte por la caída del precio del petróleo en el bienio 2013-2014 y, en mayor medida, por el daño que supuso la investigación anticorrupción. La dirección nombrada por el nuevo presidente Michel Temer, que sustituyó a la destituida Dilma Rousseff, había iniciado un programa draconiano de venta de activos con el supuesto fin de reducir la deuda. La estrategia de integración vertical «del pozo a la gasolinera» fue abandonada. Siguiendo las pautas del neoliberalismo puro, resucitado en un momento perfecto para lo que Naomi Klein habría calificado seguramente como una «doctrina del *shock*», se preparaba la venta de todas las refinerías y la red de gasolineras de Petrobras, así como todos sus activos en energías renovables. La petrolera estatal se quedaría únicamente con las operaciones de explotación en el Atlántico. La inversión en exploración fue recortada un 75 %. Se vendieron, a precios de saldo, activos por valor de 14.000 millones de dólares. Y eso solo fue el principio. Se pretendía deshacerse de otros activos por valor de 27.000 millones de dólares antes de 2023. Diversos campos petrolíferos ya en producción y sumamente rentables se habían puesto a la venta. Statoil, la empresa estatal noruega —que, al igual que las grandes empresas estatales de Medio Oriente y Asia, sí mantuvo el modelo de integración vertical—, se llevó una ganga al hacerse con el superproductivo campo de Roncador, en la costa de Río de Janeiro. Shell se preparaba para hacerse con otra concesión lucrativa. Exxon aumentó sus participaciones en la explotación del presal de dos a veintiséis campos en dos años. Se abrió el negocio del presal a empresas extranjeras sin necesidad de participar en proyectos liderados por Petrobras, según establecía el régimen de operador único legislado bajo el primer Gobierno de

Lula. En lugar de refinar su propio petróleo para dar energía al desarrollo nacional, una parte cada vez más grande del crudo presal se exportaba, beneficiando exclusivamente a las empresas extranjeras. Más que un jugador internacional verticalmente integrado y capacitado para liderar la economía brasileña por el camino de la industrialización y los avances tecnológicos, Petrobras se había convertido en una plataforma solitaria en el mar.

Aquel día en Salvador de Bahía, con sus destartaladas iglesias barrocas junto a casas de culto afrobrasileño candomblé y orquestas de tambores que recorrían las calles hasta la madrugada, no podía estar más lejos de Davos. Comíamos una *moqueca* de ese delicioso pescado del nordeste brasileño que logra aunar sabores portugueses y africanos. Aunque el centro antiguo de Salvador aún parecía una ciudad en ruinas y enormes favelas como Liberdade, con ochocientos mil habitantes afrobrasileños, que se extendían por el Atlántico hacia el norte, los años del PT habían transformado la economía del nordeste. A diferencia de Río o São Paulo, allí pocos echaban pestes de Lula o Dilma. Pero la era del PT ya pertenecía al pasado, y los planes para una Petrobras capacitada para vertebrar la modernización brasileña y corregir sus injusticias sociales, también.

Sergio resumió sin dramatismo: «Están aplicando la política del Jack el Destripador en Petrobras. Acabará siendo una pequeña compañía sin capacidad para la exploración y la prospección y esto quiere decir que a largo plazo morirá». Le pregunté si consideraba que había muerto el modelo de la izquierda dominante durante un decenio en América Latina desde Brasilia a La Paz y Quito, pasando por Caracas. «Sí. Creo que se acabó. Y no creo que sea casualidad. No estoy paranoico, pero me parece que Estados Unidos y la CIA están involucrados en todo esto», dijo entre bocados de *moqueca*. Planteó que Washington había orquestado la caída del precio del petróleo para «destruir Venezuela y Rusia». Tras perder influencia en América Latina, Obama habría elaborado una estrategia para recuperarla mediante cambios de régimen, que pronto se convertiría en la nueva doctrina Monroe de Trump. La fuerte expansión del *fracking* y la producción de petróleo no convencional en Estados Unidos había disparado la oferta mundial y desencadenado aquella caída del precio del petróleo. La investigación «Lava jato», por su parte, tenía objetivos políticos y había sido concebida con el apoyo de Estados Unidos. La destitución de Dilma, también. «No deja de ser curioso que los golpes de Estado en Paraguay, Honduras y Brasil ocurriesen con la misma embajadora estadounidense», dijo Gabrielli. No era exactamente lo que uno esperaba oír de un consejero delegado invitado en dos ocasiones al Foro Económico Mundial de Davos.

La tesis de Gabrielli me pareció entonces una paranoica teoría de la conspiración, el recurso desesperado de un hombre de izquierdas que había presenciado en poco más de dos años el colapso vertiginoso de todo aquello en lo que creía. Doctorado en ciencias económicas por la Universidad de Boston e investigador de la London School of Economics, con un inglés perfecto, Sergio no era de los que se dejaba llevar por los delirios conspiratorios que recorrían las redes sociales brasileñas. Pero la idea de que el fin de Petrobras hubiera sido urdido en alguna reunión secreta en la embajada de Estados Unidos parecía un poco exagerada. Tal vez, al igual que yo, Sergio había releído a Galeano —aquella descripción del papel de la Hanna Mining, US Steel y la operación Brother Sam en el golpe de 1964— y, en un ataque de angustia, había extrapolado demasiado para explicar lo que ocurría medio siglo después. En la primera entrevista de 2010, Sergio había infravalorado el peligro de contagio de la crisis de los países ricos en los países en vías de desarrollo que dependían de la exportación de materias primas, entre ellos Brasil.

Es más, el Gobierno de Dilma había cometido una suerte de harakiri al fichar al *Chicago Boy* Joaquim Levy como ministro de Hacienda y dar luz verde a un desastroso programa de austeridad que diezmó la inversión pública, justo cuando la economía más la necesitaba. Y, como el lector recordará de la historia del hierro, la élite brasileña siempre había estado perfectamente capacitada para organizar sus propios golpes de Estado sin la ayuda de nadie. El Partido de los Trabajadores había empezado a molestar a las clases medias, que, temiendo por sus privilegios históricos, se pusieron la camiseta de la selección de fútbol brasileña y se lanzaron a la calle en enormes manifestaciones.

Sin embargo, conforme pasaron los años y la debacle de la izquierda latinoamericana se hizo cada vez más evidente, fue cobrando más credibilidad la tesis de Sergio sobre una operación *made in USA*. O cuando menos, apoyada por Washington, con el fin de acabar con el PT, abrir el sector petrolero al capital global y cumplir así con las expectativas de aquellos consejeros delegados petroleros más habituados a las cumbres de Davos que Gabrielli. El primer motivo para pensarlo era que el «destripamiento» de Petrobras no tenía mucha lógica desde el punto de vista de la propia solvencia de la petrolera a largo plazo ni de la economía nacional. Solo parecía explicable si el objetivo era beneficiar a las multinacionales extranjeras y, sobre todo, a los siete gigantes de la Big Oil —desde la BP, Exxon-Mobil y Chevron, hasta Shell, Conoco y Total—. A fin de cuentas, en 2018 Petrobras registraba el margen de beneficios brutos más elevado del mundo, exceptuando la Statotil noruega. No era casualidad que lo primero que llamara la atención de los visitantes a los Juegos Olímpicos de 2016 al aterrizar en el aeropuerto Galeão de Río no fueran las fotos de los surfistas en Ipanema, sino las enormes vallas publicitarias de Total. La venta de ocho de las trece refinerías de la petrolera, así como la privatización de la red de gasolineras, lejos de ayudar a Petrobras a salir de la crisis, mermaron drásticamente su capacidad para compensar las caídas del precio del crudo. Felipe Coutinho, presidente de la Asociación de Ingenieros de Petrobras en Río, me mostró un gráfico demoledor que exhibía de forma nítida el desastre que supondría la política de Jack el Destripador. Los ingresos por refinería y marketing subieron en 2015, compensando la caída del precio del petróleo para las actividades de producción. El modelo de integración vertical *poço a posto* había sido un elemento clave de la seguridad energética de Brasil en tiempos de recursos menguantes y precios volátiles. «Servía para que Petrobras protegiese sus ingresos cualquiera que fuera el precio del petróleo o la tasa de cambio», dijo Felipe. «Gracias a su estructura vertical, Petrobras sacaba muy buenos resultados con independencia del precio del petróleo, y ya no será así». Por si fuera poco, la privatización de las refinerías y las otras divisiones de Petrobras supondría perder ingresos billonarios en el futuro. Coutinho calculaba que se perderían 2.800 millones de dólares al año, lo que pronto anularía los ingresos estatales por la venta de activos tan valiosos. «La deuda de Petrobras habría bajado sin necesidad de vender todo esto. Petrobras es una empresa altamente rentable», explicó Coutinho. Y remató: «Tienes que entender que se han invertido la causa y el efecto. No se ha privatizado para reducir la deuda, sino que se ha inventado una crisis de endeudamiento para justificar la privatización de Petrobras». Una vez en la presidencia, Jair Bolsonaro —olvidando el petronacionalismo que había defendido en el pasado— nombró como nuevo consejero delegado de la petrolera a Roberto Castello Branco. En su primera entrevista con la prensa brasileña, Castello Branco reconocía que «mi sueño es privatizar Petrobras».

Había otros motivos para pensar que Estados Unidos podía estar interesado en un cambio de régimen en Brasil —y no solo en Venezuela— con el fin de liberar los activos petroleros y dar entrada a las multinacionales del Big Oil de Houston. WikiLeaks había filtrado, en verano de 2009, un comunicado del consulado estadounidense en Brasilia al Departamento de Estado en Washington titulado: «¿Puede la industria petrolera derrotar a la ley presal?». Comunicó el descontento de los ejecutivos de Chevron, de Exxon y de otras petroleras multinacionales por la ley que Lula había aprobado dando protagonismo a Petrobras en la explotación del crudo presal. Patricia Pradal, ejecutiva de Chevron en Brasil, se quejó de que aquella ley de Lula, que favorecía a Petrobras con el estatus de operador único, excluiría a todas las empresas occidentales del mercado y daría ventaja a la china Sinopec. «Los chinos pueden hacer ofertas mejores que nadie», explicó. ¿Por qué? Porque las empresas chinas —a diferencia de Chevron— no buscaban beneficios. «Con tal de no tener pérdidas, será atractivo para ellos. Solo quieren el petróleo».

Al igual que en el caso venezolano, todo indicaba que Washington ya consideraba que la izquierda en Brasil favorecía a su gran rival geopolítico. Hacía falta pararle los pies. Apenas destituida Rousseff, el nuevo Gobierno eliminó esta norma que daba preferencia para Petrobras. «Se trata de una disputa geopolítica internacional por el acceso a los recursos energéticos. China depende del petróleo importado y Estados Unidos pretende bloquear su acceso. Creo que se ha instrumentalizado la lucha contra la corrupción con ese fin», resumió Felipe. La incorporación del superjuez Sergio Moro al nuevo Gobierno de Bolsonaro —un estrecho aliado de Donald Trump— respaldaba la sensación de que detrás de la operación «Lava jato» se escondía una agenda política apoyada por Washington. Nadie podía negar la envergadura de la trama de corrupción en Petrobras. Pero que solo el Partido de los Trabajadores pagase el precio por una cultura clientelar arraigada en los sobornos y la financiación ilegal endémicos en Brasil durante décadas o siglos llama bastante la atención.

Los controvertidos métodos de colaboración premiada, utilizados por los jueces, que ofrecían penas reducidas y hasta dinero a los acusados si estos implicaban a otros, agudizaba la sensación de que la investigación fue selectiva y tenía objetivos políticos. El papel desempeñado por grandes medios de comunicación privados, como la poderosa Rede Globo, utilizados por los fiscales para llevar a cabo un juicio mediático a Lula y al PT, parecía asimismo bastante obvio. Las filtraciones de conversaciones entre Moro y sus fiscales, publicadas por *The Intercept*, confirmaron pronto estas sospechas. En fin, que la consecuencia de «Lava jato» fuera la llegada al poder de dos presidentes, Temer y Bolsonaro, que adoptaron programas radicales de privatización, centrados en la joya de la corona petrolera —justo lo que pedían las multinacionales del Big Oil y el Departamento de Estado norteamericano—, parece mucho más que un accidente de la historia.

En una visita a Curitiba, el centro neurálgico de la investigación «Lava jato» y donde Lula estaba encarcelado, encontré a otros conocedores de la historia de Petrobras que calificaban lo ocurrido en Brasil como un golpe de Estado diseñado para entregar la petrolera a los *Davos men*. «El suicidio de Vargas en 1954, el golpe de Estado en 1964 y el golpe de 2014, todos tienen que ver con Petrobras», me explicó el veterano periodista José *Ze* Augusto Ribeiro, que, pese a estar confinado en una silla de ruedas, acudía a la vigilia de apoyo a Lula, a escasos metros de la cárcel de la policía federal donde el expresidente llevaba seis meses preso en un calabozo de quince metros cuadrados. «¡Buenas tardes, señor presidente!», gritaban todos los días a las ocho de la tarde, y Lula, como el consumado político que era, les hacía saber que los oía. Según Ze Augusto, Vargas se suicidó debido a un ultimátum que le hizo el poderoso «rey mediático» Assis Chateaubriand para que privatizara Petrobras. Sesenta años después, el equipo de «Lava jato», la Rede Globo y un Congreso rabiosamente anti-PT repetían la historia, siempre con el apoyo de Washington. «Petrobras es el denominador común entre la historia de Getúlio y la historia de Lula», resumió. ¿Otra delirante teoría de conspiración? Tal vez. Pero a lo largo de los cinco o seis años en que empecé a conocer América Latina me di cuenta de que, en democracias tan fácilmente manipulables, en un momento de crecientes tensiones geopolíticas y con una nueva agenda intervencionista de Estados Unidos, poco se podía entender de la región sin incorporar al análisis una dosis de conspiración. No se trataba de una conjura urdida por un grupo de poderosos, reunidos a puerta cerrada en una de esas salas subterráneas de la futurista sede del Congreso brasileño en Brasilia o en la embajada de Estados Unidos. Más bien se trataba de la coincidencia de lecturas —las de los hombres de Davos— sobre la crisis de Petrobras y de Brasil, en general bajo Gobiernos de la izquierda. Un consenso que abarcaba desde los despachos de los fiscales en Curitiba hasta los consejos editoriales de los grandes medios de comunicación brasileños e internacionales. Desde los *think tanks* de Washington hasta las calificadoras de deuda como Standard & Poor's en Nueva York y São Paulo. Desde el Departamento de Estado en Washington al departamento legal de Chevron en California. Entre los conspiradores habría que incluir a Price Waterhouse Cooper, la poderosa consultoría multinacional responsable de auditar las cuentas de Petrobras que en 2014 redujo, de un brochazo, el valor contable de los activos de la petrolera en casi 20.000 millones de dólares achacando su decisión al escándalo de la corrupción. Lo que dio lugar a lo que Felipe Coutinho calificó como «el mito de la quiebra de Petrobras», una empresa supuestamente al borde de la suspensión de pagos pese a que sus beneficios la colocaban como la segunda petrolera más rentable del mundo.

En realidad, el coste de la corrupción fue una gota en el océano del valiosísimo crudo presal que los geólogos de Petrobras habían descubierto veinte años antes en el fondo del mar y que ahora se consideraba la mayor nueva reserva petrolera del planeta. Me lo explicó Sergio: «Según la investigación «Lava jato», el 3 % de los contratos en Petrobras estaban condicionados a sobornos. O sea, que se trata de 6.000 millones de reales. Parece mucho. Pero Petrobras facturaba 350.000 millones de reales en aquellos años. La investigación tuvo un impacto brutal. De las quince empresas de ingeniería del grupo Petrobras, nueve están investigadas. No tienen acceso al mercado de crédito, ni a contratos de Petrobras ni a contratos estatales. De modo que entrará la competencia extranjera».

MÉXICO

Recorriendo los pantanos y las lagunas del estado petrolero mexicano de Tabasco, donde Graham Greene ambientó su novela *El poder y la gloria* —en la que se denuncia la persecución de la fe en nombre de la racionalidad anticlerical—, algo me quedaba claro. Si los expertos en Ciudad de México y Washington tachaban de irracionales y descabellados los planes del nuevo presidente mexicano Andrés Manuel López Obrador (AMLO) de deshacer la reforma energética y frenar la privatización de la histórica compañía estatal Pemex, la opinión de los tabasqueños de la calle no coincidía con la de los técnicos neoliberales.

La refinería que el presidente sexagenario quería construir en el puerto de Dos Bocas, a ochenta kilómetros de la vieja capital petrolera de Villahermosa, con objeto de nacionalizar la producción de gasolina en lugar de refinar el crudo mexicano en Estados Unidos, había puesto los pelos de punta a los *think tanks* de Ciudad de México. «Construir una refinería no tiene sentido. No es un buen negocio; a veces lo que sale de la refinería vale menos que lo que entra», me había explicado días antes Jorge Andrés Castañeda, un joven economista coautor de un nuevo informe que acababa de publicar el Instituto Mexicano para la Competitividad (IMCO), que ocupaba las portadas de los diarios aquella semana. En las plantas superiores de la nueva torre del banco español BBVA, el edificio más alto de la capital, construido con parte del 40 % de los beneficios globales que el banco registraba en México, la irracionalidad de AMLO también levantaba ampollas. El nuevo presidente parecía empeñado en abandonar el proyecto de liberalización energética de su antecesor Enrique Peña Nieto, el *young global leader* elogiado en los foros de Davos por su valiente plan de modernización de la economía mexicana. Se temía que la decisión de AMLO de revisar las concesiones a multinacionales petroleras como Shell, Total, Chevron o Repsol en el golfo de México sería el principio del fin de la política de apertura. «Insistimos en que se reactive el modelo de negocio basado en *farm-outs*», advirtió un analista del mismo banco español, utilizando el término acuñado en Houston para referirse a las concesiones, aunque en Tabasco nadie lo entendía. La frustración se palpaba en todas las sedes empresariales de la capital. Justo cuando México se había adaptado, de una vez, a la realidad de la economía globalizada del siglo XXI, el nacionalismo de recursos había vuelto a asomar la cabeza. ¡Cuánto había costado vencer la resistencia a los intentos de borrar la herencia de Lázaro Cárdenas, el querido presidente que —al igual que Vargas en Brasil— se atrevió a plantar cara a la Standard Oil y nacionalizar la industria petrolera en 1936! Finalmente, con su histórica reforma energética, Peña Nieto lo había conseguido. Y ahora López Obrador, tras imponerse en las presidenciales de julio del 2018 gracias a una campaña salpicada de referencias a Cárdenas y a la Revolución mexicana, parecía estar a punto de cargárselo todo. Un terrible revés para los dueños de la racionalidad en México.

Los analistas de Moody's en Ciudad de México, reunidos en el distrito de alto *standing* de Polanco, de imponentes rascacielos, enormes todoterrenos Suburban y franquicias de Starbucks, advirtieron sobre el riesgo de que la anulación de la reforma y la apuesta por la refinería condujera a «una posición fiscal subóptima». Y claro está, el miedo a una posible rebaja en la calificación aceleró el colapso de la bolsa, la subida de los tipos de interés y la depreciación del peso. Ya se sabía cómo funcionaban las operaciones de desestabilización en América Latina. Aunque ahora, en los tiempos de un nuevo consenso de Washington, el cerco financiero a AMLO se complementaba con advertencias de que en realidad aquel presidente de izquierdas no representaba los intereses ni siquiera de los más necesitados. «La reforma de Peña Nieto obtuvo un éxito redondo. AMLO debe mantenerla y centrarse en programas sociales robustos para combatir la desigualdad en México», me comentó David Goldwyn, un experto petrolero cuya consultoría colaboraba con el Atlantic Council, un *think tank* de Washington especializado en disfrazar los beneficios petroleros de Exxon y Total en crecimiento socialmente incluyente. El IMCO hasta llegó a calcular la exacta probabilidad de que la nueva refinería en Tabasco resultara un fracaso: el 98 %.

Pero tras décadas de reformas neoliberales que solo lograron estancar los salarios y aumentar la desigualdad ya extrema, los porcentajes de los tecnócratas no le decían gran cosa a la gente de la calle. Seis meses después de su toma de posesión, López Obrador aún contaba con el apoyo de dos de cada tres mexicanos, según los sondeos. Y en Tabasco, el estado natal del presidente, todavía más. «Aquí Andrés Manuel tiene el cien por cien del apoyo, y si cumple con lo que promete, aún tendrá más», ironizó René Méndez Arjona, vendedor de deliciosos tacos de guiso en el mercado central de Villahermosa, la decadente capital del *boom* del petróleo de los años setenta. Pasé varios días divirtiéndome con el contraste entre aquel 98 % del IMCO, al lado del Starbucks en Polanco, y el apoyo mayor al ciento por ciento del vendedor de aquellos tacos de maíz llenos de chicharrón en salsa verde en Villahermosa. Era como si en México ya imperara otra lógica, tras treinta y seis años de tragar las hipótesis de los mercados eficientes que apuntalaban la ideología del poder. Como el trágico *whisky priest* en la novela de Greene, que, desde sus propias contradicciones humanas, choca contra la fría lógica positivista del jefe de policía, los mexicanos se habían dado cuenta de que detrás de la razón se escondía el asesino. Por descabellados que parecieran a los *think tanks*, en Villahermosa los argumentos de López Obrador sobre la soberanía petrolera —que un país productor como México no debería depender de Estados Unidos— sí convencían a los tabasqueños. Quizá tuviera algo que ver con los recuerdos de la ocupación estadounidense del estado vecino de Veracruz en 1917, también petrolero, o la llegada constante al Golfo, en aquellos años de la *gunboat diplomacy*, de los buques de guerra estadounidenses, británicos y algún que otro español. La independencia energética que AMLO buscaba, por mucho que horrorizase a los analistas financieros, tenía una lógica clara, al igual que la tenía para Petrobras. Y, al igual que en Brasil, el «destripamiento» de Pemex tras la reforma energética de Peña Nieto se convertiría en una amenaza para la seguridad energética mexicana.

Todo ello sintonizaba con el instinto popular de que lo que era sensato para los expertos de Moody's, el BBVA o el Atlantic Council probablemente no fuera sensato para el mexicano de la calle. «Si fuera tan mala idea, ¿por qué hay tantas refinerías en Estados Unidos?», se preguntó René Méndez Arjona con la lógica inapelable del taquero. Luis Guillermo *Luigi* Pérez, un viejo amigo de AMLO que cortaba el bacalao en el partido Morena en Tabasco, me explicó el cambio de modelo ya en marcha: «Lo que no tiene sentido es lo que hemos hecho hasta ahora con el petróleo. En estos momentos, el petróleo se lava, se desaliniza, lo meten en un barco y se lo llevan a Estados Unidos para refinarlo en Texas. De aquí sale el 60 % del gas y del crudo del país, pero mira la pobreza que hay», explicó Luigi, cuya cara de boxeador jubilado habría puesto los pelos de punta en Polanco. «Andrés Manuel dice: "¡No! Voy a construir una refinería, voy a arreglar las otras seis que hay en la República y vamos a refinar todo nuestro petróleo. Ya no vamos a vender crudo, vamos a vender gasolina"», añadió. AMLO había anunciado en su campaña electoral no solo que daría prioridad al autoabastecimiento petrolero, sino también a la autosuficiencia alimentaria, pese al Tratado de Libre Comercio de América del Norte que López Obrador había ratificado en su nuevo formato tras la pequeña guerra comercial declarada por Trump. Esto también dejó a los expertos rascándose la cabeza. Es más, suspendió un proyecto ya en marcha para construir un nuevo aeropuerto en Ciudad de México, pese a que ya se habían gastado millones de dólares y habría que pagar indemnizaciones millonarias a los inversores.

No tenía sentido para los economistas. Ni siquiera el secretario de Hacienda, Carlos Urzúa, que había trabajado para la keynesiana CEPAL, defendía la construcción de la refinería o la deconstrucción del aeropuerto. Cuando finalmente Urzúa dimitió, AMLO lo tachó de «neoliberal». «Para López Obrador, cualquiera que lo critique lo es», explicó Urzúa en una entrevista publicada en la revista *Proceso*. Y es que López Obrador representaba un nuevo nacionalismo económico que en muchos otros países, de la izquierda a la derecha, plantaba cara al modelo neoliberal de globalización y de apertura, incluso en su nueva versión socialmente responsable. El presidente mexicano pretendía recuperar el vigor del desarrollismo nacional de los años sesenta y setenta, cuando México alcanzaba tasas de crecimiento del 6 % o 7 %. Era significativo que el nuevo plan de saneamiento de Pemex, presentado en verano de 2019, incluyera esta frase: «Por primera vez en la historia de la democracia mexicana se conformó un gobierno para marcar a la administración pública con una visión nacionalista». México, el país donde la «época neoliberal» había fracasado de la forma más estrepitosa, con un balance de cincuenta y siete millones de pobres y un crecimiento raquítico del PIB durante treinta años, tal vez fuera el laboratorio adecuado para buscar una nueva fórmula. Como se comprobaba por la reacción al proyecto de la refinería, el nacionalismo de AMLO resultaba mucho más atractivo para la mayoría de mexicanos integrantes de ese 99 % de trabajadores que ganaban menos de 1.400 euros al mes y del 50 % que ganaba menos de 280, que el nuevo consenso de Washington.

Los editorialistas de los medios internacionales y los informes del BBVA tachaban a López Obrador de populista. «Algunos inversores y analistas temen que el hijo de tendero de pelo plateado esté flirteando con la clase de demagogia que podría llevar a México por un camino peligrosamente populista», advirtió Jude Webber en el *Financial Times*. Pero lo cierto fue que, a veces, la apuesta de AMLO por un plan de desarrollo nacional supuso sacrificios públicos nada populistas. El plan de rescate de la endeudada Pemex fue la primera ocasión en que un Gobierno mexicano se mostraba dispuesto a prescindir de los ingresos de la petrolera estatal para financiar sus gastos y sus despilfarros. López Obrador se comprometía a reducir en casi 6.000 millones de euros las transferencias de la petrolera al Estado. Con esta reducción de la carga fiscal a la petrolera se pretendía dar margen para que Pemex obtuviera capital para invertir y explorar en veintidós nuevos campos petrolíferos.

Era una ruptura importante con el pasado. Pemex había transferido nada menos que 29 billones de pesos (1,3 billones de euros) a un Estado mexicano despilfarrador y corrupto durante las tres décadas que López Obrador calificaba como la era neoliberal. Mientras Peña Nieto explicaba que la inviabilidad de Pemex haría necesario el desmantelamiento del monopolio estatal, el Gobierno de López Obrador ya no le sacaba millones a la petrolera para financiar otros proyectos faraónicos como el megaaeropuerto de Ciudad de México. Pemex había proporcionado entre el 30 % y el 44 % de los ingresos del Estado durante los sexenios de Felipe Calderón y Enrique Peña Nieto. Esto coincidió con una desinversión desastrosa en actividades de exploración: la producción petrolera cayó un 50 % entre 2010 y 2019, hasta solo 1,8 millones de barriles al día. Mientras, la deuda de Pemex se había duplicado hasta los 2.000 millones de pesos (100 millones de euros). AMLO anunció el fin del abuso fiscal cometido a Pemex. Pero como todo lo que anunciaba el nuevo presidente, el plan de rescate fue vilipendiado en los departamentos de análisis bancarios y en las agencias de calificación.

Existía, en efecto, un elemento de populismo al viejo estilo en el plan petrolero. Tabasco no dejaba de ser la tierra de AMLO, desde donde encargaba el envío a la residencia presidencial, en el centro histórico de Ciudad de México, de las deliciosas butifarras hechas en el pueblo de Jalpa de Méndez. AMLO poseía un rancho en la frontera entre Tabasco y Chiapas al que había puesto el nombre de La Chingada. Uno de sus principales compromisos electorales fue fomentar el desarrollo en el pobre sureste mexicano mediante obras como el tren maya —un ferrocarril que correría desde las playas de Cancún al interior pobre de Chiapas— y el Corredor Transístmico, una carretera que conectaría el Pacífico y el golfo para competir con el canal de Panamá. Asimismo, se preveía que la construcción de la refinería generaría treinta mil puestos de trabajo directos e indirectos, vitales en Villahermosa, una ciudad que había perdido miles de empleos con el drástico declive de la producción petrolera desde 2004.

Cuando visité Tepetitán, el pueblo remoto en el que nació López, se palpaba la ilusión de que AMLO pudiera con todo, aunque el cáustico sentido del humor mexicano no permitía un culto a la personalidad. «A ver si nos trae más pescado», dijo sonriente un pescador que esperaba delante del viejo colmado de los abuelos de López, ahora una ruina en la orilla del caudaloso y superexplotado río Tulijá. Enfrente, sobre la fachada de un edificio, un mural naíf con el retrato del nuevo presidente rezaba: «Soy peje pero nunca lagarto», en referencia al pez que dio el mote por el que todos conocen cariñosamente a López Obrador: el Peje.

Por irracional que fuera su programa desde la óptica de los expertos, López Obrador tenía buenos antecedentes en los pueblos campesinos que sobrevivían a duras penas en los pantanos al sur de Villahermosa. «Yo recuerdo ver al Peje cuando la policía le rompió la cabeza», me explicó José Manuel Reyes, de treinta y seis años, en Guatacalca, una comunidad de campesinos de la etnia chontal (un subgrupo de los mayas), el primer pueblo indígena con el que Hernán Cortés se encontró al llegar a estas tierras hace quinientos años. Reyes se refería a la protesta contra Pemex de 1989, en la que el joven López Obrador participó. «En aquellos años llegó Pemex con grandes camiones y empezó a sacar el petróleo, pero el pueblo lo tenían olvidado. Íbamos en burro y en caballo», siguió Reyes mientras regaba la calle frente a su pescadería para bajar el polvo. Unos años antes de aquella batalla con la policía, tras ser nombrado director del Instituto Indigenista de Tabasco, López Obrador se instaló con su mujer y su hijo en la zona más pantanosa de Guatacalca, infestada de mosquitos y malaria. Coordinó la construcción de montículos de barro extraído de las lagunas para ampliar la superficie de cultivos. La inspiración eran las *chinampas* de los aztecas en los lagos de Xochimilco. En estos pueblos de Tabasco, la carta que AMLO acababa de enviar al rey Felipe VI de España en la que pedía al monarca que se disculpara por la conquista y saqueo de México, no provocó quejas ni lamentos ni vergüenza alguna, como sí ocurrió en Madrid y en Polanco, sino risas.

Sin embargo, se me ocurrió que, tachado de loco, tozudo e intransigente, tal vez AMLO tenía algo en común con los conquistadores. Para respaldar la comparación, decidí citar en mi reportaje lo que Galeano escribió en *Memoria del fuego* sobre la llegada de Cortés: «Once naves están ardiendo y arden [...] ya no habrá regreso, ni más vida de la que nazca desde ahora». La frase podría ilustrar el plan de AMLO de poner fin a la era neoliberal, sin vuelta atrás posible, aunque se desconociera qué vendría luego. Pero Luigi me advirtió de que la frase no valdría para un reportaje sobre Tabasco. Cortés había ordenado quemar las naves en Veracruz, meses después de su llegada a la desembocadura del río Grijalva, en marzo de 1519. «Nosotros presumimos de que México comenzó aquí en Tabasco, porque en el río Grijalva tuvo lugar la primera batalla naval en México», me explicó Luigi con orgullo. Empezó a reconstruir los sucesos en tiempo presente, igual que Galeano: «Cortés y los españoles desembarcan en el Punto de las Palmeras del río Grijalva. Descienden el río en los bergantines y comienza la batalla... Setecientos españoles y cuarenta mil indígenas. Dura una semana y luego los españoles regresan a las carabelas, mientras que los chontales se preparan para una guerra de guerrillas en los manglares». Pese a sus espadas de acero y los arcabuces, los españoles «solo vencen cuando regresan montados a caballo y los chontales piensan que caballo y hombre son uno solo, y se imaginan que los españoles son dioses», contó Luigi. Otra prueba de que la racionalidad no sirve para ganar las batallas.

16

HIDROELÉCTRICA
(PARÁ, BRASIL)

LOS MAPAS DE LOS MUNDURUKUS

Ya llevaban unas nueve horas matando el tiempo en el pequeño puerto de Buburé, una parada en la polvorienta o, según la estación, fangosa carretera transamazónica, a ochenta kilómetros de la ciudad selvática de Itaituba. Los *guerreros* lucían peinados Neymar, tatuajes (borrables) de estampa *hash* azul marino, pintura negra o naranja en el rostro, sandalias Havaianas con calcetines y camisetas que tenían frases como «*Hard Street*» o «*Urban People*». Uno blandía un arco, aunque no llevaba flechas. Habían llegado en lancha por el río Tapajós desde la aldea munduruku de Sawre-Muybu, quince kilómetros río arriba, donde participaban en el trabajo de demarcación de su territorio. Un preámbulo esencial para la lucha que se avecinaba. Esperaban a otros barcos que los llevarían al próximo punto del trabajo. «Llevamos tres semanas abriendo un camino de cuatro metros de ancho en la maleza, con machete y GPS para seguir la línea de la Funai», dijo Bruno Kapa Munduruku, el mayor de los guerreros, cuya cara estaba cruzada de señales rojizas, la pintura de guerra de la tribu. Unos años antes, la Funai (Fundación Nacional del Indio), organismo estatal responsable de defender los derechos indígenas, había delimitado el territorio munduruku, unas 178.000 hectáreas a la orilla del Tapajós, de acuerdo con su mandato de proteger los derechos territoriales de los indígenas brasileños. Pero el informe oficial había sido suprimido por el Gobierno de Dilma Rousseff, cuyo compromiso con los derechos territoriales de los indígenas brasileños fue perdiendo fuerza bajo la presión implacable de los *lobbies* de la soja y la carne, la minería y la energía. Los guerreros no se dieron por vencidos. Convencieron a unos descontentos de la Funai para que les filtrasen copias de los borradores de mapas que la fundación había ido dibujando. Serían guías imprescindibles para el trabajo de autodemarcación que llevaban a cabo Bruno Kapa y sus guerreros. Una vez terminado el trabajo de cartografía y demarcación, se iniciaría la defensa legal contra la presa en base al artículo 231 de la Constitución brasileña, que prohibía «el desplazamiento de los grupos indígenas de sus tierras salvo en caso de catástrofe o epidemia».

Los guerreros y sus aparatos GPS mantenían una tradición de cartografía reivindicativa iniciada en la Amazonia durante las batallas coloniales del siglo XIX. Trazar el mapa era el preámbulo necesario para la reclamación territorial y el posterior saqueo de las respectivas potencias imperiales, Estados Unidos, Francia, Reino Unido, Bélgica u Holanda, entre otros, así como de las nuevas repúblicas latinoamericanas como Brasil, Bolivia y Perú. El gran periodista brasileño Euclides da Cunha, tras demostrar su inestimable valía para la construcción de la nación brasileña mediante la obra maestra de periodismo literario *Os sertões*, sobre aquella rebelión de Canudos, sería el cartógrafo de la Amazonia más estratégico para el Estado brasileño. Recibió el encargo del astuto ministro de Asuntos Exteriores y exreportero barón de Rio Branco de cartografiar la floresta a lo largo del río Purús, al oeste de Manaos, donde los caucheros peruanos también pretendían anexar territorio dotado de reservas de oro, madera, piedras preciosas, caucho y otras materias primas. Rio Branco, curtido en la geopolítica de los recursos naturales durante los dieciséis años que ejerció de cónsul brasileño en Liverpool, fue muy consciente de la importancia de demarcar fronteras, que en Brasil se extendían a lo largo de doce mil kilómetros desde el Río de la Plata hasta el delta del Amazonas. Da Cunha incorporó la cartografía a sus herramientas periodísticas. Un ejemplo del catálogo de desastres en el periplo amazónico de Da Cunha —reconstruido en el libro de Susanna Hecht *The scramble for the Amazon*— es el hundimiento del barco que transportaba el teodolito, esencial para la cartografía de la expedición. Los mapas de Da Cunha y, aún más importantes, sus brillantes crónicas periodísticas sobre los *seringueiros*, pioneros de una nueva identidad brasileña, menos elitista, más popular, forjada en la selva amazónica, ayudaron al Gobierno en Río de Janeiro a reclamar gran parte del territorio sin disparar ni una sola bala.

Reflexioné sobre los mapas de Da Cunha y los mapas de los mundurukus mientras esperaba la lancha en Buburé. La fusión de la ciencia cartográfica, el periodismo riguroso y la imaginación prodigiosa de Da Cunha resultaron más eficientes que un ejército en la batalla por el control de la Amazonia. La idea inspiraría a cualquier periodista. Hasta llegué a empatizar con la huida de Da Cunha a la selva profunda para escapar de sus problemas sentimentales (su mujer se enamoró apasionadamente de un joven soldado). Pero lo más inspirador eran esos *guerreros* que dormían en hamacas colgadas en la orilla del río o tomaban refrescos durante su larga espera. Porque los esfuerzos reivindicativos de los mundurukus, mediante la demarcación de sus tierras ancestrales, se diferenciaban radicalmente de los del gran escritor brasileño. El mapa de Da Cunha era un constructo ideológico, aunque fuera uno movilizado para la buena causa de una nueva república. El de los guerreros mundurukus, en cambio, era una simple representación de la verdad. A fin de cuentas, hacía más de un milenio que este pueblo habitaba la selva amoldándola con delicadeza a sus necesidades, sin destruir nada. Quien lo dudara, podía consultar los últimos estudios arqueológicos, que destacaban las similitudes entre las pinturas corporales de los mundurukus (esos trazos cruzados en la cara de Bruno Kapa) y la sofisticada cerámica del siglo VIII encontrada en el subsuelo de la región del Tapajós.

Los mapas de pueblos como los mundurukus luchando por su supervivencia eran definitivamente armas de guerra. Eso lo sabían también los campesinos afrobrasileños de los *quilombo*s, asentamientos históricos de esclavos fugitivos que habían sido reconocidos por la Constitución de 1988, pero no por los grandes latifundistas. Algunos se habían integrado al movimiento de la Nova Cartografia Social, una organización que ayudaba a los pueblos involucrados en disputas territoriales a hacer sus propios mapas para defender las fronteras. «Están enseñando *geografía* a las comunidades para que aprendan a usar el GPS y a dibujar sus mapas, para tener de este modo autonomía, describir sus propias historias, sin depender de los técnicos», me explicó Paulo Rogerio, un agrónomo que asesoraba a un grupo de *quilomberos* en el estado amazónico de Tocantins, al oeste del territorio amazónico de los mundurukus. Los terratenientes entendían bien el peligro que suponían estos cartógrafos campesinos para sus planes de deforestación y explotación agroindustrial. Dos jóvenes *quilomberos* afrobrasileños en el estado de Maranhão, en la frontera del Amazonas, que elaboraban mapas para demarcar el territorio de los descendientes de los esclavos, fueron asaltados por matones a sueldo de un latifundista. «A uno lo descuartizaron, al otro le cortaron las manos», me dijo Paolo.

Colgado en la pared de la tienda del puerto de Buburé, otro mapa ilustraba con claridad diáfana el motivo de la reticencia del Gobierno de Brasilia a reconocer la soberanía de los mundurukus sobre sus tierras. «Aprovechamiento Hidroeléctrico São Luiz do Tapajós», anunciaba, junto a la firma del consorcio de las empresas que colaboraban en la primera fase del proyecto para construir la próxima gran represa en la Amazonia, tras la polémica de Belo Monte, cuatrocientos kilómetros al oeste en el río Xingú. Ahí estaban los logos corporativos de la eléctrica estatal Electrobas y la constructora Camargo Correa, ambas investigadas en el escándalo de corrupción «Lava jato», que empezaba a sacudir la élite empresarial y política de Brasil. Sin olvidar, por supuesto, a las europeas: las francesas EDF y GDF Suez y la española Endesa, todas integrantes del consorcio que pretendía coordinar el lucrativo proyecto. El logotipo más grande en el mapa era de Diálogo Tapajós, la empresa de relaciones públicas con sede en São Paulo encargada de preparar a la opinión pública para la construcción de la presa de treinta y tres metros de altura, con un embalse de 729 kilómetros cuadrados que sumergiría gran parte del histórico territorio de Sawre-Muybu. Esta incluía el lugar sagrado Daje Kapap Eipi, el jardín del Edén del mito de la creación de los trece mil mundurukus que vivían a lo largo de los ochocientos kilómetros del río Tapajós. Pero el buen trabajo de marketing cartográfico de Diálogo Tapajós en Buburé había sido saboteado. Alguien, un guerrero tal vez, había resaltado en el mapa con rotulador azul una frontera desde Bom Jesus, en la otra orilla del río frente a Buburé, hasta Jatoba, cien kilómetros río arriba y luego selva adentro hasta el río Jamanxim, delimitando un área del mapa. «Territorio Munduruku», declaraba la leyenda improvisada. Y en letra grande, con una flecha que señalaba un croquis del proyecto hidroeléctrico: «*Nunca serão*».

La presa de São Luiz do Tapajós era uno de los cuarenta y tres proyectos hidroeléctricos que el Gobierno del Partido de los Trabajadores (PT) pretendía llevar a cabo en los ríos Tapajós y Teles Pires y otros territorios del Amazonas, según el llamado Programa de Aceleración del Crecimiento (PAC). El 75 % de la energía consumida en Brasil provenía de fuentes hidroeléctricas, y la entonces presidenta Dilma Rousseff quería explotar el potencial de los enormes ríos de la selva, pese a que al fluir por un paisaje tan llano como el de la Amazonia jamás se generaría mucha energía.

Pero las presas no eran solo componentes de la estrategia energética. Muchos de los proyectos del PAC —como el del río Chacorão, que inundaría 1.870 hectáreas de territorio indígena— parecían estar diseñados principalmente para abrir rutas fluviales, o hidrovías, en el lenguaje desarrollista del Gobierno brasileño. Esto permitiría que grandes barcos cargados de soja, cultivada en el estado de Mato Grosso, al sur, navegasen los ríos hasta el puerto de Santarém, con su terminal de soja de Cargill, o hasta Belém, ocho mil kilómetros al este, y de ahí a China. «La idea es abrir las tierras amazónicas al negocio agrario y la gran minería», me explicó en un bar de la caótica ciudad de Itaituba Mauricio Torres, un geógrafo que asesoraba a los mundurukus en la tarea de la demarcación.

Tras el extraordinario éxito de sacar a cuarenta millones de personas de la pobreza en los años anteriores, el Gobierno de izquierdas defendía ahora el proyecto, que consideraba imprescindible para la próxima fase del plan de impulsar el crecimiento económico y eliminar la miseria en Brasil. Solo con más energía se podría elevar el crecimiento del PIB brasileño. Es más, como argumentó Rousseff, una estrategia de desarrollo económico centrada en la energía hidroeléctrica y el transporte por barco supondría menos deforestación que construir carreteras para dar acceso a madereros y ganaderos. Pero era difícil no llegar a la conclusión del que el PT (fundado con el apoyo de medioambientalistas del Amazonas como Chico Mendes y Marina Silva) no creía ya en su propio proyecto. El Gobierno se había saltado las normas de protección medioambiental legisladas por sus propios diputados. Hasta se había recalificado parte del histórico Parque Nacional de la Amazonia para facilitar el proyecto hidroeléctrico de São Luiz. Muchas de las empresas involucradas en la construcción de las presas se beneficiaban de créditos en dióxido de carbono por invertir en energía renovable bajo el Mecanismo de Desarrollo Limpio del protocolo de Kioto, pese a existir indicios de que las presas dejaban una huella significativa de dióxido de carbono y abrían la puerta a la deforestación. Dos años después, siendo ya presidente Bolsonaro —el campeón de la motosierra—, era lógico añorar los años de Dilma. Pero en las tierras de los mundurukus, la batalla contra la destrucción había empezado cuando la izquierda aún estaba en el poder en Brasilia.

A una hora en lancha río arriba desde Buburé, llegamos a la aldea principal de Sawre-Muybu, donde residían unas 120 familias mundurukus en cabañas de madera o adobe alimentándose casi exclusivamente a partir de la caza y la pesca del Tapajós. El río en aquella época del año era un enorme lago recorrido por garzas blancas y cormoranes y poblado por miles de especies acuáticas. Los peces *pirarucú* —tan grandes como tiburones— rompían la superficie del agua cada cinco minutos y delfines rosados saltaban sobre la estela de las lanchas. Esos delfines o *botos,* como se llaman en el Amazonas, tenían su magia, y no solo en la mitología de los mundurukus. Al anochecer, me aseguraba sin asomo de ironía el capitán del barco que me había traído hasta Itaituba, se transformaban en galanes seductores que embarazaban a las mujeres de los pueblos de las orillas. En la aldea, un grupo de jóvenes mundurukus jugaban a fútbol en un campo rodeado por la selva, con árboles de veinte y treinta metros de altura. Me fijé en que muchos de ellos llevaban solo una bota (marca Nike) y un calcetín, dejando el otro pie descalzo. «Compartimos lo que tenemos», me explicó una joven madre de solo quince años que seguía el partido con su bebé. En la sociedad munduruku no existía apenas la propiedad privada. «En nuestro mundo no existen personas de nivel alto o bajo, ni ricos o pobres. Somos todos iguales», explicó Jairo Saw Munduruku, de cuarenta y seis años, residente en Itaituba. Jairo Saw había estudiado en la universidad y representaba a los mundurukus en su lucha internacional contra el proyecto hidroeléctrico. Los mundurukus opusieron una resistencia numantina durante la primera colonización de las tierras amazónicas en el siglo XVII. En aquel entonces, los guerreros demarcaban su territorio con avisos bastante contundentes. Decapitaban a los europeos que habían matado en batalla y clavaban las cabezas disecadas en postes. Ahora, algunos de los letreros que señalaban la nueva demarcación estaban ilustrados con un dibujo de una cabeza clavada a un palo. «En el pasado, los mundurukus teníamos fama de ser *hormigas* (ya que munduruku significa «hormigas cojas»), guerreros que resistían sin parar durante años a los portugueses. Ahora somos personas con derechos», dijo Jairo Saw. Aunque la hidroeléctrica de São Luiz do Tapajós no forzaría directamente a los habitantes del pueblo a marcharse, el impacto sobre la pesca y la caza resultaría devastador, insistían los jefes de la tribu. «Nosotros dependemos de las variaciones cíclicas del río. Cambia mucho entre verano e invierno; todo esto terminará con la presa y los peces no podrán subir el río para reproducirse», me explicó Juárez Saw Munduruku, cacique de la aldea, cuando le entrevisté en la casa comunal. La denuncia de los mundurukus no era solo un asunto de interés local. El 10% de todas las especies que existen en el planeta pueden encontrarse en la selva amazónica, y los mundurukus dudaban de que estas pudieran prosperar en esa parte de la Amazonia si un río vivo y cíclico era transformado en una serie escalonada de grandes embalses sin apenas caudal.

Es más, sin los indígenas la selva perdería a sus guardianes ante la invasión de mineros y madereros. De hecho, ya se conocían múltiples estudios que vinculaban la falta de agua en las grandes metrópolis del centro y sur de Brasil con la deforestación del Amazonas, depósito del 20% del agua dulce del planeta. Se comenzaba a especular con que todo el centro y sur de Brasil —con las metrópolis de São Paulo, Río y Belo Horizonte— sería un desierto si no fuera por los llamados ríos voladores, las corrientes de aire cargado de humedad gracias a la transpiración de millones de árboles, que se desplazaban desde el Amazonas. «El clima está cambiando. En São Paulo están cortando el agua debido a la sequía», explicó Jairo Saw Munduruku. «No hay gente mejor preparada para vigilar la selva que nosotros», añadió.

Una ojeada a otro mapa, elaborado con imágenes de satélite por el Instituto de Investigación Espacial (INPE), permitía comprobar la importancia de los mundururkus y sus pueblos hermanos para el futuro de todos. La Amazonia brasileña (el 60 % del total) aparecía dividida entre verde y rojo. El rojo representaba áreas deforestadas y ya era el color dominante en el sur y el oeste conforme avanzaban las fronteras del ganado y, aunque ya menos, de la soja. Largos trazos rojos salían de Brasilia hacia Belém o desde Manaos hacia Venezuela, correspondientes a las nuevas carreteras con sus líneas laterales de deforestación en forma de espina de pez. Una enorme mancha roja se extendía en el entorno de las minas de hierro de Vale, en Carajás, y más al norte en el proyecto hidroeléctrico de Belo Monte, donde un punto gris en expansión señalaba la explosión demográfica en la ciudad de Altamira, convertida ya en un foco de delincuencia, prostitución y destrucción medioambiental. Pero todavía había en el mapa áreas verdes sin apenas un puntito de color rojo. Eran las reservas indígenas, el 13 % de la superficie del Amazonas.

*

No lo sabía entonces, pero cuando visité Sawre-Muybu y hablé con Jairo y Juárez Saw Munduruku, Bruno Kapa Munduruku y otros habitantes de la aldea, yo aún habitaba un mundo retrasado y primitivo, absolutamente ignorante del origen de los pueblos amazónicos. Cada vez que veía una de esas impactantes fotografías de miembros de las decenas de tribus que habitaban la selva sin apenas establecer contacto con la sociedad industrial, me consideraba un efímero testigo de un mundo que existía antes de la llegada de los europeos en el siglo XVI. Esos pequeños grupos de indígenas nómadas, armados con arcos y flechas, parecían la versión actual de los habitantes de la selva anteriores a la colonización iniciada por el explorador portugués Pedro Álvares Cabral en 1500. Parecería una cuestión lógica deducir que aquellos indígenas originarios también debieron de ser cazadores y nómadas en un estado de «nobleza salvaje» al modo rousseauniano, rodeados de una enorme selva de naturaleza virgen apenas poblada. Tal vez por eso, cuando llegué a Buburé me resultó chocante contemplar a los guerreros mundurukus peinados a la moda y vistiendo camisetas Urban People. Y hasta un poco triste. Pues desde sus orígenes más remotos los pueblos amazónicos habían sido la antítesis de un pueblo urbano, o eso creía yo.

Una conversación con el periodista Reinaldo José Lopes, autor del libro *1499, Brasil antes de Cabral*, una reconstrucción de las sociedades existentes en Brasil antes de la llegada de Cabral, transformó mi percepción del pasado de la Amazonia y, por consiguiente, de su futuro. Más que con Rousseau, me explicó Reinaldo, las tribus actuales de la Amazonia podrían compararse con los protagonistas de las películas de *Mad Max*, los supervivientes del colapso de sociedades complejas, densamente pobladas y, a su manera, urbanas.

Basado en los últimos hallazgos arqueológicos en la gigantesca región regada por el Amazonas y sus afluentes, el libro describía una sociedad en la Amazonia precolombina radicalmente diferente de la que uno se suele imaginar. Primero, la población: nada menos que ocho millones de personas vivían en la selva amazónica antes de la llegada de los europeos. Para abastecerse de suficientes alimentos, estas sociedades gestionaban la selva, cultivaban y modificaban los árboles y la vegetación silvestre. Existían complejas estructuras sociales en las comunidades semiurbanas de la selva, productoras de un arte de la cerámica de gran sofisticación. Tras la llegada de los europeos, al igual que en otras partes del Nuevo Mundo, como en Mesoamérica y en los Andes, estas complejas sociedades amazónicas colapsaron rápidamente, víctimas de la violencia y de la esclavización y de enfermedades contagiosas desconocidas, como la varicela. La población se desplomó. Los supervivientes de aquel apocalipsis se vieron forzados a retroceder a sistemas de subsistencia mucho más rudimentarios, basados en el nomadismo, la caza y la recolección de frutas y verduras silvestres. Por supuesto, haciendo uso todavía de los profundos conocimientos del entorno medioambiental adquiridos a lo largo de siglos de gestión colectiva de la naturaleza. Fue la única manera de sobrevivir.

Antes del colapso, los habitantes de Xingú, que poblaban las tierras que un milenio después serían inundadas por la presa de Belo Monte, vivían en comunidades de cientos de miles de habitantes, estructuradas en torno a «una forma peculiar de urbanismo: amplias avenidas, plazas monumentales y una integración sutil y gradual entre áreas habitadas, parques y terrenos selváticos», me explicó Reinaldo. Conceptualmente, «recuerda un poco a Brasilia», añadió quizá con ironía, en referencia a la capital moderna de Brasil, diseñada por Lúcio Costa y Oscar Niemeyer. Por «parque» Reinaldo se refería a las áreas de naturaleza gestionadas por la cultura humana que algunos antropólogos en Estados Unidos calificaban como *cultural parklands*. Zonas de plantas y árboles que servían como fuente de alimentos, medicinas o materiales de construcción o arte. Grandes áreas de la selva en el Amazonas de principios del siglo XXI, lejos de ser naturaleza virgen, son «el resultado de una relación compleja entre la materia prima de la biodiversidad y la cultura humana». Por eso, aunque en 2018 había más de doce mil especies de árboles en Amazonia, veinte clases de árboles domesticados se encuentran en el 70 % de la selva, todos ellos de gran utilidad para los seres humanos, desde el cacao o la nuez al caucho. Eso no es accidental, es el resultado de la gestión de la naturaleza por los integrantes de las sociedades precolombinas. Según Carolina Levis, uno de los investigadores de cuyo trabajo informa el libro de Lopes: «La flora amazónica es, en parte, una herencia superviviente de sus habitantes del pasado».

Para facilitar este innovador sistema de domesticación de la naturaleza con el fin de hacer viables sociedades densamente pobladas y, a la vez, garantizar la sostenibilidad medioambiental, las sociedades precolombinas del Amazonas innovaron técnicas de fertilización natural y rotación de cultivos con plantas silvestres gestionadas para crear grandes áreas de la llamada «tierra negra», fértil y fecunda. Esta tierra rica, todavía abundante en el Xingú y el área de Altamira —donde se había construido la gran presa de Belo Monte—, no existiría de no ser por la intervención de sociedades humanas con profundos conocimientos colectivos sobre medio ambiente y horticultura.

No solo se gestionaban la selva y sus plantas para garantizar el abastecimiento de grandes comunidades semiurbanas y masivamente pobladas en el Amazonas. En la isla de Marajó, cerca de la desembocadura del Amazonas en el Atlántico, se descubrieron yacimientos arqueológicos que confirmaban la existencia, hace miles de años, de mesetas artificiales y sistemas de control de las inundaciones estacionales con el fin de optimizar la pesca y nutrir a decenas de miles de personas. En los análisis de ADN de los esqueletos descubiertos en Marajó, se comprobó que los habitantes de la isla se alimentaban casi exclusivamente a partir de un régimen de pescado y marisco obtenidos mediante estos sistemas sofisticados de acuicultura. La cerámica descubierta en los alrededores de esos montículos artificiales de tierra es de las más avanzada del arte precolombino de toda la región. Había asimismo ejemplos de gran pericia agrícola. Por ejemplo, el cultivo del tubérculo de la yuca, una planta que en su estado silvestre es venenosa para los seres humanos debido al cianuro que contiene. Los precolombinos de la Amazonia no solo fueron elaborando, mediante selección, especies de yuca que no eran tóxicas, sino que mantuvieron cultivos de la versión más dañina. ¿Por qué? Porque el cianuro elevaba la resistencia del tubérculo ante posibles plagas. En un año en el que insectos o bacterias destruían otros cultivos, la yuca venenosa podía ser cosechada y procesada para eliminar sus sustancias tóxicas. Medio milenio después los indígenas seguían usando la yuca venenosa, tras dejarla en remojo para extraer el cianuro, para fabricar harina, un elemento más de sus estrategias de seguridad alimentaria.

La gran revisión de la prehistoria amazónica que Reinaldo había sintetizado en su libro fue críticamente importante no solo porque cambió la percepción del concepto del progreso que supuestamente llegó en las carabelas de los españoles y portugueses. Proporcionaba también lecciones para los retos actuales del desarrollo en el pulmón del planeta, una naturaleza que absorbía enormes cantidades de CO_2 y contrarrestaba el efecto invernadero. A diferencia del monocultivo de soja y la cría extensiva de ganado que iba restando cada año miles de kilómetros cuadrados a la selva y el llamado bosque del Cerrado, «la agricultura y la gestión de la selva [de los amazónicos precolombinos] se basaba en cientos de especies distintas y una excelente gestión de la tierra», me explicó Reinaldo. Las igualitarias ciudades-huerta de la Amazonia antes de la llegada de los europeos, con su gestión colectiva de la tierra y su propiedad comunitaria, deberían ser modelos también hoy. «Los primeros habitantes del Xingú de Altamira y la isla de Marajó encontraron formas de transformar un medio ambiente que habitaban en lugar de destruirlo», resumió Reinaldo. «Hay mucho de lo que deberíamos aprender aquí».

*

La aplicación de la tecnología del GPS para la cartografía y la demarcación del territorio de los mundurukus, así como aquellas camisetas Hard Street y Urban People, tenían algo que ver con una escena clave de la película *El abrazo de la serpiente*, que analiza el choque de culturas entre indígenas amazónicos y blancos occidentales a principios de siglo xx. En ella, el científico Theodor Koch-Grünberg, que viaja por la selva amazónica guiado por el chamán Karamakate, trata de recuperar sin éxito una brújula que le ha sustraído un jefe indígena. «Si aprenden a usar la brújula, sus conocimientos de las estrellas y los vientos se perderán», se lamenta el alemán. Karamakate, le responde: «Pero no puedes prohibirles aprender. El conocimiento es de todos».

Como todo en la fascinante película del colombiano Ciro Guerra, la escena planteaba un debate muy actual y relevante para los indígenas del Amazonas en un momento de lucha para proteger su supervivencia, no solo frente a los grandes proyectos de infraestructura, la minería y la agroindustria, sino también contra las percepciones románticas —muy comunes en las ciudades que crecen como la espuma en el Amazonas, en Manaos o en Santarém— del exótico «salvaje puro», cuya vida es incompatible con la vida moderna. La idea alimentaba el discurso racista de Bolsonaro en el que se burlaba de quienes defendían a «los hombres prehistóricos», atrapados en la edad de piedra, para cumplir con la agenda de las ONG internacionales. «La imagen idealizada del indígena en su estado puro es una idea nuestra; no es suya. Ellos no quieren vivir como hace cien años», me explicó Guerra en una entrevista mantenida tras el estreno de la película. Pero a la hora de decidir qué modelo de desarrollo y qué tecnologías hay que adoptar, «las comunidades que habitan el territorio deberían ser las que decidan. Están allí desde hace siglos sin sobrepoblación, sin contaminar, sin agotar los recursos. Tienen conocimientos que deberían ser respetados», dijo Guerra, cuya teleserie en Netflix *Frontera verde* subvierte otros estereotipos de la Amazonia. Es más, la fórmula para incorporar conocimientos tecnológicos de los indígenas sin destruir su propio modo de vida ofrecería sugerentes ideas para los demás. A fin de cuentas, en *El abrazo de la serpiente* es el chamán Karamakate el que guía a los dos exploradores europeos a lo largo del río en un viaje de descubrimiento interior, instándoles a tirar por la borda sus maletas y baúles para viajar sin lastres. Él les enseña el camino, no al revés.

Los mundurukus, en su lucha contra el proyecto hidroeléctrico en Tapajós, entendían perfectamente la importancia de su ejemplo. Jairo Saw Munduruku y otros líderes viajaron a Alemania, Austria y Estados Unidos para reunirse con los ingenieros de las multinacionales que participaban en el proyecto hidroeléctrico: Voith Hydro (una filial de Siemens), Andritz Hydro y General Electric. Estas empresas «hablan de desarrollo y de tecnología sostenible, pero las turbinas que fabrican facilitarán la destrucción del Amazonas», dijo Jairo Saw antes de viajar a Los Ángeles para hablar con representantes de General Electric. Decenas de residentes de las aldeas de los mundurukus habían asistido a una proyección de *El abrazo de la serpiente* en plena selva, coordinada por Fernanda Moreira, una joven antropóloga de São Paulo que había elegido vivir en Itaituba para aprender de los mundurukus y terminar su tesis doctoral. Todos coincidieron en algo, me dijo Fernanda después: «La tecnología es buena o mala según quien la controle».